동기면담과 사회복지실천

Melinda Hohman 저
이채원 · 김윤화 · 김은령 · 임성철 공역

Motivational Interviewing in Social Work Practice

학지사

Motivational Interviewing in Social Work Practice
by Melinda Hohman, PhD

역자 서문

우리는 사회복지실천을 하면서 상담에 저항을 보이는 클라이언트를 수없이 만나 왔습니다. 그런 클라이언트와 가족에게 직면을 시키고, 충고를 하고, 위협을 한 경험이 많이 있었다는 것이 솔직한 고백이 될 것입니다. 물론 클라이언트와 가족을 위한 의도였지만, 항상 좋은 결과를 가져오지는 않았습니다. 그리고 이러한 경험이 쌓일수록 어떻게 하면 클라이언트를 긍정적으로 변화시킬 수 있을지에 대한 고민이 늘어 갔습니다.

클라이언트의 행동변화에 대한 효과성이 검증된 방법으로서 MI(Motivational Interviewing)와의 만남은 우리의 실천에 새로운 희망을 열어 주는 계기가 되었습니다. MI에 대한 막연한 기대와 호의를 가지고 자료를 모으며 공부하던 중, 2011년 중순쯤에 사회복지 분야에서도 MI를 적용하는 책이 나온다는 반가운 소식을 듣게 되었고, 사회복지 분야에 좀 더 널리 MI를 소개하고픈 욕심에 번역을 결심하게 되었습니다. 때마침 Miller가 한국에 와서 진행해 준

워크숍에 참여할 기회도 갖게 되고, 그와 직접 대화를 나누면서 MI가 하나의 실천방법일 뿐만 아니라 사람을 대하는 태도, 대화를 하는 방식에 대한 좀 더 폭넓은 삶의 한 양식이 될 수 있다는 생각도 하게 되었습니다.

번역의 과정에서, 앞서 국내에 나왔던 MI 관련 번역서를 많이 참조하였습니다. 특히 MI를 '동기강화상담'이라고 할 것인가 '동기면담'이라고 할 것인가 아니면 의료사회복지 분야에서 맨 처음으로 소개되었을 때처럼 '동기화면접'이라고 할 것인가에 대하여 많은 고민을 하였습니다. Miller는 대화의 스타일이므로 '대화'라는 말이 좋다고도 하였습니다. 번역의 초기단계에서는 '동기화면접'으로 진행하였으나, 독자들의 혼란을 줄이기 위해서라도 번역 용어상의 통일이 필요하다는 문제제기에 공감하면서, 고민 끝에 한국MI연구회(KAMI)의 입장에 따라 '동기면담'으로 최종 결정하였습니다. 책의 본문 안에서는 MI라고 그대로 표기하기로 하였습니다.

동기면담이든 동기강화상담이든 동기화면접이든, 이 모두가 MI의 기본 정신과 철학을 가장 잘 담기 위한 고민의 결과였다고 생각하며, 그러한 모든 노력과 입장을 존중합니다. 우리는 이러한 각자의 상이성을 충분히 존중하는 것 역시 MI의 정신에 부합되는 것이라고 믿습니다. 기존에 사용되었던 용어 중 하나를 선택하게 된 것은 그것이 가장 좋아서라거나, 혹은 다른 용어가 그보다 못하기 때문이 아니라, 후학들의 혼란을 방지하자는 역자들 나름의 어려운 타협이었음을 밝혀두고자 합니다.

이 책을 번역하는 작업은 매우 즐거운 과정이었습니다. 번역 작업을 하면서 문제 중심의 접근이 아닌, 보다 긍정적이고 강화될 수 있는 부분을 찾아 동기화시켜 주는 MI의 매력에 푹 빠져들었던 시간을 보냈습니다.

MI는 자신의 삶에 대해 능동적이 될 수 있도록 '기운을 북돋아 주는' 역할을 하는 좋은 도구로, 여러 가지 사정으로 어려움을 겪고 있는 클라이언트를 직접 만나는 현장의 사회복지사에게, 그리고 개인으로서 살아가는 삶에도 정말 중요한 역할을 할 수 있을 것이라 생각됩니다. 특히 이 책은 쉬운 설명과 다양한 예화들을 통해 과정 과정마다 MI에 대해 친절한 안내를 하고 있기 때문에 실천현장에서 바로 활용할 수 있다는 것이 가장 큰 장점이라 생각됩니다.

번역의 마지막 장 탈고를 마치면서, 이 책이 MI의 개입이 요구되는 현장의 사회복지사들에게 전해지고, 그들의 실천현장에서뿐만 아니라 개인적인 삶에서도 적용되어 '흐뭇함'을 느끼게 될 기분 좋은 모습을 상상해 봅니다.

2014년 숭실 교정에서

역자 일동

추천의 글

사회복지와 MI가 서로 어울리는 것은 아주 자연스러운 일이다. 사회복지의 핵심에는 사람들의 역량을 강화해 주고, 그들의 강점과 능력을 찾아 활용하려는 열망이 있다. 사회복지사들은 주로 대화를 통해 이를 수행하게 되는데, 숙련된 언어적 민감성이야말로 MI의 중심을 이루는 것이다. MI 근본정신의 주요 구성요소 또한 사회복지의 핵심가치들을 포함한다. 서비스 대상자를 향한 연민 어린 감정이입, 실질적이고 협력적인 파트너십, 그리고 사람들 안에 내재하고 있는 최상의 것을 이끌어 내려는 희망적인 의도와 같은 것들이다.

MI는 알코올 문제에서 벗어나려는 사람들을 돕는 방법으로 시작되었으나, 곧 그보다 훨씬 더 광범위하게 적용될 수 있는 상담 양식으로 부각되었다. MI는 특히, 변화하고자 하거나 변화 중에 있으면서 이에 대해 양가감정을 가지고 있는 사람을 대할 때에 유용하다. 그 변화란 특정 행동이나 태도 혹은 생활양식의 변화일 수 있다. 사람들은 마음 한편으로는 변화가 중요하다는 것을 알지만, 또 다른

한편으로는 내키지 않아 한다. 변화를 원하지만 동시에 원하지 않기도 하는 것이다. 그것은 지극히 정상적인 인간의 딜레마이다. 사실, 양가감정이란 변화를 향한 길 위에 한걸음 나아가 있는 것이다.

MI는 사람들을 바로잡고 고치려는 것이 아니다. 사람들 안에 결여되어 있는 무언가를 우리가 채워 줘야 한다는 결핍관점으로부터 오는 것도 아니다. 사람은 궁극적으로 자신이 무엇을 할지 그리고 어떻게 지낼지를 선택할 자유가 있다. MI는 사람들이 긍정적 변화를 향한 자신의 개인적인 동기를 발견하도록 돕고자 하는 것이다. 따라서 사람들이 그것을 성취하기 위해 계획을 수립하고 필요로 하는 자원들을 연결하는 과정으로 자연스럽게 이어진다. 그러한 촉진자로서의 역할은 사회복지사 본연의 역할이기도 하다.

우리는 사회복지 분야에서 처음으로 MI에 관한 책이 나오게 된 것을 매우 기쁘게 생각한다. 이 책을 통해, 사회복지사가 제공하는 광범위한 서비스에 MI를 적용하는 것에 더 많은 창의성과 연구가 진작되는 계기가 되기를 소망한다.

William R. Miller, PhD

Stephen Rollnick, PhD

서문

약 13년 전 *Motivational Interviewing: Preparing People to Change Addictive Behavior*(Miller & Rollnick, 1991)를 읽고, 나는 MI에 푹 빠져 버렸다. 변화에 대항하는 사람들을 원조하기 위한 의사소통 방법을 제시해 주었기 때문이다. MI는 배우고 실천하기에 매우 어렵기는 하지만, 클라이언트를 존중하는 클라이언트 중심적 접근으로서, 그들이 가진 근심걱정과 그에 대한 대처방법을 충분히 생각해 보게 하는 근거 중심 개입이라는 것을 직관적으로 이해할 수 있었다. 그 즉시 나는 가르치고 있었던 사회복지실천과 중독치료 관련 교과목 안에 MI에 대한 내용을 추가하였다. 학생들도 역시 MI를 열렬히 받아들였고 더 많은 정보를 원하였다.

이 책은 그 후 내가 수년간에 걸쳐 사회복지 전공 학생들과 지역사회의 사회복지사들을 대상으로 MI를 가르치고 훈련한 경험에 근거하고 있다. 나는 사회복지사들이 일상에서 유용하게 활용할 수 있는 MI 정신과 기술을 설명하고 사례를 제시하고자 하였다. 다양

한 독자층의 욕구를 충족시키는 동시에, 사회복지 개입의 다양한 맥락 안에 MI가 어떻게 통합될 수 있는지를 보여 주기 위해 사회복지실천의 미시, 중시, 거시 현장에 걸친 사례들을 선정하였다. 이 책이 다른 전문직에게도 유용할 수 있겠지만, 나의 목적은 사회복지 전문직의 지침이 되는 사회복지의 개념과 가치를 통해 MI를 조망하는 것이었다. 나는 국내외의 여러 사회복지사들에게 그들이 가진 자원과 지식을 구했고, MI뿐만 아니라 정신보건, 가정폭력, 학교사회복지, 그리고 지역사회조직 등 각 영역에 대한 그들의 전문성에 의지하여 이 책의 여러 단원을 쓰는 데 도움을 받았다.

Miller와 Rollnick(1991, 2002)에 의해 제안되었던 개념들 중 학습과정을 촉진시키는 몇몇에 대해서는 이 책에서 더욱 상세히 살펴보았으나, 그러면서도 MI 실천의 주요 원리와 방법들은 그대로 고수하였다. 독자들이 이 인본주의적인 클라이언트와의 의사소통방법을 배우는 데에 이 책이 유용하게 쓰이기를 기대한다.

감사의 글

이 책을 위해 전문지식과 시간, 그리고 힘든 작업을 도와준 나의 공저자들 모두에게 깊은 감사의 마음을 전한다. 제안과 아이디어를 주고, 편집을 도와주신 Miller와 Rollnick 두 분 선생님, 너무나 감사합니다. 이 책을 쓰는 과정에서 나를 도와준 Ray DiCiccio, John Kleinpeter, Amalia Hernandez, Jodi Palamides, 그리고 모든 대화의 부호체계를 검토해 준 탁월한 코딩 작업자인 Ali Hall에게도 감사를 표한다. 또한 아이디어와 전문지식을 선뜻 나눠 준 MINT(Motivational Interviewing Network of Trainers)의 모든 회원들에게도 감사의 인사를 전하고 싶다. 마지막으로, 무한한 격려와 지지를 보내 준 나의 가족에게 감사를 전한다.

차 례

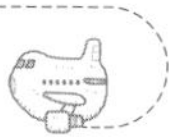

Chapter 1

사회복지실천과 MI의 관계

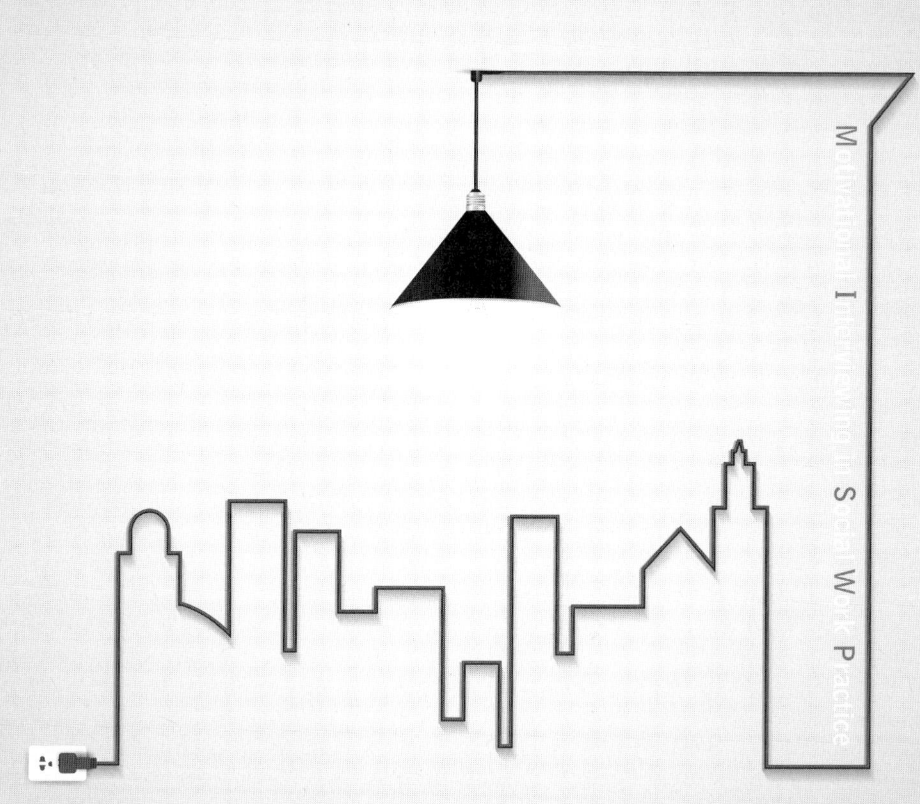

Chapter 1

사회복지실천과 MI의 관계

Melinda Hohman

사회복지사는 이야기하는 것을 좋아한다. 그리고 사회복지사가 이야기하는 것을 좋아하는 것은 좋은 일이다. 클라이언트 면접, 동료와의 자문, 가족상담, 팀 회의에서의 사례 발표, 친구와 점심식사, 그리고 사회복지 학생교육 등과 같은 하루 업무 중 대부분의 시간을 사회복지사들은 이야기를 하는 데 사용한다. 사회복지사들은 걱정이 많은 부모들로부터 전화 받거나, 중학교 학생들 간의 문제를 조정하고, 법원에 문제를 제기하기도 하며, 지지집단 또는 치료집단을 운영하거나, 국회의원을 지지하거나, 노숙자 클라이언트의 잠자리를 찾아주고, 멘토가 될 수 있는 자원봉사자를 발굴하는 업무를 수행하기도 한다. 비록 사회복지사가 다양한 실천현장에서 근무하고 있지만, 일반적으로 사회복지사는 대부분의 시간을 이야기하는 데 사용한다는 공통분모를 가지고 있다.

사회복지사들은 스스로 이야기하는 데 능숙하다고 생각한다. 왜냐하면 오랫동안 대화를 해 왔기 때문이다. 그래서 어떻게 의사소

통을 해야 하는지 배울 필요가 없다고 생각한다. 물론 학부와 대학원 과정에서 면접기술에 대해 조금은 배웠고, 현장 실습 때 실습지도자가 클라이언트와 상호작용하는 것을 보기는 했을 것이다. 하지만 대부분 사회복지사들은 자신의 경험을 통해 개발된 의사소통 기술에 의존하는 경향이 있다. 마치 아이를 양육하는 과정이 그렇듯이 말이다.

그러나 때때로 면접에 저항을 보이는 클라이언트를 만날 때가 있는데, 이러한 경우 일상적인 의사소통 방법은 도움이 되지 않는다. 클라이언트는 아마 화가 나 있거나, 논쟁적이거나, 냉담하거나, 명백히 좋지 않은 결과가 예상됨에도 불구하고 변화에 대한 의지가 없을 수 있다. 이런 경우에 사회복지사들은 클라이언트를 설득하려고 하거나 논쟁하기 쉽다. 때때로 사회복지사들은 클라이언트와 개입결과에 대해 책임을 져야 한다고 느끼면서 클라이언트의 문제를 개선하기 위해 노력한다. 만약 사회복지사가 충분한 정보를 제공하거나 최선의 개선방법과 특정 행동의 결과를 설명하면, 클라이언트는 변화에 대해 개방적이 되거나 최소한 진정되는 것처럼 보인다. 이러한 상황은 아동복지 현장이나 보호관찰 현장처럼 극단적인 결과가 발생할 수 있는 사회복지 실천현장에서 나타나고는 한다. 영국의 아동복지 현장에서 근무하는 사회복지사들은 면접기술 활용에 있어 경청과 공감수준이 낮고 직면은 높았다는 연구가 이러한 상황을 잘 설명한다. 사회복지사는 클라이언트가 무엇을 원하는지 확인하지 않고 개입 방향을 설정하는 경향이 있다는 것이다(Forrester, McCambridge, Waissbein, & Rollnick, 2008). 사회복지사는 클라이언트가 올바른 선택을 하게 하고 그들에게 변화의 방향을 제시해야 한다는 극도의 책임감을 가지고 있음에 틀림없다.

사회복지실천 현장의 사회문화적 맥락 역시 사회복지사와 클라이언트의 의사소통 방법에 영향을 미친다. 나는 청소년 보호관찰 현장에서 처음으로 일하기 시작했었다. 그때 당시 나의 선임은 직접적이고도 통명스럽게 이야기하는 방법을 가르쳐 주었다. 나는 청소년 약물중독 치료 업무를 시작하였으며, 클라이언트가 자신의 "알코올 중독" 또는 "약물중독" 문제를 수용할 때까지 매우 지시적으로 직면시켰었다. 이러한 직면은 클라이언트의 "부정"을 깨뜨리고 문제가 있음을 인정하게 하는 데 필수적인 것처럼 여겨졌기 때문이다. 중독 현장에서 일하는 상담가 또는 사회복지사가 클라이언트 문제에 대해 해결책을 가지고 있고, 클라이언트에게 경고, 훈계, 위협, 충고를 해야만 하는 전문가처럼 여겨졌다. 상담가나 사회복지사는 극단적이라 할 수 있는 일상적 또는 지시적 의사소통의 방법을 현장에서 활용하고 있었다.

나는 지시적 의사소통 방법을 잘 사용할 수는 있었지만 마음 한편에서는 항상 약간의 불편함이 있었다. 내가 학부와 대학원에서 배웠던 사회복지 전문직의 가치(서비스, 클라이언트 존중, 비심판적 태도, 자기결정권, 인간으로서의 가치, 인간관계의 중요성)를 현장에서 적용하고 있지 않은 것처럼 느껴졌기 때문이다. 사회복지사는 사회정의를 옹호하고, 다양한 체계들과 일을 하는 것은 물론이며, 클라이언트와 파트너로 일을 하고, 클라이언트의 강점을 인식하고 강조하며, 클라이언트의 욕구를 충족시킬 수 있게 도와야 할 사명이 있다(International Federation of Social Work [IFSW], 2004; Wahab, 2005a). 이렇게 본다면 사회복지사는 본래 인본주의적인 접근을 해

야 하는 것 같다.

나는 우연한 기회에 MI를 접하게 되었다. 1995년에 샌디에이고 주립대학교 사회복지학과 교수가 되었고, 몇 년이 지나 물질중독에 대한 대학원 강의를 준비하기 위해 문헌을 검토하던 중 *Motivational Interviewing: Preparing People to Change Addictive Behavior*(Miller & Rollnick, 1991)라는 책을 접하게 되었다. 이 책에서 물질남용 문제가 있는 클라이언트의 변화를 돕기 위해 설명되어 있는 개념과 방법들이 사회복지 가치뿐만 아니라 나 자신의 가치와도 매우 일치하는 걸 알 수 있었다. 이 책의 저자 중 한 명인 Bill Miller는 나에게 "임상가들은 한번 보기만 해도 금방 이해를 하는 것 같습니다."라고 말을 한 적이 있다. MI가 직관적으로 마음에 들기도 했고, 그 당시 MI의 효과성을 뒷받침하는 많은 연구들이 축적되고 있었다. 나는 즉시 수업시간에 MI를 접목시키기 시작했고 학생들 역시 수업에 잘 따라 주었다. 다른 사회복지실천 영역에서도 MI가 유용할 것이라는 생각이 들었고, 내가 관심이 많은 아동복지 현장에서 물질남용 문제가 있는 부모들에게 MI를 적용하였다(Hohman, 1998). 나는 1999년에 MI 훈련가로 훈련을 받았고 그동안 MI 개념과 기술들을 사회복지실천 기술 교육과정에 접목시켰다. 이제는 근거중심 실천의 하나로 MI가 받아들여지고 있으며, MI 효과성 연구의 축적으로 인해 미국 전역의 사회복지학과와 마찬가지로 샌디에이고 주립대학교 사회복지학과 학부 및 대학원에서도 MI 수업이 이루어지고 있다.

MI의 개념

MI는 "양가감정을 탐색하고 해결함으로써 변화에 대한 내적 동기를 증진시키는 클라이언트 중심적이고 지시적인 방법"(Miller & Rollnick, 2002, p. 25)으로 정의된다. "지시적directive" 방법에 대비되는 "안내하는guiding" 스타일의 의사소통 방법으로 표현되기도 한다(Miller & Rollnick, 2009). 초기에는 직면하고 충고를 하는 전통적 알코올 중독 치료의 대안으로 MI가 개발되었는데, 그 이후 다양한 건강 관련 행동과 다른 문제들에 MI가 확장되어 적용되었다. 사회복지사들은 MI를 다음과 같은 다양한 영역에 적용해 왔다.

- 학교현장의 청소년들(Kaplan, Engle, Austin, & Wagner, 2011; Smith, Hall, Jang, & Arndt, 2009; Velasquez et al., 2009)
- 직장암 스크리닝(Wahab, Menon, & Szalacha, 2008)
- HIV/AIDS 확산 예방(Picciano, Roffman, Kalichman, & Walke, 2007; Rutledge, 2007)
- 폭력문제(Dia, Simmons, Oliver, & Cooper, 2009; Motivational Interviewing & Intimate Partner Violence Workgroup, 2010; Wahab, 2006)
- 직업재활(Manthey, 2009; Manthey, Jackson, & Evans-Brown, 2010)
- 젊은 여성 노숙자(Wenzel, D'Amico, Barnes, & Gilbert, 2009)
- 다발성 경화증 환자의 운동요법(Smith et al., 2010)

- 노인(Cummings, Cooper, & Cassie, 2009)
- 음주운전자(DiStefano & Hohman, 2007)
- 아동복지 클라이언트(Forrester, McCambirdge, Waissbein, Emlyn-Jones, & Rollnick, 2007; Hohman & Salsbury, 2009; Jasiura, Hunt, & Urquhart, 2012)
- 알코올 및 약물 중독 치료를 받는 클라이언트(Cloud et al., 2006)
- 보호관찰 클라이언트(Clark, 2006)
- 태아 알코올 스펙트럼 장애[1] 예방(Urquhart & Jasiura, 2010)

MI는 클라이언트가 변화를 생각하고 계획하도록 격려하고 공감을 전달하기 위한 특별한 기술들이며, 클라이언트와 함께하는 양식이자 "대응 방식way of being"이기도 하다. MI는 Carl Rogers의 인간중심상담(Rogers, 1951)에 기초하여 개발되었으며, MI의 "정신"을 구성하는 3가지 측면—협동정신, 유발성, 자율성 지지하기—에 기반을 두고 있다(Miller & Rollnick, 2002).[2]

➲ **협동정신**collaboration은 사회복지사가 클라이언트의 목표, 동기

---

1) 역자주: 태아 알코올 스펙트럼 장애Fetal Alcohol Spectrum Disorder의 다른 이름은 태아알코올증후군Fetal Alcohol Syndrome이다. 임산부가 임신 중 만성적으로 알코올을 섭취하는 경우 태아와 신생아의 성장 및 정신 지체, 안면 기형, 신경계 기형 등과 같은 신체적 기형과 정신적 장애가 발생하는 증후군을 말한다.

2) 역자주: *Motivational Interviewing* (2nd ed.) (Miller & Rollnick, 2002)에서 MI 정신은 협동정신Collaboration, 유발성Evocation, 자율성Autonomy이었다. 본 역서가 번역되는 동안 *Motivational Interviewing* (3rd ed.)(Miller & Rollnick, 2012)이 출판되었으며, 이 3판에서 MI 정신은 협동정신, 유발성, 수용Acceptance, 연민Compassion으로 수정 · 보완되었다.

를 증진시키는 요인들, 행동변화와 관련한 양가감정을 이해하고 클라이언트와 파트너로서 협력하는 것을 제안한다. 사회복지사는 클라이언트 행동변화의 전문가가 아니라 안내자이다. 클라이언트가 동의를 할 경우에는 문제에 대해 정보와 조언을 제공할 수 있다. 또한 클라이언트가 변화에 대한 욕구를 당연히 가지고 있을 것이라고 가정한다.

사회복지사인 Grant Corbett은 이것을 **결핍관점**deficit worldview과 대비되는 **역량관점**competence worldview이라고 불렀다(Corbett, 2009). 결핍관점에서는 클라이언트가 변화를 가능하게 하는 자원이나 문제해결 기술 또는 인적 특성들을 가지고 있지 않다고 가정하며, 따라서 클라이언트에게 문제해결을 위한 방법과 기술을 제공하거나 가르쳐야 한다고 본다. 클라이언트는 통찰 또는 지식이 부족하기 때문에 사회복지사가 "전문가"로서 정보를 제공하고, 조언하거나 또는 기술을 가르칠 필요가 있다고 여긴다. 강점관점을 활용할 때조차 사회복지사가 결핍관점의 테두리를 벗어나지 못하는 경우가 있는데, 자신이 열심히 노력하면 클라이언트의 숨은 강점을 찾아낼 수 있을 것이라는 암시를 무의식적으로 클라이언트에게 주는 경우이다(Corbett, 2009; Saleeby, 2006). 여전히 모든 것이 사회복지사에게 달려 있는 것이다. 하지만 진정한 역량관점은 클라이언트가 이미 자신의 문제해결을 위해 필요한 능력과 자원을 가지고 있다고 본다. 그리고 역량관점을 실천하는 사회복지사의 주요 역할은 클라이언트가 이미 가지고 있는 변화에 대한 사고, 생각, 능력, 방법을 유발시키는 것이다.

● 유발성evocation은 변화 목표와 방법을 클라이언트의 사고와 생각에서 이끌어 내는 것이다. 클라이언트는 자신의 문제를 "부정"하는 것이 아니다. 다만 행동변화에 관하여 양가감정을 가지고 씨름하는 것이다. 예를 들어, 필로폰 사용으로 아이들을 방임하는 어머니의 경우, 필로폰을 즐기기도 하지만, 그녀 또한 좋은 부모가 되고 싶은 욕구를 가지고 있다. 따라서 사회복지사는 더 좋은 부모가 되기 위한 클라이언트의 생각, 가치를 토대로 그녀 자신의 변화 동기를 유발시킬 수 있다.

● 자율성 지지하기autonomy support는 MI의 세 번째 정신이다. 클라이언트는 궁극적으로 자기 스스로 변화에 대해 결정을 하게 된다. 사회복지사는 클라이언트에게 경고를 하거나 위협을 하더라도 아무것도 억지로 변화시킬 수는 없다. 따라서 MI 실천가는 강제적인 방법을 사용하지 말아야 하고, 비록 사회복지사가 동의하지 않는 선택을 클라이언트가 하더라도 클라이언트 스스로 최선의 방법을 선택할 수 있다는 것을 이해해야 한다. 앞에서 예를 든 것처럼 필로폰을 사용하는 어머니는 약물사용을 선택할 수도 있다. 이때 사회복지사는 자녀의 복지를 위해 최선의 방법을 강구해야 하며, 그러기 위해서 자녀와 클라이언트를 분리해야 할 수도 있다. 사회복지사가 클라이언트의 선택에 항상 동의할 수는 없다. 하지만 사회복지사가 클라이언트를 위협하거나, 경고하거나, 클라이언트의 선택이 초래할 나쁜 결과를 이야기하는 "일상적인" 의사소통을 사용하여 변화시키려고 할 때, 클라이언트는 자신의 자율성을 증명하려 들거나 "밀어내기"를 할 가능성이 더 높아진다(Catley et al., 2006;

Hohman, Kleinpeter, & Loughran, 2005; Miller & Rose, 2009)는 점을 명심해야 한다. 우리는 이러한 일상적인 의사소통 방법들이 일반적으로 효과가 없다는 것을 알고 있다. 클라이언트의 자율성을 존중하는 것은 저항을 피하고 긍정적인 방식으로 문제해결 참여를 격려하는 데 도움이 된다. 클라이언트 문제가 악화되는 상황에 있을 때, 클라이언트를 위협하거나 협박하여 문제를 해결하고 싶은 생각을 떨쳐 버리기가 어렵다. 이러한 욕구를 교정반사Righting Reflex라고 하며, 제5장에서 좀 더 살펴보도록 하겠다.

MI를 활용하지 말아야 하는 때는 언제인가? 만약 클라이언트가 이미 변화하기로 결심을 하였다면, 비록 경청이라는 클라이언트중심상담 기술들은 도움이 될 수 있지만, MI가 필요하지 않을 수 있다. 또한 아이를 낳은 십대 클라이언트에게 입양을 부추기는 것과 같은 상담은 실천가로서의 개인적, 전문적 선호나 이익에 따르는 것이므로 비윤리적일 수 있다(Miller & Rollnick, 2002). 위기상황에 MI를 사회복지사가 활용할 수 있는가? 이에 대한 연구는 많이 없지만 일부 연구에서는 위기상황에서 MI 적용이 가능하다고 이야기한다(Loughran, 2011). Zerler(2009)와 Britton, Williams와 Conner(2008)의 연구에서는 자살시도 클라이언트의 삶에 대한 양가감정을 이야기하고 안전계획을 세우는 방법으로 MI를 제안하였다. 이러한 양가감정을 듣는 것은 매우 힘들 수 있지만, Zerler는 "나쁜 감정 상태에서 최선의 선택을 할 수 있도록"(p. 1208) 클라이언트의 자율성을 강화하고, 자기효능감을 증진시키는 데 MI 활용이 도움된다고 주장하였다.

사회복지실천에서 MI의 유용성

사회복지사들과 함께 또 다른 원조 전문가들도 다양한 이유로 MI를 활용하고 있다(Wahab, 2005b). 주요 이유 네 가지는 다음과 같다. (1) MI의 정신과 가치는 사회복지실천의 원칙, 가치와 유사하다. (2) 사회복지사가 전통적으로 개입하는 클라이언트 집단에 대한 MI 활용을 지지하는 연구 근거가 풍부하다. (3) MI는 다양한 실천현장, 다양한 문화적 배경을 가진 클라이언트에게 효과적이라는 것이 입증되었으며, 문화적 역량 개념과 아주 잘 부합하는 것으로 보인다. (4) MI는 다른 개입방법들과 통합하여 활용할 수 있다.

사회복지실천의 원칙과 MI

세계 여러 나라에 사회복지 윤리강령이 있다. 윤리강령의 일반적인 주제는 사회정의에 대한 사회복지사의 헌신, 다양한 소외계층에 대한 서비스, 통합적 실천, 클라이언트의 자기결정권 증진, 비밀보장 유지, 사회복지실천에 과학적 방법을 활용하는 내용이 대부분 포함되어 있다(IFSW, 2004). Scheafor와 Horejsi(2007)는 24가지의 일반적인 사회복지실천 원칙을 종합하여 정리하였으며, 그중 17가지 실천 원칙은 클라이언트와 직접적인 실천을 안내하는 데 초점이 맞추어져 있다.

MI는 우리가 행동변화를 원할 때 활용할 수 있는 하나의 방법이다. MI 정신에 가장 유사한 사회복지실천 원칙을 〈표 1-1〉에 정리하였다. 사회복지실천 원칙에는 존엄성, 존중, 개별화, 비전, 클라이언트 강점, 클라이언트 참여, 자기결정권, 그리고 역량강화 등이 포함된다. 이러한 모든 원칙들은 협동정신, 유발성, 자율성 지지하기의 MI 정신과 일치한다. 왜냐하면 MI에서는 클라이언트를 그들의 삶의 전문가로 여기고, 사회복지사의 역할을 클라이언트 문제에 대한 생각과 문제해결방법에 대해 협력적으로 접근하게 하는 것으로 보는 인간중심이론과 접근에 기반하고 있기 때문이다. MI 면접을 보면 클라이언트가 대부분 이야기를 하기 때문에 매우 간단하게 보인다. 하지만 클라이언트의 동기를 유발시키고, 선택적인 반영과 요약을 유지해야 하기 때문에 사회복지사는 사실 바쁘다. 사회복지사들은 클라이언트의 허락이 있을 때 조언을 제공하고, 일반적으로 조언에는 클라이언트가 선택할 수 있는 메뉴들이 포함되어 있어야 한다. 클라이언트는 자신의 방식으로 행동변화에 대한 의사결정을 하고 변화 계획을 결정한다. 이러한 접근은 클라이언트의 역량강화와 자기결정권 증진을 돕는다.

〈표 1-1〉 사회복지실천 원칙과 MI와의 관계

사회복지실천 원칙 (Scheafor & Horejsi, 2007)	MI (Miller & Rollnick, 2002)
사회복지사는 클라이언트를 존중해야 한다.	MI 정신은 동등한 파트너십을 형성하고 클라이언트에게 진단명을 붙이지 않는 것과 같이 클라이언트와 협력적으로 일하는 것을 포함한다.
사회복지사는 클라이언트를 개별화해야 한다.	MI 정신에서는 문제에 대한 클라이언트의 고유한 관점과 생각으로부터 변화에 대한 동기를 유발시킨다.

사회복지사는 클라이언트를 자신의 삶에 있어서 전문가로 고려해야 한다.	MI는 클라이언트가 자신의 삶에 대해 가지고 있는 인식을 중요시하는 인간중심 이론과 접근에 기반한다.
사회복지사는 클라이언트에게 비전을 제시해야 한다.	클라이언트의 자기효능감 지지하기는 MI 원칙 중 하나이다. 사회복지사는 클라이언트의 강점을 인정하고, 클라이언트 스스로 선택한 변화에 대해 강조한다.
사회복지사들은 클라이언트의 강점에 기초해야 한다.	MI에서 사회복지사의 과업은 클라이언트가 자신의 강점 또는 능력 그리고 과거에 긍정적인 변화가 어떻게 일어났는지를 인식하게 하는 것이다.
사회복지사들은 클라이언트의 참여를 극대화해야 한다.	MI에서는 클라이언트가 이야기의 주도권을 가져야 하고, 사회복지사는 클라이언트의 자율성을 지지해야 한다. 협동정신은 클라이언트의 욕구에 기반하여 변화계획을 수립하는 것을 의미한다.
사회복지사들은 클라이언트의 자기결정을 최대화해야 한다.	클라이언트 동의하에 조언을 해야 하고, 다양한 선택 메뉴를 제공해야 한다. 또한 선택과정에서 클라이언트의 능력과 자율성이 강조되어야 한다.
사회복지사는 클라이언트가 자기지시적인 문제해결 기술을 학습하도록 도와야 한다.	MI는 필요시 다른 방법들과 통합하여 사용할 수 있다. 클라이언트가 문제해결 기술을 배우길 원하는 경우, MI와 인지행동치료를 함께 활용할 수 있다.
사회복지사는 클라이언트의 역량강화를 극대화해야 한다.	자기효능감 지지하기와 자율성 지지하기의 원칙은 클라이언트의 역량강화를 도와 궁극적으로 자신의 삶에 대한 결정을 자기 스스로 내릴 수 있게 해 준다.

근거중심 과정과 근거중심 실천으로서의 MI

앞에서 제시한 것처럼, 사회복지 윤리강령에서는 개별 클라이언트에 대한 최선의 개입을 결정하는 데 있어 과학적 근거 또는 연구 근거를 활용해야 한다고 요구하고 있다. 미국사회복지교육협의회(CSWE; 2001)는 학생들이 사회복지실천을 할 때 찾아볼 수 있도록 최선의 근거를 활용하는 방법에 대한 교육이 필요하다고 강조한다. 이것은 전통, 경험, 동료 또는 슈퍼바이저의 조언과 같은 권위 기반 실천의 이전 패러다임에서 변화된 것이다(Mullen & Bacon, 2006; Proctor, 2006). 재정지원단체들도 기관의 사회복지사들에게 근거중심 실천을 활용하도록 요구한다. 이와 관련해서 사회복지사가 활용할 수 있는 자원으로는 CEBC(2006-2009)[3], SAMHSA의 NREPP(2010)[4], Campbell Collaboration(C2; 2010)[5], 그리고 Cochrane Collaboration(2010)[6] 등이 있다. 위의 자원들 모두 MI에 대한 정보를 지니고 있다. CEBC는 개입 효과성이 연구에 의해 얼마나 뒷받침되는지를 결정하는 과학적인 평가 척도를 사용한다. CEBC 웹사이트에서 MI가 부모의 약물남용문제에 있어 가장 높은 평가("1" 또는 "연구 근거에 의해 잘 지지됨")를 받았다(CEBC, 2006-2009). NREPP에서 MI는 알코올 및 다른 약물 사용의 개입 효과성이 3.9점(4.0점 만점 척도)으로 높은 평가를 받았다. NREPP 웹사이트에서는 MI 적용에 대한 문헌검토를 제공한다. Campbell과

3) 역자주: California Evidence-Based Clearinghouse for Child Welfare 약자이다. 웹사이트 http://www.cebc4cw.org

4) 역자주: National Registry of Evidence-Based Programs and Practices sponsored by the Substance Abuse and Mental Health Services Administration 약자이다. 웹사이트 http://www.nrepp.samhsa.gov

5) 웹사이트 http://campbellcollaboration.org

6) 웹사이트 http://www.cochrane.org

Cochrane 웹사이트에서는 금연처럼 다양한 주제에 MI를 적용한 연구의 체계적 문헌검토를 제공한다.

현재 건강이나 행동변화에 MI를 적용한 다양한 연구가 300개 가까이 된다(Moyers, Martin, Houck, Christopher, & Tonigan, 2009). 연구의 목록은 Rollnick, Miller와 Butler의 책(2008) 또는 MI 웹사이트(www.motivationalinterviewing.org)에서 찾아볼 수 있다. 비록 MI가 인간의 모든 문제 영역에 적용되지는 않지만 특정 영역에서 광범위하게 적용되고 있음을 보고한 연구들이 많다. 이런 이유로 사회복지실천에 근거중심 실천을 통합하려는 사회복지사들이 MI에 매력을 느낀다. 근거중심 과정에서는 특정 개입방법에 대한 연구와 정보들을 비판적으로 평가하는 것을 강조하고, 어떠한 개입방법을 선택할지에 대한 의사결정에 클라이언트를 포함시킨다(Gambrill, 2006). 이러한 과정은 MI와 일치하는 방식으로 이루어질 수도 있다. 하지만 개입방법의 선택에 있어 클라이언트에게 특정 방향을 선택하도록 영향을 끼치는 데에 MI를 활용해서는 안 된다.

다문화적 실천과 MI

MI를 소개한 책의 초판(Miller & Rollnick, 1991)이 출간된 이래로, 그리고 다양한 문화권에서 MI 실천을 지지하는 연구결과가 지속적으로 발표되면서, MI는 전세계 사회복지사와 원조 전문가들에 의해 채택되어 왔다. William Miller와 Stephen Rollnick의 책(2002) 2판은 18개 언어로 번역되었으며, 40개 이상의 언어권에서 MI 훈련가들이 나오고 있다. 개입으로서 MI의 활용은 미국에서 다양한 클라이언트에게 적용되어 연구되었다. 예를 들어, 식이조절과 고혈압이 있는 아프리카계 미국인 대상 연구(Befort et al., 2008; Ogedegbe et al., 2007; Resnicow et al., 2001, 2008), 아메리카 원주민 대상 알코올 사용과 HIV 검사 연구(Foley et al., 2005; Villanueva, Tonigan, & Miller, 2007), 라틴계 미국인 대상 금연을 위한 개입 연구(Borrelli, McQuaid, Novak, Hammond, & Becker, 2010), 라틴계 미국인 대상 향정신성 약물 순응도 증가 연구(Anez, Silva, Paris, & Bedregal, 2008; Interian, Martinez, Rios, Krejci, & Guarnaccia, 2010), 그리고 아시아계 미국인 대상 물질남용 치료 참여 증가 연구(Yu, Clark, Chandra, Dias, & Lai, 2009) 등이 있다. 72개 연구를 메타분석한 연구에서 MI가 다양한 문화적 배경을 가진 클라이언트 개입에 효과적이라는 경험적 근거를 제공하였다. 일반집단 클라이언트보다 소수집단 클라이언트에게서 치료효과가 거의 두 배로 나타났다(Hettema, Steele, & Miller, 2005).

다양한 문화에서 활용할 수 있는 의사소통방법으로서 MI는 상당히 매력적이다. 클라이언트의 가치, 목표, 그리고 전략을 인식하고 활용하며(Interian et al., 2010; Venner, Feldstein, & Tafoya, 2007), 클라이언트의 자율성을 존중하는 데(Hettema, Steeler, & Miller, 2005) 초점을 두기 때문이다. MI에서 사회복지사는 스스로의 사고, 목표, 가치를 보류시키고 클라이언트의 사고, 목표, 가치를 적극적으로 경청하고 반영해야 한다. McRoy(2007)는 문화적 고정관념과 시각을 극복하기 위해 클라이언트의 사고, 목표, 가치에 초점을 맞추는 것이 중요하다고 제안하였다. 동기와 변화에 대한 전략은 사회복지사에 의해서가 아니라 클라이언트에 의해 유발된다(Miller, Villanueva,

Tonigan, & Cuzmar, 2007). 다수문화에 속한 사회복지사의 관점에 기초한 목표나 전략들을 제시받은 소수문화의 클라이언트들은 이러한 접근을 온정주의적으로 느낄 수도 있다. 사회복지사가 어떤 인종이나 민족적 배경을 가졌든지 상관없이 사회복지사는 기술이나 지식을 제공해 주는 '전문가'의 자리에서 내려와야 한다. 특히 억압 받은 집단의 클라이언트와 면접 시에는 주의를 기울여야 한다(Sakamoto & Pitner, 2005). 협동정신, 유발성, 자율성 지지하기의 MI 정신은 인종, 문화 또는 계층의 차이를 극복하는 하나의 방법이 될 수 있다.

다문화적 역량을 갖기 위해서, Sue(1998)는 사회복지사, 치료자, 상담가를 위해 다음과 같이 제안하였다. (1) 모든 클라이언트가 같은 집단에 속할 것이라는 가정을 하지 않고, 개별 클라이언트의 이야기를 통해 가설을 검증하려는 과학적인 사고를 해야 한다. (2) 고정관념 없이 클라이언트 각자로부터 보고 들은 것을 토대로, 우리가 가지고 있는 문화에 대한 지식을 적용할 때 알고 있는 것을 유연성 있게 실천해야 한다. (3) 인종적/민족적, 지리적, 신체적 또는 성적 지향에 관한 클라이언트 집단의 문화에 대해 구체적인 지식을 가져야 한다. 왜냐하면 사회복지사는 문제에 대한 클라이언트의 관점, 가치와 목표, 그리고 변화 달성을 위한 방법을 이해하고 변화계획을 세워야 하기 때문에 사회복지사는 클라이언트의 문화와 그들의 문화가 클라이언트에게 어떤 영향을 미치는지 알아야 한다. 가설 검증은 클라이언트에게 무엇이 중요한지 반영적 경청과 요약하기 활용을 통해 확인할 수 있다. 만약 우리가 잘못된 가설을 세웠다면, 아마도 클라이언트가 제대로 고쳐 주고 실험을 계속해 나가게 될 것이다. MI 면접이 특정 문화를 이해하는 데에 도움이 될 수는 있지만, 그렇다고 클라이언트가 특정 문화를 사회복지사에게 "가르쳐" 주거나 대변해 주기를 기대해서는 안 된다. 클라이언트의 문화를 배우기 위해서는 다른 방법을 모색해야 한다(Sue, 1998). 하지만 하나의 인종/민족/문화 안에서도 많은 다양성이 존재하기 때문에 MI는 사회복지사가 특정한 클라이언트에게 중요한 것이 무엇인지를 인식하는 데 도움을 준다. 때로 그것은 우리가 이해하고 있는 그 문화의 구성원에게 일반적으로 기대되는 것과는 다를 수 있다. 따라서 사회복지사는 MI 활용 시 클라이언트를 그들의 관점과 문화적 맥락 안에서 개별화해야 한다.

그렇다면 개인이 아닌 보다 큰 집단 차원의 클라이언트에게는 어떤 방법으로 MI를 각 문화에 맞게 적용시킬 수 있을까? 개입에서 근거중심 실천방법을 중시하는 경향이 많아지면서, 임상실험에서 확실하게 통제되고 실제 생활에 적용 가능한 방법들의 유용성이 드러나게 되었다. 방법에 있어서도 그 규칙을 따르는 것이 중요하지만, 특정 인종이나 민족 집단의 필요를 충분히 만족시키는 것도 마찬가지로 중요하다(Castro, Barrera, & Martinez, 2004). 특정 문화집단에 대한 MI 개입이 효과가 있기 위해서 그 문화를 대표할 수 있는 클라이언트로 구성된 초점집단을 사용할 수 있다. 기존에 계획했던 것들을 유념하면서, 그들의 언어사용이나 특정 집단 안에서의 가치나 규범에 대해 토론하며 개입을 시작할 수 있다(Anez et al., 2008; Interian et al., 2010; Longshore & Grills, 2000; Venner, Feldstein, & Tafoya, 2007). 예를 들면, 아메리카 원주민들과의 MI를 활용할 때에 존중, 진단명 붙이지 않기, 그리고 협력을 강조하였다. 그리고 아

메리카 원주민의 가치와 풍습에 모든 것이 일치하도록 강조하였다. 초점집단 참여자들은 클라이언트 스스로 동기를 발견하고 변화의 방법들을 찾아가는 것이 매우 도움이 되었다고 이야기하였다(Venner et al., 2007).

다른 개입방법들과 잘 결합되는 MI

MI는 단독으로 활용되기도 하지만, 다른 개입방법과 결합하여 사용될 때도 역시 효과적이다(Burke, Arkowitz, & Menchola, 2003; Lundahl & Burke, 2009). MI는 치료를 시작하기 전의 사전개입으로, 또는 인지행동치료와 같은 다른 개입방법과 결합된 형태로 활용되어 왔다. 또한 MI는 다양한 현장에서 활용하기 위해 수정 · 보완되어 왔는데, 알코올 문제에 대한 간단한 스크리닝을 실행하는 방법도 여기에 포함된다. MI는 더 큰 개입 안에서 하위목표—예를 들어, 부모교육 훈련 또는 가족 집단 모임에 대한 부모의 참여를 높이는 것—를 달성하는 하나의 방법으로 활용할 수도 있다.

선행연구에 의하면 클라이언트가 치료(물질남용, 이중장애 또는 대인폭력 범죄 등에 대한)에 들어가기 전에 MI 면접을 실시한 경우 프로그램 출석률과 참여도를 향상시킬 수 있었다(Carroll, Libby, Sheehan, & Hyland, 2001; Carroll et al., 2006; Daley, Salloum, Zuckoff, Kirisci, & Thase, 1998; Musser & Murphy, 2009; Musser, Semiatin, Taft, & Murphy, 2008). 반면, 최근의 어떤 메타분석 연구에서는 치료 참여도를 높이기 위한 MI 활용이 일반적인 치료에 비해 가지는 이점이 미미하다고 보고하였다(Lundahl, Kunz, Tollefson,

Brownell, & Burke, 2010). MI 치료 전 면접에서는 클라이언트의 관심사나 걱정거리, 치료를 통해 얻고 싶은 것이 무엇인지 등을 물어본다. 클라이언트에게 "자신의 이야기를 하게" 하고 치료목표를 스스로 세울 수 있는 기회를 제공함으로써, 클라이언트는 자율성을 지지받고 개별화된 관심을 받는다고 느끼며 더욱더 치료에 열심히 임하게 된다. 일반적으로 이러한 치료 전 사전면접에 대한 연구에서는 클라이언트 집단을 MI 사전면접이 아닌 표준 접수/평가 면접을 받은 "일반적 치료" 클라이언트 집단과 비교한다. 표준면접은 클라이언트로부터 물질사용 개인력이나 현재의 걱정거리 등의 정보를 수집하며, 흔히 수많은 서류와 양식을 이용해서 이루어진다. 이는 "일반적" 의사소통 방법의 한 유형으로, 국가/기관/사회복지사가 무엇이 중요한지, 알아야 할 사항이 무엇인지를 결정하고 면접관이 그러한 정보를 얻기 위해 많은 질문을 하는 방식이다. 이 밖에 어떤 연구에서는 MI 면접을 치료의 한 단계에서 다음 단계로 이동을 준비하는 클라이언트의 치료과정 안으로 삽입하여 실시하기도 하였다(Zweben & Zuckoff, 2002). 예를 들어, 치료를 마치고 떠나는 물질남용 클라이언트 중 단주모임Alcoholics Anonymous: AA 또는 다른 12단계 프로그램에 대해 양가적인 태도를 가진 클라이언트에게 MI를 활용하여 AA 참석률을 높이고자 할 수 있다(Cloud et al., 2006).

MI는 다른 개입방법들과 결합하여 활용되었는데, 특히 인지행동치료와 가장 많이 결합해서 사용되었다. 사회복지사인 Corcoran (2005)은 다양한 클라이언트의 문제에 MI, 인지행동치료(CBT), 해결중심치료(SFT)를 통합한 강점과 기술 모델strengths and skills model을 제안하였다. 이 모델에서 사회복지사는 클라이언트를 참여시키

고 그들의 문제와 동기요인을 파악하기 위해 MI와 해결중심치료를 활용한다. 양가감정이 줄어들면, 사회복지사는 역할극을 통해 클라이언트의 변화전략을 논의하는 단계로 전환하는데, 이는 인지행동치료와 일맥상통하는 접근이다. Project COMBINE이라는 대규모 임상실험에서는 알코올 의존 치료를 위해 MI를 CBT와 결합시킨 (약물치료도 함께 병행한) 개입을 연구하였다(Longabaugh, Zweben, Locastro, & Miller, 2005). 이 모델은 클라이언트를 참여시키기 위해 MI를 활용하고, 그 다음에는 대처기술 향상 및 예행연습을 포함하는 재발 방지에 초점을 두었다. 이 모든 과정에 걸쳐 MI 정신은 유지되었다(Miller, 2004).

동기증진치료Motivational Enhancement Therapy: MET는 MI의 한 형태로서, 알코올 사용이나 약물 사용, 콘돔 사용, 흡연 등과 같은 표적행동에 대한 규범적 피드백을 클라이언트에게 제공할 때 MI를 함께 곁들이는 것이다(Burke, Arkowitz, & Menchola, 2003). 스크리닝 및 단기 개입Screening and brief interventions: SBI이란 주로 일차 진료 또는 병원 응급실에서 이루어지는 면접으로, MI를 구조화된 형식으로 활용한다. 환자의 허락하에, 스크리닝—통상 알코올 사용에 대해—이 이루어지고, 국가표준과 비교했을 때 자신의 점수가 어느 정도 심각한지에 대한 피드백을 제공한 후, 지지적이고 협력적인 방식으로 알코올 사용을 줄일 수 있는 방법을 생각해 보도록 하는 것이다. 이 개입은 약 15~30분이 소요되며, 6개월 추후조사에서 알코올 남용 감소 효과가 있는 것으로 많은 연구결과에서 일관되게 보고되었다(Bernstein et al., 2007; Madras et al., 2009). 다른 단기 개입은 시애틀 노숙 청소년을 대상으로 한 Baer와 동료들의 경우처럼 몇 번의

회기에 걸쳐 이루어질 수 있다. 이들은 MI를 활용하여 청소년들에게 물질남용 스크리닝을 하고 난 후, 물질남용의 기준, 물질의존의 증상, 변화 동기, 혹은 개인적 목표 등과 같이 청소년 자신이 선택한 주제에 대해 피드백을 제공하였다. 이 과정은 클라이언트의 약물사용 감소와 사회서비스 활용의 증가를 목표로 4회의 짧은 세션에 걸쳐 이루어졌다. 개입을 받은 청소년들의 서비스 이용이 통제집단에 비해 증가하였고 물질남용은 두 집단 모두 시간이 지남에 따라 감소하였다(Baer, Garrett, Beadnell, Wells, & Peterson, 2007). 청소년을 대상으로 한 MI의 자세한 내용은 7장을 참조하길 바란다.

MI는 부모기술훈련과 같은 다른 개입에서 특정 목표달성을 위해 사용되기도 한다. 부모기술훈련은 전통적으로 CBT를 활용하여 어떤 방법을 가르치고 자녀들과 함께 집에서 연습하도록 "숙제"를 내어 주는 방식이다. Scott와 Dadds(2009)는 부모교육에 참여를 꺼리거나 여러 가지 이유로 과제를 수행하지 못하는 부모에게 MI를 활용할 것을 제안하였다. 때때로 사회복지사는 부모들을 대상으로 부모기술훈련에 참석해야 하는 이유에 대해 논쟁을 하거나 협조를 설득, 강요함으로써 부모들의 저항을 증가시키는 경우가 있다. 이는 부모들이 협조하지 않았을 때 발생할 수 있는 나쁜 결과—특히 법원명령을 받은 경우—를 염려하는 좋은 의도로 일어나기도 한다. MI 활용은 비심판적으로 부모의 관점과 걱정거리를 들을 수 있게 우리를 도와준다. 이를 통해 저항을 줄이고, 희망컨대 부모기술훈련에 대한 참여 동기를 증진시킬 수 있을 것이다(Arkowitz, Westra, Miller, & Rollnick, 2008).

MI 활용의 제한점

현재 MI는 대부분 미시체계(개인)와 중시체계(가족과 집단) 속에서 클라이언트에게 적용되고 있다. 개별상담 외에도 가족상담(예: Gill, Hyde, Shaw, Dishion, & Wilson, 2008), 집단상담(예: Santa Ana, Wulfert, & Nietert, 2007; Wagner & Ingersoll, 2012)에서 MI를 적용한 사례들이 있다. 반면, 거시적 현장의 경우에는 적어도 2개의 연구가 대학 내 알코올 및 약물사용 감소와 예방을 위한 MI 활용을 보고하였지만(Miller, Toscova, Miller, & Sanchez, 2000; Newbery, McCambridge, & Strang, 2007), 아직까지 이 분야에 대한 MI 적용은 알려진 바가 많지 않다.

현재까지 대두된 우려 중 하나는 MI 방법이 "환경 속의 인간" 관점을 활용하지 않는다는 것이다(Northern, 1995). 다시 말해 MI를 활용하게 되면 클라이언트가 매일매일의 일상생활에서 상호작용하는 다양한 체계로부터 초점을 벗어나게 한다는 것이다. 예를 들어, MI 교육에 참석한 청소년 교정사회복지사가 나에게 청소년 범죄자들이 MI를 통해 긍정적인 방향으로 변하도록 도울 수 있다고 말했다. 하지만 청소년이 우범지역에 거주하거나, 문맹이거나, 친구들이 약물을 사용하는 등 환경적인 문제에 직면한다고 하면 어떻게 도울 수 있을까? MI 방법의 활용을 통해 청소년의 학교 출석 장애요인에 대해 전략적으로 도울 수는 있지만, 가난한 도심의 청소년들이 직면한 수많은 문제들을 극복하는 데는 충분하지 않을 수 있다. 비슷한 맥락에서 대인폭력 현장에 근무하는 사회복지사가 나에게 MI

는 단지 "개별적인 방법"일 뿐이라고 우려를 표명하였다. 대중매체와 음악을 통해 조장되는 폭력문화에 초점을 두는 대신, 폭력 생존자에게만 초점이 맞추어지는 것이 바람직하지 않다는 것이다. 그러나 최근에는 환경 속의 인간 관점에 대한 비판이 제기되고 있다. 그 개념이 너무 광범위하기 때문에 여러 체계를 아우르는 복잡하고 다양한 문제들을 모두 다루기에는 클라이언트나 사회복지사 모두에게 버겁다는 것이다(Rogers, 2010). MI는 실현 가능한 어떤 특정 목표나 대안을 세우는 데 도움이 될 수 있다. 그리고 어떤 문제나 장애요인, 해결책 등이 클라이언트에게 어떻게 일어나는지를 특정 맥락 속에서 생각할 필요가 있다.

사회복지실천을 위한 MI 적용의 제한점 중 또 다른 하나는 MI 학습의 부분이다. MI 기술을 배우는 것은 그리 쉬운 일이 아니며, 지속적인 슈퍼비전, 코칭, 그리고 상담기술에 대한 피드백이 중요하다고 기존 연구에서 이야기하고 있다(Miller, Yahne, Moyers, Martinez, & Pirritano, 2004). 나도 대중 앞에서 MI 면접을 시연할 수 있을 만큼 MI 기술이 충분히 숙련되었다고 느끼기까지는 상당 시간이 걸렸다. MI 슈퍼비전, 피드백, 코칭을 받는 데에는 시간이 걸리고 종종 바쁜 스케줄로 인해 조정하기 힘들기도 하다(Forrester et al., 2007; Miller & Mount, 2001). 때로는 기관의 정책과 관행이 MI 정신과 활용에 지지적이지 않을 수도 있으며(Wahab, 2005a), 이는 MI를 배우고 실천하는 데에 도전이 된다. 하지만 시간과 다른 제약에도 불구하고 MI 기술을 향상시키는 데 관심이 있는 사람들은 나름대로 방법을 잘 찾아 익히고 있다(사례는 9장 참조).

맺음말

MI는 근거중심 실천이며, 협동정신, 유발성, 자율성 지지하기에 기반한 의사소통 양식이다. MI는 사회복지 가치와 잘 부합되기도 하지만 때론 현재 이루어지고 있는 사회복지실천과 갈등이 생기기도 한다. MI는 클라이언트가 비자발적이거나, 개입결과에 따라 사회복지사업 지원이 결정되는 현장에서 더 선호될 수 있다. 그러나 이렇게 매력적임에도 불구하고, MI를 배우는 것은 꽤 어려운 일이 될 수 있다. 특히 과도한 업무에 짓눌려 있거나 클라이언트 중심 접근을 지지하지 않은 기관에서 일할 때 더욱 그러하다(Miller, Yahne, et al., 2004). 일상적인 의사소통 방법은 질문을 많이 하고, 때로 문제에 진단명을 붙이고, 사회복지사를 클라이언트 문제의 해결을 원조하는 전문가로 인식한다. 어떻게 보면 MI를 활용한다는 것은 기존과 다른 방식으로 의사소통하는 법을 배우는 것을 의미한다. 다음 장에서는 MI의 기원, MI에서 사용되는 기술들을 살펴보고 MI의 효과성을 설명하는 사회심리학 이론들을 검토할 것이다.

Chapter 2

MI의 이해

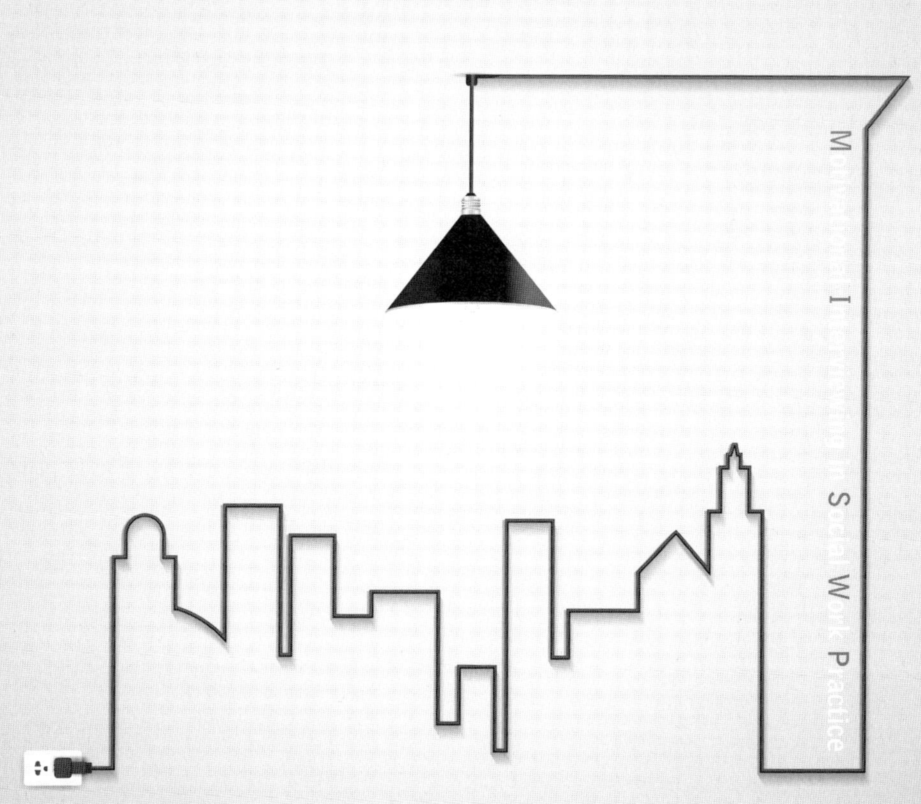

Chapter 2

MI의 이해

Melinda Hohman

1장에서 우리는 MI 정신(협동정신, 유발성, 자율성 지지하기)이 사회복지의 가치, 윤리, 실천과 조화를 이룬다는 것을 살펴보았다. 2장에서는 (1) MI가 어떻게 개발되었는지, (2) MI를 실제적으로 적용하여 실천을 할 수 있는지, 다른 말로 하면 무엇이 일반적인 사회복지 상호작용과 차이가 나는 기술인지, 그리고 (3) 어떻게 MI가 치료 효과가 있는지를 살펴보고자 한다. 이 질문들에 대한 답을 통해 여러분이 MI에 대해 더 깊은 이해를 하게 되길 바란다. MI의 원리와 방법들이 다양한 사회복지 대상자들에게 어떻게 적용되고 활용되는지에 대해서는 다음 3장에서 보다 구체적으로 살펴볼 것이다.

MI의 개발과정

새로운 개입 또는 방법론은 이미 검증된 이론과 가설을 기반으로

개발되는 것이 일반적이다(Miller & Rose, 2009). 하지만 MI의 경우에는 그렇지 않았다. MI의 개발자인 Bill Miller는 1970년대 MI의 개발과정을 다음과 같이 설명하였다.

> 나는 밀워키에서 실습을 할 때 이 분야에 관심을 가졌다. 부서장(심리학자)은 내가 알코올 중독에 대해 아무것도 모르고 있음에도 나에게 알코올 분야에서 일을 해 보라고 권유하였다. 아무것도 모르는 상태에서 나는 자연스럽게 Carl Rogers의 인간중심이론을 활용하여 알코올 중독 환자와 상담을 하였다. 환자들은 알코올 중독에 대해 나에게 가르쳐 주었고, 자기들의 이야기를 들려주었다. 어떻게 알코올 중독이 되었는지, 알코올 중독을 극복하기 위해 무엇을 계획했었는지 등에 관한 그들의 이야기를 정확한 공감으로 경청하였으며, 공감대가 바로 형성되었다. 나는 그들과 이야기하는 것을 좋아하였고 그들도 나와 이야기하는 것을 즐거워하는 것처럼 보였다. 그 시점에 나는 알코올 중독자들은 거짓말쟁이이고 방어적이며 현실을 제대로 바라보지 못하는 문제 많은 사람들로 규정짓는 기존의 책들을 읽었다. '이런, 내가 대화를 했었던 알코올 중독자와 책에 표현된 내용이 다르잖아.'라고 나는 생각했다. 이러한 알코올 중독자들과의 공감적 경청 경험은 나에게 인상적이었으며, 추후 MI 개발의 기초가 되었다(Ashton, 2005, p. 26에서 재인용).

그 당시, 그리고 심지어 일정 정도는 오늘날까지도, 알코올 중독 치료는 알코올 중독자들이 그들의 음주와 음주 관련 문제의 심각성을 부정하고 있다는 생각에 기반하고 있다. 이러한 부정을 깨뜨리고, 현실을 볼 수 있게 하기 위해서 상담가는 클라이언트에게 부정, 거짓말, 조종 등을 직면하도록 해야 한다는 것이다. 일단 클라이언트가 문제를 인정하면, 변화에 대한 동기를 보이고, 그들은 회복 과정을 시작할 수 있었다. 확실히 Miller의 작업은 그 당시 일반적인 실천과는 달랐다. 그리고 알코올 중독자와의 상담 경험을 통해 그는 클라이언트의 변화에 영향을 미치는 것이 무엇인지에 더욱 호기심을 가지게 되었다.

뉴멕시코 대학교에서 Miller는 행동적 개입을 검증하는 일련의 실험연구들을 진행하였다. 알코올 문제가 있는 클라이언트를 대상으로 두 집단으로 나누어, 사정 후에 간단한 조언과 함께 대기명단에 할당한 집단, 같은 사정 후 개별 인지행동치료 10회기를 실시한 집단을 비교하였다. 연구 결과, 두 집단의 치료결과는 똑같았다. 상담 동안에 사용한 상담가의 스타일을 분석하였더니, 상담가가 정확한 공감을 더 많이 한 집단이 치료결과가 더 좋았으며, 1년 그리고 2년 후에도 치료결과가 유지되었다(Miller & Baca, 1983). Miller는 자조집단에 배정된 알코올 중독자들이 간단한 개입에도 불구하고 자신의 음주행동에 변화를 시작하는 것을 보고 놀랐다(Miller, 1996). 추후 MI 개발을 시작하면서 Miller의 작업은 확장되었다. 음주자 건강진단 연구에서 '알코올 중독'으로 진단되지 않은 음주문제가 있는 사람들을 참여자로 모집하였으며, 알코올 중독 척도와 신체검사 결과를 활용하여 음주자에게 피드백을 제공하였다. 한 집단 참가자들에게는 클라이언트 중심의 공감적 스타일로 이러한 정보가 제공되었으며, 다른 집단 참가자들에게는 상담가가 클라이언트를 '알코

올 중독'이라고 이야기하며, 직면적 방식으로 정보를 제공하였다. 직면적 방식으로 정보를 제공받은 집단에서는 공감적 접근을 받은 집단에 비해 저항진술[1]의 양이 두 배로 나타났으며, 변화대화[2]는 절반에 그쳤다(Miller, Benefield, & Tonigan, 1993).

Miller는 초기 작업과 연구결과를 발견한 후 얼마 되지 않아 안식(년)을 위해 노르웨이에 갔으며, 그 기간 동안 알코올 중독 치료를 하는 심리학자들로 구성된 훈련집단과 정기적으로 만나게 되었다. Miller의 상담 방식을 시연하는 역할극 중에 심리학자들은 Miller가 왜 그 기술을 선택하였고, 클라이언트 이야기에 Miller가 어떻게 반응하는지에 대한 결정 원칙을 자세히 물어보았다. 이를 계기로 Miller는 MI에 대한 첫 번째 개념적 모델을 정리하였다(Miller, 1983). 이 모델에는 공감적 경청, 질문의 전략적 활용, 반영과 같은 클라이언트 중심 기술들이 포함되었다.

1989년에 Miller는 영국 웨일즈 출신의 심리학자 Stephen Rollnick을 만나게 되었다. 그는 건강 관리에 MI를 활용하고 있었고 영국에서 이것이 꽤 많이 사용되고 있다고 이야기하였다. Stephen Rollnick은 MI에 관련해서 더 많이 연구할 것을 원하였고, 이 계기를 통해 Miller와 Rollnick이 공동 작업을 하여 중독치료에 초점을 맞춘 MI에 관한 책 초판[3]을 출간하게 되었다(Miller &

---

1) 역자주: 변화에 저항하는 진술. 초기에는 저항대화resistant talk, 저항진술resistant statement로 이야기되다 최근에는 변화를 하지 않고 현재 상태를 유지하려고 한다는 의미로 유지대화sustain talk라는 용어를 사용하고 있다.

2) 역자주: 변화에 대한 진술. 초기에는 자기동기화진술self-motivational statement로 불리다 최근에는 변화대화change talk라는 용어를 사용하고 있다.

3) Miller, W. R., & Rollnick, S. (1991). *Motivational interviewing: Preparing people to change addictive behavior.* New York: The Guilford Press.

Rollnick, 1991). Rollnick은 양가감정의 개념과 중요성을 발전시켰다. 중독치료 영역 대신에 보다 일반적인 부분에 초점을 맞춘 MI에 관한 책 2판[4)]이 2002년에 출간되었으며, 3판[5)]은 현재 쓰고 있는 중이다.

더 많은 실천가와 연구자들이 MI를 배우는 것처럼, MI 훈련에 대한 요구가 유의미하게 증가되었다. MI에 숙달된 훈련가들의 요구에 의해 Miller와 Rollnick은 MI 훈련가 과정을 만들었으며, 그것이 MI 훈련가 네트워크(MINT Motivational Interviewing Network of Trainers)[6)]의 시작이었다(Moyers, 2004). 1995년 이후 2,000명이 넘는 교육자들이 MI 훈련을 마쳤다(Miller & Rollnick, 2009). 이렇게 MI 훈련가들이 증가함에 따라 MI를 학습할 기회 역시 늘어나게 되었다.

MI의 주요 내용

임상경험이 많은 사회복지사가 MI 입문 워크숍에 참석해서 그 내

4) Miller, W. R., & Rollnick, S. (2002). *Motivational interviewing: Preparing people for change* (2nd ed.). New York: The Guilford Press.

5) 역자주: 본 역서가 번역되고 있는 중간에 3판이 2012년에 출간되었다.
Miller, W. R., & Rollnick, S. (2012). *Motivational interviewing: Helping People Change* (3rd ed.). New York: The Guilford Press.

6) 역자주: MINT(http://www.motivationalinterviewing.org)는 1997년 William Miller와 Stephen Rollnick에 의해 훈련받은 훈련가들의 소규모 집단에서 시작하였으며, 현재 35개 나라, 20개 이상의 다른 언어를 사용하는 훈련가들이 가입되어 있는 국제적인 조직으로 성장하였다. 가입되어 있는 훈련가들은 클라이언트의 행동변화 상담의 효과성과 질을 향상시키는 실천, 연구, 훈련에 관심이 있다.

용을 접하기 시작하면, 자신은 MI에 대해 이미 알고 있다고 나에게 말하곤 한다. 통상 그들이 의미하는 바는 클라이언트 중심의 이론과 기술에 대해 잘 알고 있다는 것이다. 때로 사회복지사나 치료자들은 이러한 접근 방법을 실천에서 이미 활용하고 있기도 하다. 이 모델을 활용하는 임상가나 다른 사람들은 MI 정신을 적극 수용할 뿐 아니라 그에 대해 더 많이 알고 싶어 한다. Miller가 이야기한 것처럼, 임상가들은 MI를 접하면 그 가치를 "알아보게" 되고 MI에 대해 배우고 싶어 한다(Miller & Rollnick, 2009).

1장에서 우리는 MI의 정의와 MI의 정신(협동정신, 유발성, 자율성 지지하기)을 설명하였다. MI의 역사에서 보듯이, Miller는 Carl Rogers의 인간중심이론에서 정확한 공감적 경청을 발전시켜서 MI를 개발하였다. 이러한 방법을 활용하여 Miller는 알코올 중독 치료를 받는 클라이언트와 협력관계를 구축하고, 그들의 이야기에서 변화를 유발하도록 노력하였다. 노르웨이에서의 일을 곰곰이 생각하다 Miller는 자신이 클라이언트의 이야기 중에서 특히 긍정적인 변화에 대한 진술이 있을 때 이에 반응하기 위해 질문과 반영을 했었음을 깨달았다. 이러한 접근은 Carl Rogers의 비지시적인 인간중심접근과는 약간 다른 것이었다(Miller & Rollnick, 2009). 이러한 진술에 대한 Miller의 관심은 클라이언트의 "자기동기화진술"(Miller, 1983; Miller & Rollnick, 1991)을 이끌어 내는 데 기초가 되었으며, 추후 "변화대화"(Miller & Rollnick, 2002; Miller & Rose, 2009)라는 용어로 수정되었다. 사회복지사와 상담가들이 변화대화를 인식하고 다루는 방법이야말로 MI가 Carl Rogers의 인간중심상담과 구별되는 점이다. 1장에서 살펴보았듯이, MI는 초기에는 중독치료 영역에서 활용되었지만, 이후 행동변화의 다양한 영역에서 활용되고 연구되었다(Resnicow et al., 2002).

MI 정신을 실행하는 것 이외에, MI에는 또 무엇이 관련되는가? 일부 방법과 원리에 대해서는 1장의 '사회복지실천의 원칙과 MI' 부분에서 살펴보았고, 이 책의 나머지 부분에서 이 모든 것에 대해 심도 있게 다룰 것이다. 하지만 이해를 돕기 위해 MI의 원리와 기술들에 대해 간략하게 살펴보도록 하겠다.

MI의 원리

시작하기에 앞서, 우리가 일반적으로 MI를 활용하는 것은 클라이언트의 구체적인 행동을 변화시키기 위해서라는 점을 기억하는 것이 중요하다. 이러한 행동은 클라이언트 스스로 혹은 타인—배우자, 클라이언트를 정신보건기관에 의뢰한 아동복지사 등—에 의해 인식될 수 있다(Moyers & Rollnick, 2002). 그렇다고 항상 표적행동이 있는 것은 아니다. 예를 들어, 어떤 클라이언트가 해외로 이주를 할 것인지 말 것인지를 논의하고 싶어 한다고 하자. 어느 선택이든 클라이언트에게는 긍정적인 결과를 가져올 수 있다. 이러한 경우 우리는 마음속에 어떠한 목표 또는 방향이 없는 "평형상태equipoise"를 가진다(Rollnick et al., 2008). 이런 때에는 특정 방향에 초점을 둘 필요 없이 MI 정신과 기술을 활용할 수 있다. 또한 MI의 과정은 일반적으로 두 단계 중 하나에 있다. 1단계에서는 변화에 대한 동기를 증진시키는 작업을 하고, 2단계에서는 변화에 대한 결단과 계획을 하도록 클라이언트와 함께한다.

MI에는 다음과 같은 4가지 원리가 있다(Miller & Rollnick, 2002).

첫 번째 원리: 공감 표현하기express empathy

정확한 공감을 통해 클라이언트는 본인이 수용되고 있다고 느끼고, 클라이언트의 걱정 또는 변화가 필요한 행동에 대해 사회복지사가 이해하고 있음을 알게 된다. 이것은 클라이언트의 생각과 의견에 사회복지사가 동의한다는 것이 아니다. 정확한 공감은 반영적 경청을 통해 이루어질 수 있다. 예를 들어, 클라이언트의 이야기를 반영하고 경청함으로써 클라이언트가 술집에서 즐기기 위해 자녀를 혼자 집에 내버려 두는 이유를 알 수 있다. 클라이언트의 생각과 클라이언트가 가지고 있는 양육에 대한 가치와 견해가 무엇인지 주의 깊게 경청하여야 한다. 사회복지사가 비판단적으로 클라이언트의 생각, 가치, 견해를 반영함으로써 클라이언트는 수용되고 존중받았음을 느낀다. 그리고 스스로 이러한 행동을 변화시키려고 노력할 것이다.

두 번째 원리: 불일치감 만들기develop discrepancy

공감 표현을 통해 클라이언트와 관계를 맺게 됨에 따라, 사회복지사는 클라이언트의 동기나 중요시하는 목표 및 가치를 알게 된다. 논의를 통해서건 사회복지사가 사용하는 전략적 반영을 통해서건 클라이언트는 자신의 가치와 행동 간의 불일치감 또는 갈등을 검토하기 시작한다. 우리는 클라이언트를 직면시킬 때, 부정적이거나 수치심을 주는 방식을 통해서가 아니라 클라이언트가 경험할지 모르는 양가감정을 검토할 수 있도록 거울을 들어 반영해 준다.

앞의 예에서처럼, 술집에 가서 다른 성인들과 어울리는 것이 좋다고 이야기하는 클라이언트는 자녀를 집에 혼자 두고 술집에 가는 것이 좋은 엄마가 되기를 원하는 자신의 바람과 일치하지 않는다는 점을 인식하게 된다. MI의 목표는 클라이언트가 변화에 대한 이유 또는 필요를 스스로 이야기하게 하는 것이다(Miller & Rollnick, 2002).

◘ 세 번째 원리: 저항과 함께 구르기roll with resistance

Miller와 Rollnick(2002)은 다른 치료모델과는 조금 다른 각도로 저항을 바라보았다(Engle & Arkowitz, 2006). 클라이언트, 특히 강제적으로 서비스를 받도록 명령받은 클라이언트는 소위 "유지대화"로 시작하는데, 즉 행동을 변화시킬 수 없거나 하지 않으려고 하거나 변화하지 말아야 할, 혹은 할 필요가 없는 이유를 이야기한다. 실망한 사회복지사는 정보를 제공하고, 설득하고, 때때로 경고하거나 위협을 함으로써 클라이언트를 설득하고자 노력한다. 저항은 클라이언트의 마음을 변화시키려고 하는 사회복지사의 시도에서 나타나기도 하고, 논쟁하거나 이야기를 가로막거나 할 때 클라이언트가 밀어내기를 하면서 나타나기도 한다(Rosengren, 2009). MI에서 사용되는 은유 중 하나는 우리는 클라이언트와 "씨름"을 하는 대신 클라이언트와 "춤을 추어야" 한다는 것이다. 클라이언트와 상호작용하는 사회복지사의 방식에 저항을 보이는 클라이언트에게는 다른 방식으로 접근할 필요가 있다(Moyers & Rollnick, 2002). 만약 우리가 저항과 함께 구르면, 클라이언트의 방어는 줄어들 것이다. 논쟁하는 대신, 우리는 클라이언트의 현재 상태를 이해하기 위해 그

들의 생각을 반영해야 한다. 다시 말해, 사회복지사가 클라이언트의 의견에 동의하지는 않더라도, 클라이언트에게 변화를 해야 한다고 강요함으로써 저항을 일으켜서는 안 된다.

네 번째 원리: 자기효능감 지지하기support self-efficacy

자기효능감은 어떤 행동 또는 결과를 성취할 수 있다는 자신의 믿음이다(Bandura, 1999). 우리는 코치 또는 치어리더로서 우리의 클라이언트를 대해야 하고, 클라이언트의 강점이나 과거 성공경험을 인정함으로써 할 수 있다는 자신감과 희망을 제공해야 한다. Miller와 Rollnick(2002) 역시 변화에 대한 결정은 절대적으로 클라이언트 자신에게 달려 있다는 것을 생각해야 하고, 클라이언트의 자기효능감을 지지해 주어야 한다고 이야기하였다. 사회복지사는 클라이언트에게 자원을 제공하는 역할을 할 수도 있고 클라이언트를 지지할 수도 있지만, 변화 여부와 변화 방향을 결정하는 것은 클라이언트의 몫이다.

MI의 기술

Miller와 Rollnick(2002)은 클라이언트를 참여시키고, 클라이언트의 상황과 걱정에 대한 생각을 이해하는 데 활용되는 기본적인 전략을 클라이언트 중심 기술이라고 불렀다. 이러한 기술은 개방형 질문하기open-ended questions, 인정하기affirmations, 반영하기reflections, 그리고 요약하기summaries이다. 종종 OARS라는 약자로 불리기도 한다.

개방형 질문하기

개방형 질문하기는 클라이언트의 대답과 이야기를 제한하지 않으며, 다양한 답변을 이끌어 낼 수 있다. "오늘 무슨 생각을 하시나요?" "이 시간을 어떻게 활용하기를 원하십니까?"와 같은 질문은 클라이언트에게 원하는 이야기의 주제를 설정할 수 있는 기회를 주는 것이다. 물론 사회복지사 또는 보호관찰관으로서 당신은 클라이언트와 협력적인 방식으로 면접을 하면서 클라이언트와 공유해야 하는 주제가 있을 수 있다.

인정하기

클라이언트의 변화를 지지하는 태도, 특성, 과거 행동에 대해 인정하는 말을 하는 것이다. 하나의 예를 들면, "당신은 진정한 생존자입니다. 당신이 그러한 상황임에도 불구하고 마음만 먹으면, 당신은 그것을 할 수 있습니다."가 있다. 일반적으로 인정하기는 클라이언트가 누구인지 또는 클라이언트가 무엇을 하였는지를 강조하는 "당신은 …"으로 시작한다. "나는 당신이 자랑스럽습니다."라고 클라이언트의 가치를 인정하는 말을 클라이언트에게 하면, 클라이언트는 사회복지사에게 계속 집중하게 된다.

반영하기

반영하기는 클라이언트가 이야기한 내용을 사회복지사가 반복하고, 고쳐서 말하고, 바꾸어 말하는 것이다. 이러한 것을 단순 반영이라고 한다. 반영하기는 우리가 생각하는 클라이언트의 의미를 다른 말을 사용하여 조금 더 상세히 이야기하는 것이다. 반영하기를 통

해 클라이언트가 앞으로 어떻게 할 것인지를 예상하고 그것을 확인해 볼 수도 있다(Miller & Rollnick, 2002). 예를 들어, 성인이 된 말기 환자 딸을 어떻게 돌보아야 하는지에 대해 어머니가 어려움을 토로할 수 있다. 그녀는 사회복지사에게 "나는 그 아이를 돕기를 원해요. 하지만 때때로 너무 힘이 없어서 들어 올릴 수가 없어요."라고 말한다. 클라이언트의 말을 받아서 사회복지사는 "지금이 도움을 받아야 되는 때인지 알고 싶으시군요."라고 반영할 수도 있다. 또는 사회복지사가 클라이언트의 문제에 대한 양가감정 양쪽을 반영할 수도 있다. "당신은 딸을 사랑하고 딸을 돌보는 것이 중요하군요. 하지만 다른 한편으로는, 당신이 딸을 돌보기 위해 해야만 하는 모든 것에 매우 지치고 압도되어 있군요."

양면 반영double-sided reflections은 중요하다. 왜냐하면 클라이언트가 자신의 양가감정을 듣게 되어 도움이 되기 때문이다. MI의 목표는 양가감정을 해결함으로써 변화를 유도하는 것이다(Miller & Rollnick, 2002). 종종 클라이언트는 변화에 대한 양가감정에 부딪혀서 변화를 원하기도 하고, 동시에 변화를 원하지 않기도 하는 상태가 된다. 예를 들어, 양극성 장애가 있는 클라이언트는 취업을 하거나 친밀한 대인관계를 유지하는 것을 원하지만 약물복용을 싫어할 수 있다. 양가적인 사고 또는 행동의 양 측면을 반영할 때 OARS 기술과 반영을 전략적으로 사용함으로써 클라이언트가 변화할 수 있도록 도울 수 있다.

요약하기

요약하기가 MI에서 중요한 이유는 사회복지사가 이전에 클라이언트가 이야기한 다양한 진술을 활용할 수 있기 때문이다. 요약하기를 전략적인 방식으로 잘 활용하면 우리가 그들의 이야기를 잘 들었다는 것을 클라이언트에게 알려 줄 뿐만 아니라 클라이언트와의 치료적 관계를 형성하는 데 도움을 줄 수 있다. 딸을 돌보는 것에 대한 걱정을 하는 노인 클라이언트와 사회복지사의 대화에서 사회복지사는 아마 다음과 같이 이야기했을 수도 있다. “제가 이야기하는 내용이 어르신이 이야기한 것과 맞는지 들어보세요. 어르신은 오랜 기간 동안 딸을 돌보셨네요. 그러면서 건강도 나빠지셨군요. 딸을 들어 올리고, 화장실에서 딸을 돕는 게 많이 어려워졌다는 것을 알게 되었고요. 지금은 딸이 먹는 것을 도울 수 있지만, 이것 또한 점점 더 어려워지고요. 어르신은 다른 사람의 도움을 받아야 할지 말아야 할지에 대한 결정을 고민하고 있군요. 왜냐하면 엄마로서 딸을 사랑하고, 모든 것을 다해 주어야 한다고 생각하시니까요. 한편으로는 다른 사람에게 도움을 청함으로써 딸을 돌보는 것을 내려놓고 싶다고 느끼고 있고, 다른 한편으로는 이 많은 것을 혼자서 할 수 없다는 현실을 알고 있군요. 만약 도움을 받으려면, 서비스 비용이 저렴하고, 따님에게 친절한 사람이어야 하겠네요.” 이 예에서, 사회복지사는 클라이언트의 걱정을 포함하여 그녀가 경험한 것이 무엇인지 요약하였다. 또한 클라이언트가 도움을 필요로 하고, 클라이언트에게 딸을 사랑하는 것이 중요하다는 것을 사회복지사가 이해하고 있음을 전달하였다.

변화대화 이끌어 내기

때때로 우리는 요약하기를 제공하기 전에 변화대화를 이끌어 낼

수도 있다. 변화대화는 인간중심모델로부터 만들어진 MI의 특징적인 부분이다. MI에서 우리는 클라이언트의 변화에 대한 바람, 능력, 이유, 또는 필요성에 대해 듣게 된다. 앞의 대화에서, 어머니는 더 이상 혼자서 딸을 돌볼 수 없다고 이야기하였다(능력 부족). 그리고 그녀 자신도 매우 지쳤다고 한다(이유). 아마 사회복지사가 "만약 도움이 필요하다면 어떠한 도움을 원합니까?"라고 질문을 한다면, 클라이언트는 서비스 비용이 저렴하고, 그녀의 딸에게 친절한 사람이 도와주는 것을 원한다고 이야기할 수도 있다(바람). 우리는 변화대화를 듣게 될 때, 반영하고, 인정하고, 유발적 질문을 함으로써 변화대화를 강화한다. "따님이 좋아하는 사람은 어떤 사람입니까?" 클라이언트의 대답에 사회복지사가 반영을 할 때, 사회복지사는 클라이언트에게 이것이 얼마나 중요한지를 공감하면서 설명을 한다. 이러한 도움은 낯선 사람이 집에 와서 클라이언트의 딸을 돌보는 것에 대한 클라이언트의 양가감정을 줄이는 데 도움이 된다.

MI에서, 우리는 클라이언트가 행동변화에 관해 알고 있는 것이 무엇이고, 무엇을 시도했었는지를 물어봄으로써 협력관계를 구축할 수 있다. "돌봄 서비스 기관에 관해 알고 있는 내용은 무엇입니까?" 또한 사회복지사는 조언과 정보를 제공하기 전에 클라이언트의 허락구하기를 통해 협력을 나타낸다. 좋은 간병인을 구하고, 관련 정보를 제공받기를 원하는지를 클라이언트에게 물어보아야 한다. 마지막으로 클라이언트가 다음에 무엇을 할지 또는 그녀가 돌봄 서비스 기관에 전화를 할 것인지에 대해 사회복지사는 클라이언트에게 결단을 촉구할 수 있다. 이렇게 수립된 계획이야말로 클라이언트가 실행하기로 결정한 계획이 될 것이다.

MI의 효과성을 설명하는 이론들

사회복지사들은 대부분 대학 또는 대학원에서 개입 이론들을 배웠다. 따라서 어떤 개입이 효과가 있는지 논리적인 가설에 기초하여 설명할 수 있어야 한다. 이전에 언급하였듯이 MI의 개발과정은 약간 다르다. Bill Miller는 비록 행동심리학자이지만, 알코올 중독자들과의 상호작용에서 Carl Rogers의 이론을 사용하였다. 클라이언트의 이야기에 진실로 공감하는 태도로 응대하며, 그것의 효과를 눈으로 목격하고 그의 방법을 개발한 것이다. 특정한 이론을 기본으로 했다기보다는, 실제로 실천하는 가운데 방법들을 탐구해 나갔다(Miller & Rose, 2009). 다른 학자들은 MI의 효과를 설명하는 것처럼 보이는 사회심리학 이론을 연결하여 설명하였다(Britton, Williams, & Conner, 2008; Leffingwell, Neumann, Babitze, Leedy, & Walters, 2007; Markland, Ryan, Tobin, & Rollnick, 2005; Moyers & Rollnick, 2002; Vansteenkiste & Sheldon, 2006). 나는 최근에 Carl Rogers의 인간중심이론 이외에 MI 효과를 설명하는 교육 자료를 훈련/수업에 추가하였다. 사회복지사들은 일반적으로 이러한 이론에 대해 공부하지 않는다(Payne, 2005). 학생들의 시각에서는 "이론"이라는 말만 들어도 MI의 이해를 어렵게 만드는 경향이 있지만, 나의 경우에는 이러한 이론들을 이해함으로써 MI가 나에게 실제적으로 다가오고, 내가 MI를 가르칠 때에도 영향을 준다. MI가 왜 효

과가 있는지를 이해하는 것은 우리가 활용하는 기술의 기초를 제공해 준다(Moyers, 2004).

사회복지사로서, 인간을 보는 관점을 이따금 스스로에게 질문하는 것은 중요하다. 대부분 사회복지사는 이타주의와 같은 인본주의적인 이유 때문에 사회복지실천현장에 매력을 느낀다. 즉, 기존의 불평등한 사회를 변화시키길 원하고, 사회정의에 관심을 가진다(LeCroy, 2002). 사회복지사들은 미시적, 중시적, 거시적 환경에 관계없이 공정한 기회가 주어질 때, 사람들이 장애물을 극복하고 변화할 수 있다고 믿는다. 이러한 사회복지사의 관점은 때때로 슈퍼바이저 문제, 규칙, 법규, 자원 부족, 클라이언트 문제를 포함하는 매일매일의 업무에 묻혀 무뎌질 수도 있다. 사회복지사가 졸업장을 손에 들고 학교를 떠날 때 이상주의는 시들기 시작하며, 이것은 종종 클라이언트에 대한 우리의 관점과 클라이언트와의 상호작용에까지 영향을 미친다. 다음의 이론들을 살펴볼 때, 인간에 대한 독자의 과거의 관점 및 현재의 관점 간의 유사점과 차이점을 생각해 보기 바란다.

인간중심이론client-centered theory

Carl Rogers의 인간중심이론은 인간본성에 대한 인본주의적인 모델에 기초한다. 간단히 말해, Carl Rogers는 모든 인간은 건강 또는 긍정적 성장을 위해 노력한다고 믿었다. 클라이언트는 자신의 삶에 있어서는 전문가로서, 어떤 행동을 하는 정황이나 행동 이유를 가장 잘 이해하고 있는 사람으로 본다(Rogers, 1957). Miller

(1983)는 MI 초기 설명에서 이러한 생각을 언급하였다. "MI 접근에서 개인은 책임감 있는 성인으로서 합리적인 결정을 할 수 있고 올바른 해결책을 선택할 수 있다고 여긴다"(p. 155). MI에서 사회복지사는 클라이언트 관점으로부터 변화 동기를 유발하고, 반영을 활용하여 협력적인 작업을 하는 것으로 이해된다. Rogers는 클라이언트에게 비지시적이어야 하며, 클라이언트가 주도할 수 있게 실천가는 따라가야 한다고 주장하였다. MI는 사회복지사 또는 치료자가 클라이언트 행동변화의 특정 방향 또는 목표를 염두에 두는 지시적 접근이라는 점에서 Carl Rogers의 인간중심이론과 차이가 있다. 그리고 특정 방향으로 클라이언트를 변화시키기 위해 사회복지사는 질문하기, 반영하기, 그리고 요약하기 기술을 전략적으로 활용한다. 비록 클라이언트 결정의 자율성을 지지하지만, 클라이언트와의 면접에서 특정한 행동 목표를 여전히 가질 수 있다. 인간중심이론은 MI의 원리 중 공감 표현하기와 MI 정신 중 협동정신과 관련된다.

인지부조화이론cognitive dissonance theory

인간중심이론에서 이야기한 것처럼, 인간이 건강을 위해 노력을 한다면, 인간은 건강이나 성장과 일치하는 자신의 가치를 가지고 있는 것이다. 그 가치라는 것에는 좋은 부모가 되는 것, 건강한 것, 사랑받는 것, 인정받는 것, 생산적인 것 등이 있으며, 문화에 따라 다를 수 있다. 종종 우리는 이러한 가치와 갈등하는 행동을 하게 되는 경우가 있는데 흡연, 타인 험담, 자녀들에 대한 잔소리, 과식 등이 이러한 예다. Festinger(1957)에 따르면, 사람들은 그들의

내적인 가치와 갈등하는 행동을 할 때 인지부조화를 경험한다고 하였다. 건강하기를 원하면서도 여전히 담배를 피우는 경우가 하나의 예가 될 수 있다. 이러한 갈등으로 인한 걱정이나 긴장은 사람들이 (1) 행동을 변화시키거나, (2) 행동을 합리화하거나 정당화하거나, (3) 특정 가치는 중요하지 않다고 스스로에게 이야기하게 되는 원인이 될 수 있다. 예를 들어, 흡연자가 건강을 위해 금연할 수도 있고, 하루에 단지 6개피의 담배를 피운다고 이야기할 수도 있으며, 또는 그가 이전에 가지고 있던 건강문제를 생각하며 건강해지는 것이 그에게 중요하지 않다고 생각할 수도 있다. 이 인지부조화이론은 초기 Miller의 MI 개념에 포함되었었다. Miller는 클라이언트의 가치에 행동을 연관시킬 수 있도록 감정이입을 통해 불일치감을 증가시키고, 전략적 반영을 하는 것이 실천가의 역할이라고 제안하였다. MI 면접의 목표는 클라이언트의 태도나 가치의 변화보다 행동의 변화이다. MI는 클라이언트를 창피 주거나, 부정적으로 직면시키거나, 변화에 대한 자기효능감을 감소시키지 않고 이루어진다. 인지부조화이론은 MI의 원리 중 불일치감 만들기와 관련이 있다.

자기결정이론self-determination theory

자기결정이론은 인본주의 모델 중 하나에 속한다(Vansteenkiste & Sheldon, 2006). 이 이론에서는 인간은 긍정적인 성장을 위해 노력하고 자신의 자율성, 유능감, 타인과의 관계성이 충족되는 상황에서 긍정적인 성장을 하는 경향이 있다고 본다(Ryan & Deci, 2002). 이러한 세 가지 기본적인 심리적 욕구들은 문화와 관계없이 보편적이다. 이 이론의 저자에 따르면, 인간은 내적인 동기를 가지고 있고, 내적으로 동기화될 때 활동에의 참여를 선택하는데, 왜냐하면 그것이 즐겁기 때문이다. 인간은 또한 외부로부터 동기화되기도 한다. 대부분이 즐거움을 위해 직장에 나가는 것이 아니고 급여와 같은 외적인 다른 보상에 의해 직장에 나가게 된다. (바라건대, 직장에 즐거움도 있기를 바란다!) 우리는 또한 강제적으로 참여해야만 하는 상황에서 교통안전운전교육 출석과 같은 활동에 참여하게 될 수도 있다. 직장처럼 외적인 동기가 요구되는 활동이 많은 곳에서도 자율성, 유능성, 관계성의 심리적 욕구가 충족되면 더욱 열심히 일할 수 있다(Gagne & Deci, 2005). 또한 강제교육명령을 받은 클라이언트와 함께 일하는 현장에서도 클라이언트의 자율성, 유능감, 관계성의 심리적 욕구가 충족되면 될수록, 제공되는 서비스에 더욱 적극적으로 참여하게 될 것이다. MI에서는 클라이언트의 인식과 상황에 대해 물어보고 그들이 자신의 문제에 대한 결정과 선택을 할 수 있는 사람이라는 것을 인정함으로써 자율성을 지지한다. 사회복지사는 클라이언트로 하여금 자신의 문제에 대한 해결책을 스스로 생각하게 하거나 조언이나 정보를 제공하기 전에 동의를 구함으로써 클라이언트의 유능감을 지지한다. 관계성은 클라이언트와 공감적이고 협력적인 치료적 관계 속에서 반영하기와 요약하기 기술을 활용함으로써 충족될 수 있다(Markland et al., 2005). 자기결정이론은 MI 정신 중 자율성 지지하기 개념과 관련이 있다.

자기지각이론self-perception theory

자기지각이론에 따르면, 사람들은 사회적 상호작용 안에서 자신의 생각을 명확히 말함으로써 스스로를 인식한다(Bem, 1972). 따라서 클라이언트가 문제에 대해 어떻게 이야기하는지가 매우 중요할 수 있다. 만약 클라이언트가 유지대화를 많이 사용하면, 변화할 수 없을 것처럼 스스로 인식할 수 있다. 왜냐하면 사람은 인식하는 것과 비슷하게 행동하기 때문이다. 만약 클라이언트가 변화대화를 이야기하면, 클라이언트는 다른 방식으로 자신의 문제를 생각하기 시작할 수 있다. 클라이언트의 동기를 유발하는 사회복지사의 상담기술(요약하기, 질문하기, 공감적 반영) 활용을 통해, 클라이언트는 그들의 상황을 다른 관점으로 보고 들을 수 있게 된다(Cain, 2007). 최근에 내가 진행한 워크숍에 참석한 사회복지사가 자신의 변화 이유를 이야기하는 MI 학습 연습에서 다음과 같이 이야기하였다. "나는 내가 인식하지도 못했던 변화 이유들을 생각했어요. 내가 변화의 이유들을 이야기함으로써 실제로 생각하게 되었어요." 이것은 MI 정신 중 유발성과 관련이 있다.

자기인정이론 self-affirmation theory

자기인정이론에서는 자기가치 또는 자신의 "자아"를 보호하기 위해 유능한 것처럼 스스로를 인식하는 것이 필요하다고 이야기한다(Steele, 1988). 만약 자기가치가 손상되지 않으면, 사람들은 불편한 메시지를 들을 수 있는 여유가 생긴다(Reed & Aspinwall, 1998).

클라이언트가 자기가치를 공격받으면, 저항적이 되어 심하게 반응하게 된다. 따라서 MI에서는 약물중독, 음주 운전자, 장애, 경계성 인격장애, 아동을 방임하는 엄마와 같은 부정적 진단명을 붙이지 않는 것이 중요하다. 이러한 자기가치의 위협은 클라이언트에게 낙인 찍히는 느낌을 줄 수 있으며, 클라이언트가 부정적으로 반응하게 하는 원인이 될 수 있다. 사회복지사가 인식한 클라이언트의 강점, 특성, 능력을 인정하면 클라이언트가 면접에 더 개방적으로 되게 하는 데 도움이 된다. 이것은 MI 정신 중 협동정신과 MI 원리 중 공감 표현하기와 관련이 있다.

자기효능감이론self-efficacy theory

같은 맥락에서, 자기효능감이론은 특정 행동을 수행하거나 참여하기 위한 자신의 능력에 대한 인식 또는 평가와 관련되어 있다(Bandura, 1994, 1999). 높은 자기효능감을 가지고 있는 사람은 도전하는 목표를 성취할 것이라는 강한 믿음을 가지고 있다. 낮은 자기효능감을 가진 사람들은 실패할 것을 두려워하여 수행 과업을 피하는 경향이 있다. MI에서 변화 동기는 변화의 중요성과 변화에 대한 자신감 두 가지 측면이 있다(Rollnick, Miller, & Butler, 2008). 클라이언트는 담배를 끊는 것과 같은 변화의 중요성은 높게 인식하지만 실제적인 변화에 대한 자신감은 낮게 느낄 수 있다. Bandura (1994)에 따르면, 효능감은 네 가지에 의해서 영향을 받을 수 있으며, 다음과 같은 경우 자기효능감이 높아질 수 있다.

(1) 다른 유사한 성취 경험을 통해
(2) 다른 사람이 유사한 변화 또는 과업을 달성한 것을 봄으로써
(3) 변화가 가능하다는 누군가의 이야기를 통해
(4) 변화에 대한 스트레스 또는 부정적 감정 상태의 감소를 통해

사회복지사는 클라이언트의 자기효능감을 어떻게 지지할 수 있는가? MI의 상담기술 중 인정하기는 클라이언트의 자기효능감을 지지하는 데 강력한 역할을 할 수 있다. 따라서 MI 면접에서 인정하기의 목적은 클라이언트가 인식하지 못하고 있는 것을 인식하게 하거나("나는 당신이 딸에게 매우 헌신적이라고 생각합니다." 또는 "당신의 아버지를 돌보기로 한 것은 대단한 결정입니다.") 이미 그들이 알고 있는 것을 클라이언트에게 이야기해 주는 것이다("당신의 아버지를 돌보는 데 최선을 다하고 계시군요."). 우리는 처음에 클라이언트 자신의 과거 성취와 능력에 대해 언급했었다. 만약 클라이언트가 어떻게 변할 수 있는지 조언을 구한다면, 사회복지사는 클라이언트가 이전에 비슷한 상황(모델링)에서 무엇을 했었는지를 이야기할 수도 있다. MI에서 사회복지사는 클라이언트를 설득하는 것을 피해야 한다. 이러한 설득은 클라이언트의 저항을 증가시키는 원인이 되는 경향이 있다. 클라이언트가 변화에 대해 준비가 되었을 때, 작고 성취 가능한 전략들을 수립할 수 있게 도움으로써 클라이언트의 스트레스를 줄이는 데 도움을 줄 수 있다(Rosengren, 2009).

MI의 핵심개념인 양가감정은 클라이언트 자신도 모르게 종종 발생된다. Leffingwell과 동료들(2007)은 자기효능감이론과 자기지각이론이 클라이언트의 부정적인 측면을 이야기하기보다는 클라이언트의 강점/능력/특성을 인식하고 이야기하는 쪽으로 주의를 이끌어 준다고 한다. 클라이언트는 자신이 평가받지 않는다고 느낄 때, 행동의 좋지 않은 측면과 자신의 양가감정을 이야기하는 데 더 개방적이 된다.

심리적 저항이론psychological reactance theory

Brehm과 Brehm(1981)에 따르면, 심리적 저항은 사람들이 자신의 자율성을 보존하는 반응으로 나타난다. 사람들은 자신의 자유나 선택권이 침해받는다고 생각할 때 화를 내거나, 논쟁을 하거나, 문제행동을 지속하게 된다. 예컨대, 법원 명령에 의해 부모교육에 참여한 부모는 자신의 자녀와 떨어지지 않기 위해 참석했을 수도 있다. 하지만 클라이언트는 부모교육을 방해하거나 비자발적인 모습을 보일 수 있다. 이런 모습은 자율성을 주장하는 클라이언트만의 표현 방식일 수 있으며, 심리적 저항이론으로 설명하면 누군가에 의해 강제된 상황에 있을 때 나타나는 정상적인 행동이다. 클라이언트와 사회복지사(또는 치료자) 간의 상호작용에서 발생하는 저항에 대해 MI에서 설명을 하면서 저항이론을 발전시켰다. 이는 MI 원리 중 저항과 함께 구르기와 관련이 있다. 사회복지사와 클라이언트 간의 상호작용에서 클라이언트가 부정적으로 반응하게 되는 무엇인가가 바로 저항이기 때문이다. 물론 사회복지사들은 부모교육에 참석하라는 법원 명령을 바꿀 수는 없다. 하지만 사회복지사는 클라이언트의 저항을 극복하는 데 MI 기술들을 활용할 수 있다.

맺음말

이러한 이론들을 통합해서 요약해 보면, 클라이언트가 자율성, 유능감, 관계성의 심리적 욕구가 있다는 것(자기결정이론)과 이러한 자율성과 자기가치가 위협(저항이론과 자기인정이론)받을 때 클라이언트는 이러한 것들을 유지하는 방식(유지대화 또는 저항)으로 반응하는 경향이 있다는 것을 알 수 있다. 또한 클라이언트 스스로가 왜 변화를 할 수 없고 못하는지 또는 문제행동이 왜 중요하지 않다고 생각하는지에 대해 스스로의 이야기를 듣게 된다(자기지각이론, 인지부조화이론). 사회복지사로부터 존중받고 신뢰관계가 형성되어 상담에 적극적으로 참여하는 클라이언트(인간중심이론)는 그들 스스로를 더 유능하다고 인식한다(자기효능감이론, 자기지각이론). 그리고 변화에 대한 이유나 필요를 이야기하는 것에 좀 더 개방적이 된다(변화대화). 기존 연구들에서도 클라이언트가 변화에 대한 이야기를 더 많이 하면 할수록, 그들은 변화행동을 실천하는 경향이 많다는 것을 설명하고 있다(Amrhein, Miller, Yahne, Paler, & Fulcher, 2003; Apodaca & Longabaugh, 2009).

MI에서, 사회복지사는 클라이언트를 특정 방향으로 이끌기 위해 개방형 질문하기, 인정하기, 반영하기, 요약하기를 하며 변화대화를 강조하고 유지대화 사용을 감소시키기 위해 노력한다. 사회복지사는 클라이언트의 양가감정을 확인하도록 돕고, 긍정적인 변화의 방향으로 양가감정을 해결하도록 한다. 사회복지사와 클라이언트의 상호작용에서 클라이언트가 자신의 자율성과 자기가치를 침해받는다고 느낄 때 사회복지사는 클라이언트의 걱정을 반영하거나 상담 전략을 바꾸면서 저항과 함께 구른다. MI 실천가로서 사회복지사는 문제와 해결방안에 대한 클라이언트의 생각을 유발시켜야 한다. 사회복지사는 클라이언트의 강점을 인정하고, 클라이언트에게 변화에 대한 희망을 제공해야 하며, 클라이언트의 자율성을 지지해야 한다.

이후의 단원들에서는 MI 원리와 기술을 사회복지실천 맥락 안에서 보다 자세히 살펴보고, 이해를 돕기 위해 간단한 MI 면접의 예시를 제공할 것이다. 이 책을 읽는 독자가 MI 효과성에 대한 역사나 이론을 이해하는 것이 MI 기술을 배우고 실천하는 데 도움이 되기를 희망한다.

Chapter 3

MI와 관계형성 및 사정 과정

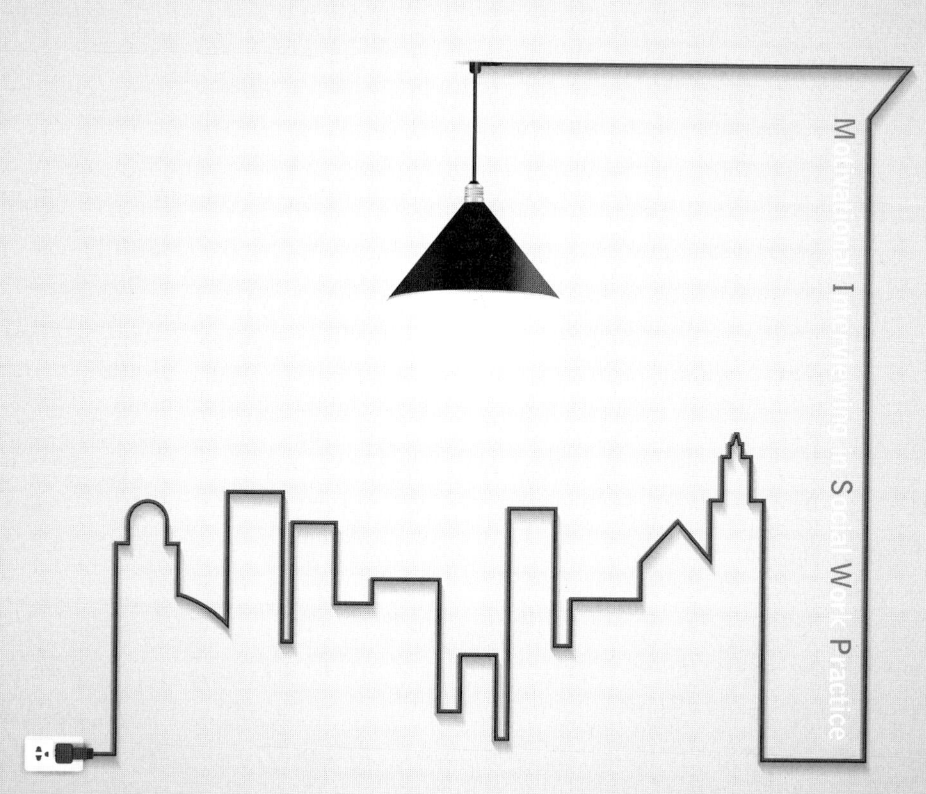

Chapter 3

MI와 관계형성 및 사정 과정

Melinda Hohman, Hilda Loughran, Sally Mathiesen

사회복지사들은 말하는 것을 좋아할 뿐만 아니라 질문하는 것도 매우 좋아한다. 우리가 이 분야에 들어오게 되는 것은 종종 사회 정의를 위한다는 이타적인 이유에 의해서이기도 하지만, 사람을 좋아하고 사람들의 삶에 대해 궁금해하는 선천적 성향 때문이기도 하다. 사회복지사는 클라이언트가 어떻게 현재 상황에 놓이게 되었는지를 알고 싶어 한다. 클라이언트의 배경, 환경, 그리고 가족력이 어떻게 현재 그들의 모습을 만들어 내고 영향을 미쳤는지를 알아내는 데 관심을 가지기도 한다. 클라이언트와 함께 일하게 되면 어떨지, 클라이언트가 사회복지사와 기관으로부터 기대하는 것은 무엇인지에 대해 호기심을 갖는다. 이러한 모든 질문들은 우리가 클라이언트를 처음 만나기 위해 준비할 때 우리 머릿속에 있다.

Miller와 Rollnick(2002)은 MI 정신의 중요한 구성요소로서 클라이언트로부터 이끌어 내기elicitation와 찾아내기drawing out를 강조한다. 사실, 이것은 호기심 많은 사회복지사들에게 너무나 쉬운 일이

다! 우리가 가지고 있는 사람에 대한 관심을 어떻게 MI에 부합하는 방식으로 활용하여 클라이언트를 파악할 수 있을까? MI가 관계형성과 사정 과정을 촉진시키는 데 어떻게 도움이 될 수 있을까? 우리는 질문하기에 능숙하다. 질문하기 외에 클라이언트의 걱정, 생각, 아이디어를 떠올려 주게끔 하기 위해 사용할 수 있는 다른 전략들로는 무엇이 있는가? 클라이언트와 상호작용하는 맥락에는 어떤 영향력이 존재하는가? 우리가 이끌어 내길 원하는 것은 정확히 무엇인가? 이러한 질문들을 점검하고 이에 대답하고자 할 때 명심해야 할 것은, 사회복지사는 행동변화에 초점을 두고 MI 기술과 전략을 사용한다는 점이다. 많은 경우, 사회복지사가 마음속에 가지고 있는 초기의 행동변화 목표는 클라이언트를 서비스에 참여하도록 하는 것이다. 즉, 사회복지사와 함께 일하는 것에 대해, 그리고 기관에서 제공되는 다른 서비스나 프로그램을 활용하는 것에 대해 클라이언트가 가지고 있는 양가감정을 해결하도록 도와주고자 하는 것이다. 때때로 변화에 대한 사회복지사의 열정은 이러한 과정에 방해가 되는데, 클라이언트가 채 준비가 되기도 전에 변화를 논의하는 단계로 넘어가 버리기 때문이다. MI에서 관계형성과 사정은 날실과 씨실처럼 서로 엮여진 과정으로 이해된다.

클라이언트와의 첫 번째 접촉—이것이 우리가 하는 유일한 접촉일 때도 많다—은 일반적으로 관계형성과 사정을 모두 포괄하며, 사회복지실천에서는 전통적으로 이 과정들이 함께 연결되어 있다고 본다(Kirst-Ashman & Hull, 2008). 사회복지사는 클라이언트와 빠르게 신뢰관계를 형성하고, 편안하게 해 주며, 그들의 욕구나 염려가 무엇인지 알아내는 작업을 한다. 이러한 주제에 관한 사회복

지 문헌은 클라이언트와 협력적으로 일해야 한다고 강조한다. 즉, 클라이언트의 관점을 적극적으로 구하고, 적극적 경청과 강점 관점을 활용함으로써 상호 합의된 문제와 목표를 구현하고자 하는 것이다(Boyle, Hull, Mather, Smith, & Farley, 2008; Compton, Galaway, & Cournoyer, 2005; Kirst-Ashman & Hull, 2008).

MI 정신과 기술은 관계형성과 사정에 대한 사회복지학적 이해와 잘 부합되며, 이러한 과정을 촉진시킬 수 있다(Carroll et al., 2006; Swartz et al., 2007). 사회복지사는 클라이언트를 관여시키고 관계를 형성하며, 클라이언트의 염려를 파악하기 위해 OARS 기술을 활용한다. MI를 활용한다는 것은 우리가 MI를 어떻게 활용할 것인지, 어떤 정보를 수집하고자 하는지, 그리고 어떻게 MI 기술을 전략적으로 사용할 수 있을지에 대해 생각해 보도록 우리에게 도전을 준다. MI를 통해 우리는 우리의 호기심을 클라이언트 중심으로, 그리고 하나의 길잡이로 활용할 수 있다.

물론 관계형성과 사정은 기관의 욕구를 충족해야 할 때도 있으며, 면접의 맥락에 따라 영향을 받을 수도 있다. 수집되는 자료의 유형은 이전의 정신건강치료나 약물복용과 같이 간략하고 심층적이며 특정한 영역에 초점을 둔 것일 수도 있다. 사회복지사가 관계형성과 사정을 바라볼 때, 정확히 무엇을 알아야 하며 무엇을 알 필요가 없는지, 그리고 수집된 정보를 어떻게 활용할 것인지에 대해 생각해 보는 것은 매우 중요하다. 자칫 우리에게는 흥미롭지만 클라이언트의 문제와는 거의 관련이 없는 정보를 수집할 수도 있다.

또한 우리가 사정과정을 통해 수집한 정보의 질을 고려하는 것도 유용하다. 관계형성과 사정 사이의 연결점이 가지는 중요성은 바로

여기에 있다. 관계형성의 과정은 첫 번째 면접 이전부터 이미 시작된다고 볼 수 있다. 클라이언트는 이전의 경험에 기반하여 면접에 대한 기대와 면접의 체계 및 사회복지사의 접근방법 등에 대한 신념을 형성할 수 있다. 만약 이러한 선입견들이 긍정적이라면 관계형성의 과정은 가속화될 것이고, 아니면 그 반대로 될 수 있다. 즉, 관계형성의 진전 이전에, 먼저 클라이언트가 가진 부정적인 신념에 대응해야 할 경우도 있다. MI의 정신에 대한 책무는 사전에 형성된 부정적 선입견으로 인해 클라이언트와 효과적으로 일하기 위한 정중하고 분명한 자세를 형성하는 데에 방해가 되지 않도록 해 준다.

그러므로 관계형성이란 클라이언트와 함께 추는 상호작용적인 춤이다. 빈틈없는 사정을 위해 필요한 정보를 구하는 동안, 우리는 클라이언트에 의해 시험을 당할지도 모른다. 때때로 클라이언트는 처음에 사회복지사의 반응을 보기 위해서 단편적인 정보만을 제공하기도 한다. 사회복지사는 경청과 반영의 기술을 활용하여 클라이언트가 정보제공에 더 많이 관여하도록 촉진하여야 질 높은 사정을 할 수 있게 된다. 이것도 역시 상호작용 과정이다. 왜냐하면 사정에서 중요하고도 관련성 있는 정보를 수집하게 되면 사회복지사가 클라이언트에 대한 공감을 더 정확하게 할 수 있게 되어 관계형성 과정을 더욱더 향상시킬 수 있기 때문이다.

문서화된 사정 척도와 클라이언트 욕구 사정 도구는 MI 면접의 중요한 일부분이 될 수 있다. 때로 클라이언트가 작성한 문서화된 측정도구는 대면적 면접에서는 나오지 않는 정보를 제공하기도 한다(Hohman, Roads, & Corbett, 2010). 예를 들어, Miller와 Brown(1994)은 약물남용 치료를 받으러 온 클라이언트를 위해 69문항

으로 구성된 "내가 치료에서 바라는 것"이라는 척도를 고안하였다(casaa.unm.edu/inst/What%20I%20Want%20From%20Treatment.pdf 참조). 여기에는 "나는 약물 없이 즐겁게 지내는 방법을 배우고 싶다."부터 "나는 신체적 학대를 받았던 경험에 대해 이야기하고 싶다."와 같은 문항들이 포함되어 있다. 클라이언트는 이 양식을 활용하여 어떤 프로그램이나 상담가와 함께하는 동안 이러한 영역들을 다루는 것이 중요한지 아닌지 여부를 나타낼 수 있다. 마찬가지로, 사회복지사는 클라이언트에게 어떤 사정 도구, 예컨대 알코올 사용 측정도구의 점수에 대한 피드백을 줄 수 있고, 그러한 정보에 대한 클라이언트의 생각을 물어볼 수도 있다(Babor, McRee, Kassebaum, Grimaldi, & Bray, 2007).

관계형성/사정의 춤이 진행되고 있을 때, MI의 이끌어 내기 전략을 사용하여 이 과정을 확장시킬 수 있다. 이끌어 내기는 다음의 것들을 포함할 수 있다.

- 클라이언트가 면접을 통해 무엇을 얻고자 하는지 파악하기
- 어떻게 지금 그리고 여기서 우리와 이야기하게 되었는지
- 걱정에 대한 클라이언트의 관점과 변화 목표
- 문서화된 측정도구의 검토와 그에 대한 클라이언트의 반응
- 변화에 대한 양가감정
- 변화과정에서 도움이 될 수 있는 클라이언트의 과거 성공적 경험, 가치, 강점, 속성
- 자신의 걱정거리를 다루거나 변화를 가져오는 방법에 대한 클라이언트의 생각

- 변화의 방향으로 가는 단계나 자원들에 대한 클라이언트의 지식
- 변화를 방해할 수 있는 장애물이나 환경적인 어려움
- 계획을 위한 첫걸음(Boyle et al, 2008; Compton, Galloway, & Courmoyer, 2005; Swartz et al., 2007)

클라이언트 관점에서 본 이끌어 내기

상황이나 맥락에 따라, 사회복지사와 만나는 일은 클라이언트에게 있어 처음에는 겁나거나 심지어 두려운 일이 될 수 있다. 클라이언트는 그들의 걱정거리나 욕구가 무엇인지 마음을 터놓고 이야기하는 것을 꺼리거나, 자신의 상황에 대해 당혹스러워하거나 화가 날 수도 있다. Bradshaw(1972)는 규범적 욕구와 인지된 욕구, 그리고 표현된 욕구를 구별하였다. 클라이언트의 규범적 욕구란 전문가에 의해 결정되는 것이다. 전문적 지식과 경험, 심지어 측정 절차까지 활용해서, 사회복지사는 클라이언트의 욕구가 무엇이고 무엇을 필요로 해야 하는지를 결정한다. 인지된 욕구란 클라이언트가 느끼고 있지만 어떤 이유에서인지 표현하기를 꺼려 하는 욕구를 말한다. 표현된 욕구란 클라이언트가 서비스 제공을 원한다고 하며 진술한 욕구이다. 때로 클라이언트는 자신이 필요하다고 느끼는 것이 아니라 기관에서 무엇을 제공하는지에 대한 자신의 생각에 기반해서 도움을 요청한다. 또 어떤 경우에는 자신의 문제에 압도되어 사회복지사가 방향과 해답을 제공해 주기를 원할 때도 있다. 때로는 아동의 양육권을 잃거나 다른 법적 문제의 가능성 때문에 자신의

걱정거리를 언급하지 않으려고 할 수도 있다. 클라이언트가 다른 인종이나 계급 출신의 사회복지사에게 자신의 문제를 드러내 보이는 것을 주저할 수도 있는데, 이는 이전의 부정적인 상호작용이나 차별의 경험 때문이다(Elliott, Bjelajac, Fallot, Markoff, & Reed, 2005; Hohman, Roads, & Corbett, 2010; Swartz et al., 2007). 만약 우리가 클라이언트의 걱정거리가 무엇인지 알아내기를 진정으로 원한다면, 규범이나 전문가가 결정하는 욕구에 초점을 두는 것에서 벗어나 클라이언트의 인지된, 그리고 표현된 욕구가 떠오를 수 있는 장을 마련해 줄 필요가 있다.

MI 접근을 활용하는 것은 두려움이나 저항을 완화하는 데 도움을 준다. 왜냐하면 MI 정신은 클라이언트와 동맹alliance을 맺는 데 도움을 주는 방식으로 활용되기 때문이다. 이러한 동맹 혹은 관계형성은 공감, 협력, 그리고 비판단적인 수용에 기초를 둔다. 사회복지사는 OARS 기술을 사용하면서 개방형 질문도 하지만 대부분은 반영적 경청 기술을 활용하여 클라이언트로 하여금 이야기하게 한다. Compton과 동료들(2005, p. 194)이 기술했듯이, “질문하는 것보다 듣는 것이 더 낫다.” 사회복지사가 공감을 더 하면 할수록, 클라이언트는 좀 더 개방적이 되고 자신의 표현된 욕구를 기꺼이 드러내고자 할 것이다(Moyers, Miller, & Hendrickson, 2005). 더불어 반영적 경청 기술을 사용함으로써 사회복지사는 의사소통에 장애가 되는 “질문 – 대답 패턴 함정”으로부터 벗어날 수 있게 된다(Miller & Rollnick, 2002). 이 함정은 대화에서 사회복지사가 주도권을 가지고 클라이언트에게 연속적으로 질문을 할 때 일어나는데, 이로 인해 클라이언트는 자신의 마음속에 있는 이야기를 할 기회가 제한된다.

"이끌어 내기"의 방법

관계형성과 사정 과정에 대해 이런 방식으로 생각하는 것은 어떤 사회복지사에게는 어쩌면 실천의 패러다임을 변화시켜야만 하는 것일 수도 있다. 우리는 질문하기에 능숙하며(Boyle et al., 2008), 전문적 지식과 경험에 기반하여 쟁점이나 문제가 정확하게 무엇인지를 알아내는 것에 익숙하다. 의료적 모델(진단과 치료)에 익숙한 사람들, 혹은 아동의 안전(아동보호국)이나 사회에서의 적응(보호관찰)과 같은 이중적 역할을 담당해야 하는 사회복지사의 경우 전문가 방식 대신 협력적 방식으로 일하는 것이 하나의 전환점이 될 것이다.

사회복지 전문직이 관계형성과 사정을 협력적으로 하려는 열망을 가지고 있어도, 때로 클라이언트 자신에 대한 클라이언트의 관점이 고려되지 못하는 경우가 있다(Slade, Phelan, Thornicraft, & Parkman, 1996). 아동복지국에서 오랫동안 일했던 Turnell은 "아동보호 실천을 괴롭히는 가장 큰 문제 중 하나는 사정과 계획 과정이 전문가의 목소리에 특권을 부여하는 반면, 아동이나 부모, 다른 가족성원의 관점을 지워 버린다는 것이다."라고 하였다(Turnell, 2010). 제공되는 서비스나 치료 유형에 따라 클라이언트의 관점보다 전문가의 관점이 더 많은 신뢰를 얻을 때가 있다. 물질남용이나 정신질환을 가진 클라이언트, 아동을 방임하거나 범죄를 저지른 클라이언트는 자신의 문제에 대한 통찰이 부족하기 때문에 올바른 결정을 내릴 능력이 없다고 인식되기도 한다(Walker, Logan, Clark, & Leukefeld, 2005).

어떻게 하면 MI 접근을 활용해서 클라이언트와 관계를 형성하고 사정을 할 수 있을까를 생각할 때, 사회복지사의 전문적 목소리가 얼마나 특권을 가지고 있는지가 매우 중요한 문제로 제기된다. 사회복지사가 속한 기관 환경에서 누구의 견해와 시각이 가장 중요한가? 클라이언트와 전문가 양자의 목소리에 같이 특권을 부여하고자 한다면 어떻게 실천을 바꾸어야 할 것인가? 이끌어 내기는 질문하기보다 한걸음 더 나아가는 것이다. 즉, 클라이언트와 상호작용을 할 때 클라이언트가 자신의 삶에 대한 전문가임을 인정하면서 상호작용하는 것을 말한다. 협력collaboration은 우리의 지식과 클라이언트의 지식을 함께 활용하는 것이며 어떤 변화의 영역에 초점을 맞추고 타협을 하는 안내과정 속에서 이루어진다. 클라이언트가 이전 같으면 이야기하지 않았을지 모르는 느낌과 욕구를 말로 기술하도록 원조하는 것은 매우 책임 있는 과업이다. 한편으로는 적절한 기술을 사용해서 클라이언트로 하여금 자기 자신에 대해, 또 자기의 희망이나 느낌, "인지된" 욕구 등에 대해 새로운 정보를 제공하도록 촉진시켜야 하며, 또 다른 한편으로는 논의가 실제적이고 현실에 기반한 것이 되도록 유의해야 한다.

사정면접에서 무엇을 수집할 것인가는 기관이나 후원자들이 결정하기도 하지만, MI 면접에서는 OARS를 활용한 짧은 관계형성으로 시작하여 이후에 의제 설정agenda setting을 통해 클라이언트가 정확히 무엇에 대해 논의하고 싶은지를 알아낸다. 사회복지사가 다루어야 한다고 생각하는 특정 영역이 있겠지만, 클라이언트는 이와 전혀 다른 무엇인가에 대해 이야기를 나누고 싶어 할 때가 있다. 이 때 사회복지사는 자신과 클라이언트 양자 모두의 욕구를 충족시

킬 수 있도록 클라이언트와 함께 의제를 타협할 수 있다. 예를 들어, 가정폭력 쉼터에 도움을 청해 온 클라이언트가 폭력을 당한 경험에 대해 이야기하는 것보다 성병검사를 받는 방법에 관한 정보를 얻는 데에 더 관심을 가질 수 있다. 이때 MI를 활용해서 클라이언트에게 무엇에 대해 논의하고 싶은지를 물어보는 동시에 우리가 다루어야 하는 영역들에 대해 설명해 줄 수 있다. 의제 설정은 협력적인 과정으로서 클라이언트를 적극 관여시키는 데뿐 아니라 그들의 자율성에 대한 욕구를 지원해 주는 데 효과적이다.

클라이언트가 논의하길 원하는 것, 그리고 문제에 대한 그들의 생각이나 신념을 이끌어 내는 것 외에도, MI에서는 논의 중인 걱정거리나 문제 혹은 해결책에 대해서 클라이언트가 가지고 있는 지식에 대해 물어볼 수 있다. 이는 사회복지사가 성급하게 설명을 해 주려고 달려 들기 전에 클라이언트가 알고 있는 것이 무엇인지 이해하고 존중하기 위해서이다. 또한 클라이언트가 알고 싶어 하거나 정보를 더 필요로 하는 부분이 무엇인지 떠오르도록 해 주는 방법이기도 하다(Rollnick, Miller, & Butler, 2008). MI에서는 이것을 이끌어 내기－제공하기－이끌어 내기elicit-provide-elicit, 혹은 EPE라고 부른다. 먼저 클라이언트가 이미 그 주제에 대해 알고 있는 것이 무엇인지를 이끌어 내거나 물어본다. 그 다음으로, 클라이언트의 허락하에 정보나 피드백을 제공한다. 여기에 덧붙여 또 다른 이끌어 내기 질문을 통해서 이에 대한 클라이언트의 생각이나 알고 싶은 다른 정보가 무엇인지 물어본다. Rollnick와 그의 동료들(2008)은 정보를 제공할 때 교정반사에 주의하라고 상기시켜 준다. 교정반사는 사회복지사가 조언이나 경고를 할 때, 혹은 클라이언트를 위해 문제를 고치고자 할 때 일어난다. 이는 정보를 제공하거나 혹은 문제에 대해 논의할 때 종종 일어날 수 있다. 그런데 아마도 클라이언트는 자신의 생활상의 맥락에서 가장 효과적으로 문제를 다룰 수 있는 방법에 대해 이미 고민해 보았던 경우가 대부분이다.

MI의 “샌드위치 사정”

MI 면접에 사정과정을 통합하는 한 가지 방법은 MI의 “샌드위치 사정assessment sandwich”을 활용하는 것이다(Martino et al., 2006). 이 모델에서는, 접수/사정 면접의 초기 20분은 OARS 기술을 활용하여 클라이언트를 관여시키고 라포를 형성하며 클라이언트의 걱정이나 문제에 대한 자신의 관점을 알아내는 데에 초점을 둔다. 면접의 중간 부분은 기관의 표준양식에 따라 사정을 하고 클라이언트가 작성한 사정도구에 대한 피드백 제공이나 논의를 하게 되는데, 이때에도 요약하기와 같은 MI 기술을 사용한다. 면접의 마지막 20분은 MI 기술을 활용하여 변화에 대한 아이디어를 이끌어 내고 계획과정을 시작하는 데에 쓰인다.

관계형성과 사정 과정에서의 이끌어 내기: 예시와 대화

다음에 나오는 사례는 심각한 정신질환과 알코올 남용 문제(이중장애)가 있는 클라이언트에 관한 것이다. 대화장면은 관계형성과

사정 과정에서 MI가 어떻게 사용되었는지를 보여 준다. 이 면접에서 표적행동은 클라이언트인 Robert를 서비스에 관여시키는 것, 그리고 그의 걱정을 알아내는 것으로, 이를 통해 개입/치료계획 과정의 시작을 원조하려는 것이다. 사회복지사는 단축형 Camberwell 욕구 사정 평가표 - 환자용Camberwell Assessment of Need Short Appraisal Schedule-Patient Rated: CANSAS-P을 활용하는데(Phelan et al., 1995; Slade, Thornicroft, Loftus, Phelan, & Wykes, 1999; Trauer, Tobias, & Slade, 2008), 이는 정신보건 서비스를 받고 있는 클라이언트를 위한 타당성이 검증된 욕구 사정도구이다. 이 척도는 잠재적 서비스 욕구 영역 22개(예컨대, 주거, 자기 관리, 신체적 건강, 알코올 등등)를 열거하고 있는데, 클라이언트로 하여금 각 문항에 대하여 욕구가 없음, 충족된 욕구, 미충족 욕구, 혹은 응답거부로 답하도록 되어 있다. 미충족 욕구로 표기된 것들에 대해서는 이후에 면접을 통해 보다 상세한 사정이 이루어질 수 있다. [그림 3-1]은 완성된 양식의 예를 제시해 준다. 이 욕구 사정도구에서 얻은 정보는 다음에 제시된 MI 사정면접에서 활용되어 클라이언트의 걱정을 이끌어 내기 위해 어떻게 표준화된 척도를 활용할 수 있는지를 보여 준다.

심각한 정신질환/정신장애가 있는 클라이언트를 대상으로 할 때에는 MI를 약간 수정하는 것이 좋다는 점에 특히 주의해야 한다. 이러한 수정사항에는 간단한 개방형 질문과 반영 사용하기, 잦은 인정과 요약 제공하기, 잠시 멈추고 반응할 시간 주기, "불안감이나 절망감을 보이는 진술"에 대해 반영하지 않기—자칫 클라이언트에게 절망감을 더 생기게 할 수 있다—등이 포함된다(Carey, Leontieva, Dimmock, Maisto, & Batki, 2007; Martino, Carroll, Kostas,

Perkins, & Rounsaville, 2002, pp. 301, 304). 단순 반영과 요약은 클라이언트로 하여금 생각을 정리하고 주제에서 벗어나지 않도록 도와준다(Martino, 2007).

성 명: Robert
인적사항(생년월일 등):
작성일자:

작성방법: 각각의 문항별로 해당하는 네모 칸에 표시하시오(전체 22문항).

욕구 없음=이 영역은 나에게 전혀 심각한 문제가 아니다.
충족된 욕구=도움을 받고 있으므로 이 영역은 나에게 별로 심각한 문제가 아니다.
미충족 욕구=도움을 받고 있음에도 불구하고 이 영역은 나에게 심각한 문제이다.

	욕구 없음	충족된 욕구	미충족 욕구	응답 거부
1. 숙박				
- 어떤 곳에서 살고 있습니까?	☐	☐	☑	○
2. 음식				
- 먹을 것이 충분합니까?	☑	☐	☐	○
3. 가정 돌보기				
- 가정을 돌볼 능력이 있습니까?	☑	☐	☐	○
4. 자기 관리				
- 청결하고 깔끔함을 유지하는 데에 어려움이 있습니까?	☑	☐	☐	○
5. 주간 활동				
- 하루를 어떻게 보내십니까?	☐	☐	☑	○
6. 신체적 건강				
- 신체적인 상태가 얼마나 좋다고 느끼십니까?	☑	☐	☐	○

7. 정신병적 증상

- 목소리가 들리거나 생각에 어려움을 경험한 적이 있습니까? ☐ ☑ ☐ ○

8. 병세와 치료에 대한 정보

- 복용약에 관해 알아듣기 쉽게 설명을 들었습니까? ☐ ☐ ☑ ○

9. 심리적 고통

- 최근에 매우 슬프거나 기운이 없다고 느낀 적이 있습니까? ☐ ☐ ☑ ○

10. 자기 안전

- 스스로 자해하려는 생각이 든 적 있습니까? ☑ ☐ ☐ ○

11. 타인의 안전

- 당신이 다른 사람의 안전을 위협할지도 모른다고 생각합니까? ☑ ☐ ☐ ○

12. 알코올

- 음주로 인해 문제가 된 적이 있습니까? ☐ ☐ ☑ ○

13. 약물

- 처방받지 않은 약을 복용하고 있습니까? ☑ ☐ ☐ ○

14. 회사

- 지금의 사회 생활에 만족합니까? ☐ ☐ ☑ ○

15. 애정관계

- 당신은 배우자(혹은 파트너)가 있습니까? ☐ ☐ ☐ ⊘(√)

16. 성 표현

- 성생활은 어떠십니까? ☐ ☐ ☐ ⊘(√)

17. 보육

- 18세 미만의 아동이 있습니까? ☑ ☐ ☐ ○

18. 의무교육(기본 교육)

- 읽고, 쓰고, 이해하는 데에 어려움이 있습니까? ☑ ☐ ☐ ○

19. 전화

- 전화기 사용방법을 알고 있습니까? ☑ ☐ ☐ ○

20. 교통				
– 버스, 전차, 기차를 이용하는 데 어려움이 있습니까?	☑	☐	☐	○
21. 금전				
– 돈을 관리하는 데 어려움이 있습니까?	☐	☐	☑	○
22. 수당 등의 혜택				
– 당신이 받을 자격이 있는 돈을 모두 받고 있습니까?	☐	☐	☑	○

CANSAS-P에 끝까지 응답해 주셔서 감사합니다.

[그림 3-1] 'Camberwell 욕구 사정'의 자가측정 버전[1]

이중장애를 가진 클라이언트는 다양한 생활상의 문제들을 가진 경우가 많다. 따라서 여러 영역, 특히 치료에 참여하도록 하는 것과 약물치료 순응 등의 동기를 향상시키는 것이 면접자의 과업이 된다(Martino & Moyers, 2008).

이 시나리오의 클라이언트인 Robert는 38세의 히스패닉계 미혼 남성으로, 오랜 정신과적 증상과 입원경력을 가지고 있다. 현재는 주거지가 없으나 3개월 전까지 대도시 시내에 위치한 하숙시설에서 거주하고 있었으며, 최근에 큰 원예 상점에서 점원으로 자원봉사활동을 시작하였다. 룸메이트와 말다툼을 한 것이 계기가 되어

1) 2007년 저작권은 Royal College of Psychiatrists에 있으므로 무단복제를 금한다. 성인용 CAN은 Mike Slade, Graham Thornicroft, 그리고 런던 킹스칼리지 정신의학연구소, 인구 및 보건 서비스 연구부의 동료들에 의해 개발되었다. CANSAS-P는 Mike Slade가 성인용 CAN을 변형한 것이며, Glen Tobias와 Tom Trauer에 의해 평가되었다. 자세한 정보는 www.iop.kcl.ac.uk/prism/can 참조.

하숙시설을 떠나 거리에서 생활 중이며, 정신과 약도 복용하지 않게 되었다. 또한 일을 하는 중에도 말다툼이 일어나 그만두라는 말을 들었다. Robert는 술을 살 돈이 있을 때는 술을 마시지만, 가장 최근의 거주지를 떠난 이후로 음주량을 줄였다고 한다. 다른 약물의 사용에 대해서는 부인하고 있다. 그 지역의 적극적 지역사회치료assertive community treatment: ACT[2)]의 아웃리치 팀이 Robert와 접촉을 했고, 그는 서비스를 이용하는 데 동의하였다. Robert의 목표는 자신의 아파트를 갖는 것이고, 최대한 자립해서 생활하는 것이지만, 가족이나 룸메이트와의 관계에서 불화를 계속 경험하고 있다.

현재 Robert는 정서둔마, 흥미감소, 사회적 욕구 감소 등의 음성 증상을 주로 보이고 있으며, 자살사고나 살인충동에 대해서는 지금은 없다고 부정하였다. 또한 편집형 정신분열증을 가진 사람들과 일치되는 행동들이 반복적으로 나타나고 있다. 적극적 지역사회치료와의 초기 접촉 이후 일주일만에 면접이 진행되었고, 거기에서 환영 서비스welcoming services(세탁, 샤워, 집단 프로그램 등)를 이용하고 있다. 다음의 면접은 이러한 환영 서비스 및 다른 외래 서비스를 제공하는 기관에서 이루어졌다.

Robert는 면접자에게 협조적이고 정중한 태도를 보였다. 차림새가 상대적으로 단정하고, 깔끔하고 긴 머리, 그리고 깨끗한 캐주얼 복장을 하였다. 눈 맞춤은 거의 이루어지지 않고, 면접을 하는 동안 앞으로 팔짱을 낀 채로 앉아 있었다. 그의 어투는 단조로운 어조에

---

2) 적극적 지역사회치료는 중증 정신질환을 가진 이들을 위한 지역사회 프로그램으로 개별치료, 재활 및 다학제 팀의 집중적 지원을 포함한다(Boust, Kuhns, & Studer, 2005).

언어압박[3]이 약간 보이며 때로 이야기를 혼란스럽게 하였다. 초기 접수면접에서 CANSAS-P를 작성하였고 자살/타살사고에 대한 표준 위험사정 질문들에 답하였지만, 지면관계상 CANSAS-P의 모든 문항들이 이 대화에서는 전부 제시되지 못하였다.

다음의 코딩체계는 앞으로 제시되는 이 책의 모든 대화에 사용될 것인데, MI 치료효과 검증도구Motivational Interviewing Treatment Integrity: MITI(Moyers, Martin, Manuel, Miller, & Ernst, 2010)를 기반으로 한다.

- 정보 제공: GI giving information
- 단순 반영: SR simple reflection
- 복합 반영: CR complex reflection
- 개방형 질문: OQ open-ended question
- 폐쇄형 질문: CQ closed-ended question
- MI 정신 일치: MIA MI adherent
  - 인정하기 affirming
  - 허락 구하기 asking permission
  - 개인 통제력 강조하기 emphasizing personal control
  - 지지하기 support

3) 역자주: 언어압박은 말의 흐름이 매우 빠르고 말이 많아서 중단시키기가 어려운 것을 말한다(대한신경정신의학회 저, 1997, 『신경정신과학』, 하나의학사)

사회복지사: Robert 씨, 안녕하세요? 제 이름은 Susie Maxwell이고, 여기 Horizon House에서 일하는 사회복지사입니다. 제가 알기로 여기서 사람들도 만나셨고, 우리가 제공하는 서비스에 대해서 조금 알게 되셨다고요[GI].

클라이언트: 샤워실. 샤워실을 이용했어요.

사회복지사: 샤워실을 이용하실 수 있었다는 말씀이죠[SR.]

클라이언트: 예. 좋던데요.

사회복지사: 기분이 좋으셨군요[SR].

클라이언트: 여기 사람들이 꽤 친절했어요. 그 집단 프로그램인가 하는 건 얼마나 다 참석할지 잘 모르겠어요. 전에 벌써 해 봤거든요. 전 그냥 저 혼자 지낼 수 있는 제 공간을 갖고 싶은 거예요. 전에 룸메이트가 있었는데, 내 잘못이 많다는 것도 알아요, 그치만 저는 다른 사람과 같이 사는 게 싫어요. 전 그냥 혼자 떨어져 있죠.

사회복지사: Robert 씨가 여기서 알게 된 것은 샤워시설이 좋다는 것과, 직원들이 꽤 친절하다는 것이네요. 여기 있게 되면 또 뭐를 해야 하는지에 대해 걱정도 되시고요[CR].

클라이언트: 제 생각에는 모두들 저를 밀어붙이기 시작할 것 같아요. 약에 대해서, 술을 마시는 것에 대해서, 약물사용에 대해서 등등. 이 과정을 다 경험해 봤거든요. 전 이걸 오랫동안 했어요. 그러니까 저를 다그치지 말았으면 좋겠어요. 저는 제가 필요한 게 무엇인지 알아요.

사회복지사: 그런데 제 일은 Robert 씨를 다그치는 게 아니고, Robert 씨를 좀 더 알고 싶은 거예요[GI]. 이 시간은 Robert

씨 시간이니까[MIA-개인 통제력 강조하기], Robert 씨는 이 시간을 어떻게 활용하고 싶으신지 궁금하네요. 보통은 이 시간을 활용해서 당신이 개인적으로 어떤 사람인지, 잘하는 것은 무엇이고, 어떤 일을 좋아하는지, 그리고 걱정하는 것에는 어떤 것들이 있는지, 우리가 이런 걱정을 도와줄 수 있을지, 뭐 이런 것들을 알아 가는 데 쓰거든요[GI]. 그래서 Robert 씨는 이 시간을 어떻게 함께 활용하고 싶으신지 알고 싶어요[OQ].

클라이언트: 전 잘 모르겠어요. 잘 모르겠어요. 제 말을 모두 알아들으세요? 제 말은 이해하기 어렵다고들 하더라고요.

사회복지사: 예. 저는 당신 말을 알아들을 수 있어요[GI].

클라이언트: 사람들이 제가 하는 말을 못 알아들으면 화가 나요. 전 최대한 분명하게 말하려고 노력하고 있거든요.

사회복지사: 감사합니다. 그리고 전 알아듣는 데에 전혀 문제가 없어요. 우리가 같이 얘기할 수 있는 것 중에 조금 전 말씀하신 것들, 예를 들면 자립생활이라든가, 사람들과 일하는 것에 대해서 얘기할 수 있겠네요. 아니면 다른 것에 대해서 얘기해도 되고요[GI-의제 설정].

클라이언트: 저는 다른 사람에게 말을 많이 안 합니다. 전 잘 지낼 수 있고요, 어떤 부분에서는 제가 도움을 필요로 한다는 것도 알아요. 아… 모르겠어요… 제가 뭘 어떻게 해야 할지 모르겠어요. 전 거리에서 생활하는 게 좋습니다. 아무도 이래라 저래라 하지 않으니까요. 제가 원하는 대로 할 수 있잖아요. 전 주거시설 같은 데 들어갈 때마다 꼭 말썽이 일어나는 걸 피할 수가 없었어요. 어떤 곳에서는 저한테 “곤경에 빠지게 될 겁

니다. 약은 반드시 먹어야 해요."라고 말했어요. 그래서 전 한 동안 그렇게 하죠. 그리고 나아지기도 하고요. 그렇지만 다른 사람들을 대하는 건 정말 싫어요. 그게 바로 제가 일을 그만 두게 된 이유예요. 거기 있던 그 바보 자식, 제가 원예 일을 하고 있을 때요, 제가 하는 말을 못 알아듣는 거예요. 제가 말을 똑바로 하려고 노력하고 있었는데도 말예요. 아시다시피, 제가 먹는 약 때문에 말이 이상해지는 이 빌어먹을 문제가 생겼잖아요. 그것도 문제인데요, 그게 약 때문에 그런 거라고 저한테 얘기해 주더라고요. 그 점이 바로 제가 무서워하는 겁니다. 저는 지금도 벌써 알아듣기 힘들잖아요. 그러면 막 화가 나고, 통제를 못하게 되고, 멈춰야 된다는 걸 아는데도 뭘 어떻게 해야 할지 모르게 돼 버려요. 저는 정말 불안해요. 제가 먹는 약에 대해서 불안해요.

사회복지사: 그러니까 우리가 방금 이야기한 일련의 일들에 대해 생각만 하는 것조차 두려운 거군요[CR].

클라이언트: 예, 예.

사회복지사: 그래도 독립적으로 지내는 것이 좋고, 누구의 지시도 받지 않고 스스로 알아서 하는 것이 좋고, 하지만 어떤 때는 별로 좋지 않은 경우도 있고요[CR-양면 반영하기].

클라이언트: 전 바깥에서 생활하는 게 좋아요, 그게 좋습니다. 하지만 강도를 당해서 얻어맞기도 했죠.

사회복지사: 사람들이 당신의 약점을 이용했다는 거군요. Robert 씨는 자립에 대해서, 독립적인 생활에 대해서, 그리고 남에게 이용당하지 않고 그것을 이룰 수 있는 방법에 대해서 몇 가

지 아이디어도 갖고 계신 것 같네요. 또 약을 먹는 것에 대해서, 그리고 사람들과 지내는 것에 대해서 걱정도 좀 있고요. 사람들이 당신한테 나쁘게 대했었던 경험도 있었군요[SR-요약하기].

클라이언트: 사람들은 누구나 뭔가를 얻어 내려는 속셈이 있기 마련이에요. 그게 내가 여기에 바로 뛰어들지 않는 이유죠. 서두르지 않고 여기를 천천히 살피려는 이유입니다. 겉으로 보기에는 좋아 보이지만, 아시다시피, 내가 여기 있었으면 하는 다른 꿍꿍이가 있을 수도 있으니까요. 저는 이런 것에 맞지 않아요.

사회복지사: 우리 기관이 Robert 씨가 원하는 것과는 상관없는 다른 속셈을 가지고 있을 수도 있다고 생각하시는군요[CR].

클라이언트: 예, 예. 전에도 이런 행로를 밟은 적이 있었거든요. 전 바보가 아닙니다. 학교도 다녔고요. 일이 어떻게 돌아가는지 잘 압니다. 저도 나름의 이유가 있어요. 이전에 좋지 않은 경험을 한 적이 있었거든요.

사회복지사: 자기 자신을 믿어야 하고, 사람들을 조심해야 한다는 것, 사람들과 있을 때 주의해야 한다는 것을 아시는군요. 스스로를 보호하기 위한 거죠[MIA-인정하기].

클라이언트: 자기 스스로를 보호하려고 하는 게 나쁜 건가요?

사회복지사: 전 그렇게 생각하지 않습니다만[GI], 당신은 어떻게 생각하세요[OQ]?

클라이언트: 저도 그렇게 생각하지 않아요. 그것이 제가 생존하는 유일한 길이라고 생각해요. 제가 일주일 동안 다리 밑에서 잤

어요. 어떻게 움직여야 하는지, 이동은 어떻게 해야 하는지 방법을 알죠. 경찰관들이 어디에 있는지도 알고요. 나한테 문제를 일으킬 소지가 있는 사람들이 어디에 있는지 알기 때문에 그렇게 살 수 있는 겁니다. 무엇을 어떻게 해야 하는지 전 알고 있거든요.

사회복지사: 자기 스스로를 돌보고 보호하기 위해 필요한 기술을 가지고 있군요[MIA-인정하기]. 그럼 룸메이트와 잘 지내기 위해 도움이 될 만한 기술은 어떤 걸 가지고 있나요[OQ]?

클라이언트: 전 이 짓을 오래 해서 요령을 알고 있습니다. 규칙을 따르지 않으면 쫓겨나지요. 전 그것을 압니다. 전에 같이 살았던 사람들 중에 어떤 사람은 그걸 이해를 못하고, 그냥 맞서 싸우려고 들었어요. 전 속으로 생각하죠. 만약 어디론가 갈 게 아니라면, 거래를 해라. 그러니까 거래를 하고 머무르든가, 아니면 거래를 하지 않고 쫓겨나서 혼자서 지내든가 둘 중 하나인 거죠.

사회복지사: 규칙을 지키고 사이좋게 지내는 방법을 아시는군요. 주변 사람들이 썩 도움이 되지 않을 때에도 말이죠[SR]. 또 잘 하시는 것에 무엇이 있나요[OQ]?

클라이언트: 정원 가꾸는 걸 좋아해요. 제가 어렸을 적에도 채소밭을 가꿨어요. 그런데 아버지는 바보라서 정원을 엉망으로 망쳐 놓고, 저를 비난하고, 계집애 같다고 저한테 뭐라고 하곤 하셨어요. 아버지는 심술궂은 사람이었어요. 제가 문제를 일으키니까 집에서 쫓아내셨지요. 제가 열여섯 살 때 병원에 가게 되었을 때였어요. 그리고 저는 다시는 집으로 돌아가지 않

았어요. 하지만 제가 뭔가를 기르는 것을 좋아했었다는 걸 기억합니다. 그래서 제가 하던 일이 좋다고 생각했던 겁니다. 제 상사는 얼간이였지만요. 그렇지만 전 뭔가를 기르는 일을 잘할 수 있어요.

사회복지사: 뭔가를 기르고, 정원 가꾸는 걸 잘 하시는군요 [SR].

클라이언트: 그리고 밖에서 지내는 것도요….

사회복지사: 바깥에서 지내는 것을 좋아하시고요. 그걸 좋아하시는군요[SR].

클라이언트: 저도 알죠, 알아요. 제가 약을 먹을 때 상태가 좋다는 걸요. 그렇지만 신뢰할 수 없는 점이 있어요. 제가 약을 먹을 때 상태가 더 좋다는 건 알지만, 그러면 제 말투가 더 나빠지거든요. 그리고 약을 먹으면 좀 나아지긴 하지만, 그러면 또 매번 병원에 다시 가야 하고, 병원에서는 저에 대해서 계속 기록하고, 제가 어디 있는지 계속 정보를 파악하고 기록하는 방법인 거죠. 그 사람들은 제가 집이 없이 노숙하는 것을 싫어해요. 자기들 맘에 들지 않는 거죠… 그러면 전 이런 생각이 듭니다. "왜 남의 일에 콩 놔라 대추 놔라 간섭하는 거야? 내 자신의 주인은 바로 나라고. 그냥 조용히 지내겠다는데." 그러다 또 이런 생각도 들죠. '만약 약을 먹지 않으면, 기분이 완전히 가라앉는, 정말 많이 가라앉아 버려서 아무것도 하기 싫어지는 그 어두운 지점에 도달하겠구나.'라고요. 약을 먹을 때 더 좋을 수 있다는 걸 저도 알지만, 끊임없이 확인하고 점검당하고 하는 게 너무 싫어요.

사회복지사: 그러니까 약 문제에 대해서 두 가지 생각이 드시는 거

군요. 한편으로는 끊임없는 점검과 확인, 그리고 늘 누군가에게 책임을 지고 보고해야 하는 것이라고 느껴지는 반면, 다른 한편으로는 약을 먹으면 더 좋아지게 된다는 것, 그리고 사람들과 잘 지내는 데에 도움이 된다는 것도 아시는군요[CR].

클라이언트: 그 지겨운 확인과 점검을 하지 않고 그냥 약을 먹을 순 없나요? 그냥 저한테 약을 줄 수는 없는 거예요? 제 말은, 그 사람들이 매사 제 일에 관여하는 게 싫다는 말입니다. 어쩌면 새로운 약이 있을지도 모르죠.

사회복지사: Robert 씨는 과거에 약물 관리를 잘 해 왔었고, 그 과정에서 수많은 장애물도 다 넘었어요. 룸메이트와 함께 살면서 같이 잘 지낼 수 있는 능력도 있었고, 그리고 한동안 좋아하는 일을 할 수도 있었지요[MIA-인정하기].

클라이언트: 그 외에 다른 모든 것들을 제가 해낼 수 있을지 모르겠어요. 생각하면 정말 압도가 돼서 어쩔 줄을 모르겠어요. 그냥 저한테 너무 힘든 일인 것처럼 느껴져요. 어떤 종류의 직업도 말이죠.

사회복지사: 전에 일을 할 때, 밖에서 일한다는 것, 그리고 정원을 가꾸는 일이라는 점 외에 어떤 점이 좋으셨나요[OQ]?

클라이언트: 아무도 저를 건드리지 않았다는 것이죠. 고객들을 대하지 않아도 됐었거든요. 그냥 밖에서, 묘목상자들을 나르면서 일하면 됐고, 저 혼자 있는 것처럼 느껴졌었죠.

사회복지사: 당신에게는 독립적으로 지내는 것이 중요하군요[CR].

클라이언트: 저는 항상 그랬고, 더 잘 할 수도 있을 것 같아요. 저는 항상 제 몸을 깨끗이 합니다. 샤워를 하러 온 것도 그 때문이

죠. 혼자 밖에 있을 때에도, 괜찮게 보이는 것을 중요하게 생각합니다. 사람들이 절 본다는 걸 알아요. 그래서 제가 할 수 있는 한 최대한 깔끔하게 하려고 합니다. 그 방법도 꽤 창조적이죠. 전 물을 얻는 방법도 생각해 낼 수 있어요.

사회복지사: 그건 Robert 씨가 가진 또 다른 기술이네요, 스스로를 돌보는 방법에 대해서요[MIA-인정하기]. 깨끗한 상태를 유지하고, 다른 사람들과 어울릴 수 있다는 걸 중요하게 생각하는군요[SR].

클라이언트: 누나는 우리 가족 중에서 저에게 정말로 잘해 준 유일한 사람이었어요. 부모님은 제가 발병했을 때 저를 버렸어요. 아마 그럴 만한 이유를 제가 제공했겠죠. 제가 좋은 아들은 아니었거든요. 지금도 부모님들과는 가까이 하지 않아요. 그렇지만 누나 집에는 이따금씩 들르는데, 그 집에 아이들이 있거든요. 그래서 전 깔끔한 상태를 유지하려고 노력합니다.

사회복지사: 그것이 Robert 씨한테는 중요한 것이네요[SR].

클라이언트: 예.

사회복지사: 삼촌이라는 것은 어떤 점에서 좋은 것 같으세요[OQ]?

클라이언트: 우와… 아이들이 저한테 와서 안아 주는 것이 좋아요. 다른 사람들처럼 "프로그램화"되지 않았거든요.

사회복지사: 아이들은 당신을 있는 그대로 받아들이네요[CR].

클라이언트: 예.

사회복지사: 그리고 당신이 깔끔하다는 건 그런 때 도움이 되고요. 아이들에 대해 관심을 가지고 있다는 것, 그리고 아이들과 잘 사귄다는 것 역시 그렇고요. 약은 그렇게 할 수 있도록 도와

주지요[SR].

클라이언트: 그 점에 대해선 별로 생각하지 못했어요. 그렇지만 거기가 우리 가족 중에서 나와 연결되어 있다고 느껴지는 유일한 지점이에요. 누나와 조카들이요. 그리고 매형도 나를 괜찮게 생각합니다. 누나는 제가 거기서 같이 사는 걸 원하지는 않지만, 때때로 제게 밥을 해 줍니다.

사회복지사: 누님이 Robert 씨에게 마음을 쓰시고, 독립생활을 하도록 돕는군요[SR].

클라이언트: 제 형과 아버지는 얼간이들이에요. 둘이 함께 사업을 하고 있지요. 그 두 사람은 독과 같아요. 저를 향해 음모를 꾸미고 있다는 걸 알고 있어요. 단지 누나의 마음속에 파고들어서 누나 생각을 엉망으로 만드는 데 성공하지 못했을 뿐이에요. 그 둘은 저를 공격하려고 하죠.

사회복지사: 하지만 Robert 씨가 보기에 누님은 도움도 주고 당신에 대해 지지적이군요[SR].

클라이언트: 제가 술을 먹으면 누나가 오지 못하게 해요. 그건 상당히 힘든 일이죠. 왜냐하면 돈이 있으면 술을 먹고 싶거든요.

사회복지사: 누님은 당신이 술 마시는 것을 아이들이 보게 하고 싶지 않은 모양이군요[CR].

클라이언트: 예, 그래서 전, 거기가 제가 가는 곳이에요.

사회복지사: 그러니까, 누님과 조카들이 보고 싶으면, 술을 끊으시는군요[SR]. 그건 당신이 가진 또 하나의 기술이네요, 마음만 먹으면 술을 끊고 지낼 수 있다는 것 말입니다[MIA-인정하기].

클라이언트: 그게 기술이라고 생각해 본 적 없어요. 전 그냥 아무짝에도 쓸모없는 부랑인 같아요.

사회복지사: Robert 씨는 서로 다른 기술을 많이 가진 것처럼 들리는데요. 저한테 얘기한 것만 보더라도, 정원에서 일하는 것을 좋아하고, 바깥에 있는 것을 좋아하고, 규칙을 따르는 법을 알고, 당신이 똑똑하다는 것도 알고…[SR-요약하기].

클라이언트: 아프기 전까지는 학교공부를 꽤 잘했어요. 그런데 부모님은 저에 대해 음모를 꾸미고 있는 것 같아요. 부모님은 제가 집에 있는 것을 원치 않았어요. 제가 실패하길 바라죠.

사회복지사: 이 모든 것에도 불구하고, Robert 씨는 많은 성공을 거둘 수 있었어요[MIA-인정하기/지지하기]. 술을 끊은 것, 룸메이트와 잘 지낸 것, 일을 한 것, 여러 장소에서 규칙을 따른 것, 그리고 하기 싫었지만 피를 뽑은 것 등등이요[SR]. 스스로를 위해 건강에 좋은 것들을 많이 하고 있지요[MIA-인정하기/지지하기].

클라이언트: 만약 제가 원하는 대로 살 수 있다면, 독립적으로 사는 것, 그게 제가 원하는 것입니다. 약을 먹어야 한다면 먹지요. 전 다만 자유롭게 오갈 수 있기를 원합니다.

사회복지사: 약을 먹지 않으면 자유를 잃을 것이고, 약을 먹으면 자유롭고 독립적일 수 있으니까 약을 먹을 의향이 있다는 말씀이군요[CR-양면 반영하기]. 원하는 것을 얻는 것에 대해 말이 나왔으니까 말인데요, 괜찮으시다면[MIA-허락 구하기] 이 양식 [CANSAS-P]을 저와 같이 살펴보시면 어떨까 합니다. 이건 처음에 접수하실 때 우리 기관에서 제공하는 몇몇 서비스와

관련해서 Robert 씨가 작성한 것입니다. 괜찮으시면 함께 보면서 작성하는 동안 무슨 생각을 하셨는지 말씀해 주시면 좋겠습니다. 이걸 보면, 숙박이나 지낼 곳, 주간 활동, 슬프거나 기운이 없는 것, 알코올 사용, 친구나 함께 있을 사람, 돈, 수당 등의 혜택, 그리고 복용약에 대한 정보 등에 대해서 도움이 필요하다고 기입하셨네요[GI]. 이 중에서 저와 함께 논의해 보길 원하시는 게 있나요[OQ]?

클라이언트: 전 밖에서 살고 있어요. 제가 혼자 살 곳을 마련하려면, 도움이 좀 필요할 것 같아요. 돈이 없거든요. 누가 저를 믿어 주겠어요?

사회복지사: 당신이 원하는 것 중 하나는 룸메이트와 살지 않고 어떤 곳에서 혼자서 사는 것이군요[SR].

클라이언트: 만약 룸메이트와 같이 살아야 한다면, 그렇게 할 수는 있어요. 그런데 그러면 꼭 문제가 생기더라고요. 제가 약을 복용중이라면, 그때에는 같이 살기가 더 쉽겠죠. 그래도 도움이 필요하죠. 저를 누가 받아들여 줄까요?

사회복지사: 자기 소유의 아파트를 얻는 대신에 다른 사람들이 살고 있는 곳으로 들어갈 의향도 있다는 말씀이군요[SR].

클라이언트: 전 그렇게 할 수 있어요.

사회복지사: 여기에 보면 음식과 식사에 도움을 이미 받고 있다고 쓰셨네요[GI].

클라이언트: 예, 누나가 절 도와주기도 하고, 무료급식소에 가기도 하고요. 비록 급식에 단서조항이 붙을 때도 있지만요. 제가 숲 덤불 속에서 사는 걸 발견한 그 사람이 저한테 이 프로그

램에 오면 주거문제도 도와주고, 또 자격만 되면 다른 서비스와 연결시켜 줄 거라고 했어요.

사회복지사: 그건 분명 우리가 노력할 수 있는 부분입니다[GI]. 또 그 밖에 이 목록에 있는 것 중에서 논의하고 싶은 것은 무엇인가요[OQ]?

클라이언트: 저는 요즘 하루 종일 지루하게 보내요. 직업이 있었을 땐 괜찮았는데, 그게 좋았어요. 바쁘게 지내는 게 좋았어요. 바쁘지 않으면 문제를 일으키게 되거든요. 술 한 잔이 필요하다고 생각하기 시작하는 때가 바로 그런 때죠. 그냥 빈둥거리면서 지루해할 때요. 제가 직업을 갖기 전에, 룸메이트가 있었을 때, 그렇게 빈둥거리며 지내는 것이 정말 싫었어요. 일을 할 때는 집에 돌아오면 지쳐서 그냥 바로 잠자리에 들게 되거든요. 그 바보 같은 상사만 아니었다면 잘 지냈을 텐데.

사회복지사: 그것도 또 하나의 기술을 가지고 계신 거네요[MIA-인정하기/지지하기]. 바쁘게 지내고 열심히 일하는 것을 좋아하는 것 말입니다. 그걸 중요하게 생각하시고요. 직업을 얻으면 지루하지 않다는 점에서도 직업 알선에 도움을 원하시는군요[SR].

클라이언트: 그게, 아시겠지만, 특히 약을 먹지 않을 때면 제가 정말로 둔해지곤 해요. 그러면 그냥 아무것도 하기 싫고, 그래서 그게 문제죠. 대부분의 경우 그냥 아무도 만나기 싫고, 내 인생을 그냥 애만 태우면서 허비해 버리는 거죠. 정말 힘들어요.

사회복지사: 그러니까, 약을 먹으면서 일하고 바쁘게 지내는 것이 더 도움이 된다는 말이군요. 약은 또한 다른 사람과 이야기하

고 외로움을 덜 느끼게 도와주고요[SR].

클라이언트: 전 약에 대해서 잘 몰라요. 그냥 그 느낌이 싫을 뿐이죠. 제가 검사받지 않아도 되는 대로, 뭔가 다른 것을 받을 수 있는지 알아보고 싶어요.

사회복지사: 복용하시는 약의 부작용에 대해 알아보고, 혹시 약 말고 다른 것이 효과가 있을지 알아보는 것이 중요하다는 뜻이군요[SR].

클라이언트: 네, 그게 제 생각이에요. 의사하고 이야기하고 싶어요. 그건 확실합니다.

사회복지사: 네, 그럼 괜찮으시다면, "심리적 고통"이라는 항목에 대해서도 조금 여쭤 보고 싶은데요[MIA-허락 구하기]. 여기에는 이미 충족된 욕구라고 하셨군요[GI].

클라이언트: 그러니까, 제 여러 가지 상황 때문에 외로울 때도 있지만, 선생님과 이야기를 하니까 기분이 좀 나아지네요. 그렇지만 저는 절대로 저 자신한테 뭔가를 하지는 않을 겁니다. 제가 사람들한테 화를 낼 때도 있지만, 아무에게도 해를 끼친 적은 없어요. 제 성질은 제가 다스릴 수 있지요. 이런 일이 수만 번도 더 있었어요. 저는 그냥 저 혼자 독립적으로 살고 싶을 뿐이에요. 전 괜찮아요. 이것보다 훨씬 안 좋을 때도 있었는 걸요.

사회복지사: 여기에 오게 되면서 다른 사람들과 연결되는 데 조금 도움이 되었고, 또 좀 더 자주 해도 좋겠다. 단, 혼자 독립적으로 살 수 있다는 전제하에서라는 말씀이군요[CR].

클라이언트: 룸메이트와 싸웠던 것 말입니다⋯. 제가 화를 냈을 때

사람들이 질겁을 해서 결국 경찰을 불러야만 했던 것은 알고 있습니다. 하지만 사람들은 저를 어떻게 다루어야 하는지 몰라요. 지금 이렇게 말을 하다 보니, 제 성질을 좀 더 잘 조절해야 된다는 생각도 듭니다. 제가 잘 못하는 부분 중 하나죠. 누가 제 성질을 건드리면, 막 두드려 패고 싶은 생각이 듭니다. 하지만 그렇게 할 순 없지요. 누나가 저한테 그렇게 말했어요. 그렇게 하면 안 된다고.

사회복지사: 성질을 다스리려고 노력하고 있군요[SR]. 그리고 실제 성질을 잘 누를 수 있었던 때도 있었고요[MIA-인정하기].

클라이언트: 아시죠, 그 일이요. 돈을 받는 건 아니었지만 전 그 일이 좋았어요. 만약 보수를 받는 직업을 가질 수 있다면, 전 정말로 제 성질머리를 죽이려고 노력할 거예요.

사회복지사: 그 밖에 이 목록에서 저와 함께 검토해 보고 싶은 것이 있나요[OQ]?

클라이언트: 제가 술 마시는 걸 좋아해요. 주로 지루할 때나 외로울 때 마시죠. 환청 같은 증상에 도움이 되기도 합니다. 모든 사람이 환청을 듣는 게 아니라는 것을 전 알고 있어요. 술을 마시면 곤란한 지경에 빠지곤 합니다.

사회복지사: 그리고 마음만 먹으면 술을 마시지 않고 견딜 수도 있지요[MIA-지지하기/인정하기]. 조카들을 보고 싶어 할 때처럼 말입니다[CR].

클라이언트: 좋은 집을 얻으려면 돈이 필요해요. 급여를 주는 일을 얻을 수도 있지 않을까요. 전 돈 관리는 영 못합니다. 그것이야말로 제가 필요로 하는 기술이겠죠. 이 밖에도 제가 더 얻

을 수 있는 게 뭐가 있는지 살펴보는 데 도움을 좀 받았으면 합니다.

[CANSAS-P의 항목에 대한 논의가 계속 진행됨]

사회복지사: 이제 마무리를 짓자면, Robert 씨는 주거문제와 약물관리, 구직, 재정관리 그리고 인간관계에 대해서 우리와 함께 논의하고자 하시는군요[SR]. 제가 무엇을 빠뜨렸나요[OQ]?

클라이언트: (잠시 말을 멈추었다가) 저한테 일말의 희망이라도 있는지 알아볼 수 있게 저 좀 도와주시겠어요?

사회복지사: 여기 앉아서 이런 것에 대해 같이 이야기하는 동안에도, 상황이 바뀌지 않을까봐 걱정이 되시는군요. 그러면서도 한편 당신 삶이 좀 더 나아지기를 정말로 원하고 있고요[CR].

클라이언트: 바로 그거예요. 그런데 제 주변의 모든 사람들은 제가 아무짝에도 쓸모가 없다고 하죠.

사회복지사: 그 사람들은 Robert 씨가 가진 기술, 즉 원할 때 성질을 다스릴 줄 안다는 것, 술을 마시지 않는 방법을 아는 것, 열심히 일할 수 있다는 것, 스스로를 돌볼 줄 알고, 조카들에게 좋은 삼촌이 되는 법을 안다는 것을 알아보지 못하는 거죠. 하지만 당신은 알고 있고 이제 저도 잘 알지요[MIA-인정하기].

클라이언트: 대부분의 사람들은 저한테 뭐가 잘못되었는지를 말해줬었죠. 그건 저도 알아요. 아무도 이런 식으로, 내가 기술을 가지고 있다고 말해 준 적이 없었어요.

사회복지사: 여태껏 저한테 숨김없이 솔직하게 이야기해 주신 것에 감사드립니다[MIA-인정하기]. 다음에 우리가 다시 만날 때, 괜찮으시다면, 이 목록의 우선순위를 매기는 것부터 시작할 수 있겠네요. 이것과 관련해서 우리가 함께 노력할 수 있는 방법에 대해서 어떤 생각을 가지고 계신지 듣고 싶어요[GI].

클라이언트: 예. 감사합니다.

논 의

이 면접에서 사회복지사의 목표는 Robert와 관계를 형성하고, 자신의 삶에 대한 그의 관점을 알아 가는 작업을 시작하는 것이었다. 여기에는 Robert의 걱정뿐 아니라 기술, 그리고 그의 인간관계 등 회복에 도움을 줄 수 있는 것들이 포함된다. 이 면접의 방향은 Robert를 치료에 참여하도록 하고 약을 잘 복용하도록 동기화시키는 것이었다. 사회복지사는 'MI 샌드위치 사정' 접근을 사용하여 면접 초반에는 단순 반영을 하였고, 면접의 목적을 설명하였다. 다음으로 의제 설정을 활용하여 관계형성을 촉진하고, 논의 내용에 대한 의사결정을 Robert가 하도록 하였다. 또한 Robert가 생각을 체계적으로 정리할 수 있도록 하기 위해 논의 가능한 주제 목록을 제시하여 주었다. 사회복지사는 Robert가 말한 것 중 부정적인 내용이 강한 진술에 대해서는 반영을 피했다. 왜냐하면 그럴 경우 초점이 면접의 목적에서 벗어나기 때문이다. 동시에 면접의 분위기

를 문제 중심적으로 유지하였다. 자기인정이론self-affirmation theory을 활용하면서 사회복지사는 클라이언트로 하여금 면접자에게 자기가 능력이 있는 영역을 이야기하도록 하는 것이 과업임을 알게 된다. 전형적인 사정면접의 경우 과거의 입원경험, 자살시도, 경험하고 있는 증상, 그리고 처방받은 약에 대해 자세한 정보를 물어보았을 것이다. 그러나 이 사정면접은 클라이언트를 한 인격체로 대하는 것이었다. 사회복지사는 면접의 초반을 Robert의 걱정거리들을 탐색하는 것뿐 아니라 그의 관심사와 기술을 알아 가는 것에 할애하였다. 또한 자주 요약을 하였고 인정을 많이 해 주었다.

그 밖에 사회복지사가 활용한 MI 기술은 양면 반영으로서, Robert의 양가감정을 반영하였다. 이러한 유형의 반영을 사용할 때에는 클라이언트가 정말 기억했으면 하는 말이 끝으로 오도록 하며, "그리고"라는 단어를 써서 문장을 연결하는 것이 유용하다. 이렇게 함으로써 클라이언트에게 사람들은 동시에 두 가지 생각을 가질 수 있고 양자택일만 있는 것이 아니라는 것을 강조할 수 있다. 사회복지사는 삼촌이라는 것에 대한 그의 감정을 이끌어 내고, 이러한 관계를 유지하기 위해 약물관리를 잘 따르는 것이 중요하다는 점을 연결시켰다.

면접의 후반에는 CANSAS-P를 도입하여 자유로운 대화의 흐름을 변화시켰지만, 미충족 욕구와 Robert가 이미 잘하고 있는 영역(예컨대, 자기 관리)을 모두 논의할 수 있는 여지를 함께 두었다. 이 미충족 욕구는 Robert 자신이 도움이 필요하다고 분명히 표현한 영역이다. 이런 경우에 구조화된 도구를 사용하는 것이 클라이언트가 순조롭게 목표를 달성할 수 있게 하는 데 도움이 된다(Carey et al.,

2007). 다음 만남에서 사회복지사는 Robert에게 CANSAS-P의 목록에서 우선순위를 정하도록 하고 특정 욕구에 대해 어떻게 접근할 수 있을지 Robert 자신의 생각을 물어볼 수 있다. 다양한 욕구를 충족시키기 위해 함께하면서, 사회복지사는 Robert의 허락하에 자신이 Robert가 지원을 필요로 한다고 보았던 영역들(예컨대, 심리적 고통 등)의 목록에 대한 피드백을 공유하고 이러한 영역에 대해서도 노력하자고 협의할 수 있었다.

맺음말

사정면접에서 MI의 활용은 클라이언트와 관계형성을 하고 그들의 목소리에 특권을 부여하도록 무대를 마련하는 하나의 방법을 제공해 준다. 클라이언트는 자기 삶에 대한 자신의 전문성과 자신에게 무엇이 중요한지에 대해 이야기한다. 기관에서 요구하거나 필요로 하는 정보는 아마도 면접이 진행되는 중에 자연스럽게 나올 것이다. 서면으로 된 사정도구도 면접에서 같이 활용될 수 있으며 이는 클라이언트의 표현된 그리고 인지된 욕구를 파악하는 또 다른 수단이 된다. 사회복지사는 클라이언트와 함께 걱정에 대한 전반적인 논의를 한 이후에 특정 핵심 영역들을 표적으로 삼을 수 있다. 이끌어 내기와 경청, 그리고 인정하기의 방식으로 호기심을 활용하면 우리는 클라이언트에 대해서 상상 이상으로 잘 알 수 있게 될 것이다.

Chapter 4

자기효능감 지지하기

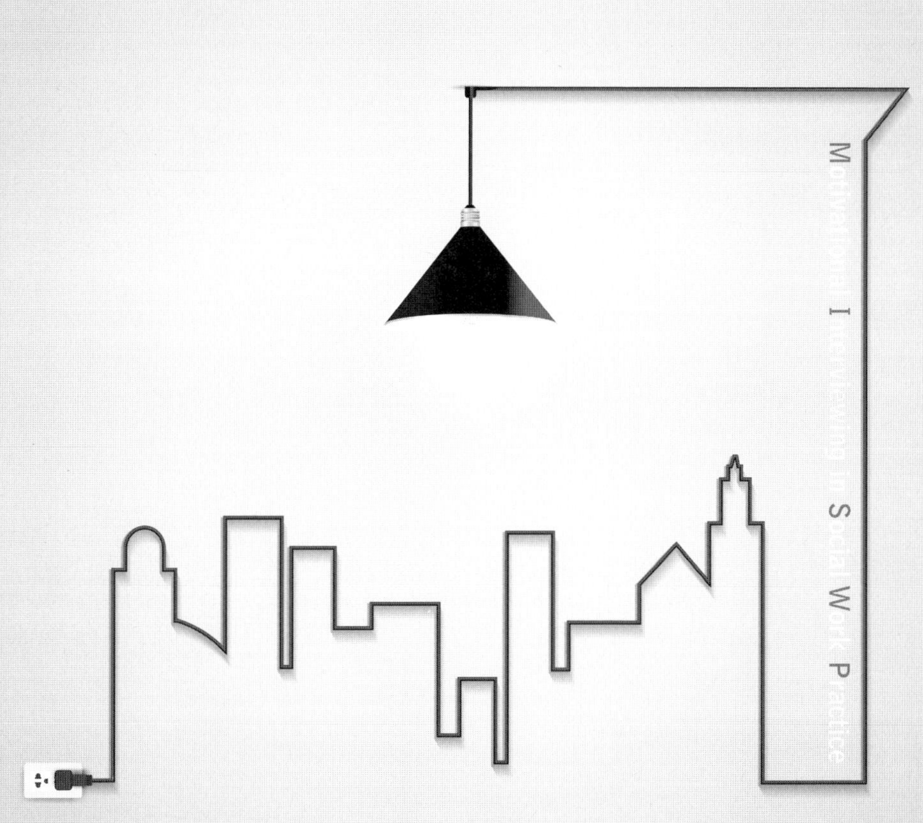

Chapter 4

자기효능감 지지하기

-클라이언트가 못 한다고 할 때 어떻게 할 것인가-

Melinda Hohman, Stéphanie Wahab, Katie Slack

MI를 훈련시킬 때, 훈련가는 통상 사회복지사이거나 다른 원조전문직인 훈련생들에게, 행동변화를 요하는 클라이언트를 동기화시키기 위해 어떤 방법을 동원하고 있는지 물어보면서 시작하는 경우가 많다. 훈련가는 훈련생이 필시 MI 기술의 많은 부분을 이미 활용하고 있을 가능성이 높다는 것을 알고 있으며, 따라서 청중으로부터 각 실천분야에서 적용되고 있는 기존의 지식과 능력들을 이끌어내길 원한다. 마찬가지로, 개개인의 클라이언트와 MI를 사용할 때, 실천가들은 클라이언트가 특정한 영역에 대해 이미 알고 있는 것은 무엇인지, 과거에 성취한 유사한 유형의 변화는 어떤 것이 있는지, 그리고/또는 이미 가지고 있는 일반적인 강점이나 기술은 무엇인지를 물어볼 수 있다. 훈련생과 클라이언트는 모두 자신들의 특정한 맥락 속에서 이런 질문에 대답하는데, 그 이유는 여기에 그들의 전문성이 있기 때문이다. 이 책의 2장에서 보았듯이, 자기인정이론(Sherman & Cohen, 2006; Steele, 1988)에 따르면 인간은 자신이

능력 있게 보이기를 원하며, 스스로 자기인정을 하거나 혹은 다른 사람으로부터 인정하는 정보를 받으면 논의에 민감할 수 있는 다른 영역을 다룰 때 더 개방적이 된다. 특정 주제에 대해서 알고 있는 것이 무엇인지 탐색하거나 주요한 긍정적 가치나 특성을 드러내는 것은 자기인정의 한 방법이 될 수 있으며, 클라이언트의 자기효능감을 지원하는 수단이 되기도 한다.

자기효능감은 자신이 변화를 가져올 수 있다거나 특정 과업에 성공할 수 있다는 믿음을 말한다(Bandura, 1994, 1999). 자기효능감이론에 따르면 사람들의 자신에 대한 믿음은 다양한 원천으로부터 나온다. 가장 핵심적인 원천은 유사한 영역에서 성공적인 성취를 한 것이다. 내가(MH) 지난 10년간 MI를 훈련시키고 가르치는 일을 꽤 잘해 왔다는 것을 알고 있으면, 독자들에게 개념과 아이디어를 전달하도록 MI에 대한 책을 쓸 수 있을 것이며, 이 책을 통해 나의 자기효능감은 꽤 높아질 것이다. 반면, 만약 내가 소설작품을 쓰려고 하는 것이었다면 자기효능감이 훨씬 낮았을 것이다. 사람들이 자기효능감을 얻는 두 번째 방법은 자신과 비슷한 누군가가 특정 경험을 하거나 무엇인가를 성취하는 것을 관찰하는 것으로, 일명 모델링이라고도 한다. “만약 저 사람이 할 수 있다면, 나도 할 수 있다.”라고 생각하는 것이다. 세 번째 원천은, 상대적으로 효과는 다소 약한데, 설득을 통해서이거나, 혹은 할 수 있다고 누군가가 말해 주는 것이다. 예를 들어, 코치가 달리기 선수에게 더 빨리 달릴 수 있다고 확신을 주는 경우이다. 실제로 그것이 이루어지면, 그 선수의 자기효능감은 목표를 달성했다는 사실로부터 나온다(가장 핵심적인 원천으로 다시 돌아가서). 마지막으로, 가장 효과가 약한 원천은

Bandura(1994)에 따르면, 그 행동이나 변화에 대한 스트레스나 부정적인 정서 상태를 완화하는 것이라고 한다. 대중 앞에서 이야기하는 것을 속이 뒤틀릴 만큼 두려워하던 사람이 더 이상 그것을 메스꺼움과 연관시키지 않고, 자신을 그렇게 만들곤 했었다는 것을 아예 잊어버릴 수도 있다. 이러한 생리적 반응의 소실은 연습이나 이러한 영역에서 성공하는 경험을 통해서 일어날 수 있다.

이 두 가지 이론, 즉 자기인정이론과 자기효능감이론은 자기효능감을 지지하는 MI 원리를 실천에 실제적으로 적용하는 방법을 생각하는 데 도움을 준다. 우리가 실천현장에서 클라이언트를 만나 인정하기를 사용하는 것은 자기효능감을 지지하는 하나의 방법이다. 즉, 유사한 영역에서 클라이언트가 이룩한 성공을 언급하고 과거의 성취/변화와 현재 당면한 것을 연결 지을 수 있도록 원조하는 것이다. 자율성을 인정하고 지지해 주는 것은 자기효능감을 지지하는 또 다른 방법이다. 그러나 몇 가지 의문이 생길 수 있다. 클라이언트가 지금 논의 중인 행동이나 이와 아주 조금이라도 유사한 행동을 연습하거나 변화시킨 적이 단 한 번도 없다면 어떻게 할 것인가? 혹은 노력을 했지만 실패했다면? 주변에 따를 만한 역할 모델이나 다른 예가 없다면 어떻게 할 것인가? 설득이 정말로 효과가 있을까? 클라이언트가 직면한 심리사회적 스트레스가 너무나 많아서 어떤 한 영역에 성공하는 것조차 클라이언트에게나 사회복지사에게나 너무 벅차고 대적하기 힘들게 느껴진다면 어떻게 할 것인가? 클라이언트가 변화를 할 수 있다는 자기확신이 전혀 없는 경우에도 변하기를 원할 수 있는가? 그렇다면 그다음은 어떻게 할 것인가? 우리는 이제 이 모든 의문사항을 살펴볼 것이다. 또한 이러한 현상

이 자주 발생하는 영역인 배우자 폭력의 클라이언트 사례를 통해 MI를 적용시켜 볼 것이다.

인정하기의 재고찰

인정하기affirmation는 사회복지사가 클라이언트의 강점, 역량, 특성 혹은 과거의 성공에 대해 진술하는 것을 말한다. Rosengren(2009)이 말한 바와 같이, 인정하기는 "클라이언트가 변화 노력을 위해 가용 자원을 사용할 수 있도록 방향을 바꿔 주는 방법이다…. [이를 통해 사회복지사는] 클라이언트가 자기 자신인 것, 그 자체를 인정하고 소중히 여기고 있음을 전달한다"(p. 62). Rosengren은 인정하기를 함에 있어 클라이언트의 노력이나 특성에 초점을 두기 위해 "당신은"이라는 말로 시작하되, 평가적이거나 판단적인 느낌을 주면 안 된다고 권고한다. 다른 말로 하면, 인정하기는 "당신은 정말 큰 용기를 내셨군요. 앞으로 무슨 일이 생길지 모르는 채로 고국과 가족을 떠나왔을 때 말입니다."와 같은 말이다.

인정하기는 언제 사용해야 하는가? 아마도 우리가 생각하는 것보다는 조금 더 자주 사용해야 할 것이다. 인정하기는 클라이언트의 강점과 긍정적인 측면에 초점을 맞추도록 해 주므로 많은 영역에 개입을 요하는 클라이언트를 만났을 때 사회복지사가 압도당하지 않도록 도와준다. 또한 라포를 형성하고 정중하게 클라이언트와 관계를 형성할 뿐 아니라 혹시 클라이언트가 가졌을지 모르는 저항을 줄이는 데에도 도움이 될 것이다. 자기인정이론을 활용한 한 연구에 의하면, 전혀 다른 주제에 대해 자기인정 연습에 참여한 연구 참여자들이 (연습에 참여하지 않은 사람들에 비하여) 부정적인 건강 관련 정보에 더 개방적인 태도를 보였다(Reed & Aspinwall, 1998). 사람들은 자신들을 인정할 수 있게 되었을 때 더 개방적이고 덜 방어적이 되는 것으로 보인다(Sherman & Cohen, 2006).

이와 같이 인정하기의 영향이 매우 크기 때문에 Leffingwell과 동료들(2007)은 클라이언트의 문제영역을 탐색하기 전에 먼저 인정하기와 긍정적인 논의를 활용하라고 권고한다. 이러한 연구결과에 기반해서, 스웨덴의 심리학자이자 MINT 회원인 Carl Ake Farbring은 새로운 클라이언트를 만나서 면접을 시작할 때 먼저 자신이 어떤 사람인지 이야기해 달라고 요청한다. 개인적 관심사는 무엇인지, 무엇을 잘하는지, 어떤 일들에 대해 자신감이 있는지, 그리고/혹은 그들을 행복하게 만드는 것은 무엇인지 등등(개인적 대화, 2010년 6월 27일). 긍정적 속성이나 기술에 대해 논의하면서 시작된 면접은 클라이언트로 하여금 사회복지사가 자신을 자기가 가진 문제로 규정짓지 않는다는 것을 알게 함으로써 개방적 태도를 취하거나 취약한 부분을 드러낼 용의를 높여 준다. 재소자와 함께 일을 하는 Farbring은 또한 다음과 같이 진술하였다. "내가 사는 세계의 클라이언트는 자신에 대해 긍정적인 말을 듣기를 간절히 원한다. 왜냐하면 그런 적이 거의 없기 때문이다."

자기효능감의 원천

앞에서 제시한 것과 같이, Bandura(1994)는 자기효능감의 향상이 다음의 네 가지 과정을 통해 이루어진다고 보았다. 즉, 유사한 영역에서의 성취경험, 다른 사람 모델링하기, 설득, 그리고 부정적인 정서상태와 반응의 감소이다. MI와 가장 직접적으로 관련된 앞의 세 가지 과정을 살펴보자.

유사한 영역에서의 성취경험

3장에서 살펴본 바와 같이, 사회복지사는 클라이언트를 면접할 때, 강점 관점을 활용하면서 클라이언트의 변화과정에 도움이 될지 모르는 특성이나 이전의 성공경험에 주의를 기울여야 한다(Miller & Rollnick, 2002). 이와 같이 강점을 인정해 주고, 클라이언트가 이전과 다른 방식으로 일을 처리하기 위한 요건을 이미 갖추고 있음을 스스로 증명해 보였기 때문에 더 나은 변화가 가능하다는 희망도 제공해 줄 수 있다. 이전에 있었던 변화 노력의 실패조차도 '끈기'라고 재구조화될 수 있다(Rosengren, 2009). 클라이언트가 자신의 이야기를 말하는 것을 사회복지사가 반영하면서 주의 깊게 경청하다 보면, 이러한 진술로 되돌아와 이야기와 연결하기 시작할 수 있다. "당신이 고국을 떠날 때 용기를 낸 것과 같이, 당신의 그 용기가 취업면접을 보고 또 다른 미지의 것을 접할 때 도움이 될 것입니다."

변화과정에서 클라이언트가 밟아 나갈 수 있는 작은 단계들을 생

각해 보도록 격려함으로써 자기효능감을 높이는 성취경험을 제공해 줄 수도 있다. 예를 들어, 사회복지사는 클라이언트에게 다음과 같은 물음을 던질 수 있다. "만약 직업을 구하려고 한다면, 제일 먼저 무엇을 할 수 있을까요?" "이 과정을 어떻게 시작할 수 있을지에 대해 아이디어가 있으신가요?" 이러한 첫 단계에 대한 논의 역시 인정하기의 방식으로 이루어질 수 있다. "취업원서를 가지러 갔을 때 스스로에 대해 무엇을 알게 되었나요?" 단계를 밟고 무엇을 성취했는가를 생각해 보는 것은 클라이언트로 하여금 스스로를 유능한 존재로 바라보게 하는 방법이다.

다른 사람 모델링하기 혹은 관찰하기

때때로 클라이언트는 자신이 생각하는 변화를 이루는 것 자체를 상상하지 못한다. 대화 중 적절한 때, MI에서는 클라이언트의 허락을 얻어 다음과 같이 정보를 제공할 수 있다. "제가 만난 다른 클라이언트가 독립적인 생활을 어떻게 지속할 수 있었는지 이야기해 드릴까요?" 이런 경우, 클라이언트에게 고를 수 있도록 선택 메뉴를 제공하는 것, 즉 다른 클라이언트가 했을 법한 몇 가지 예를 들어 주는 것이 유용하다(Rollnick et al., 2008). "어떤 사람은 특정 직업이나 일을 배우기 위해 학교로 돌아갔고, 어떤 사람은 일정한 영역 안에서 일을 찾기도 했습니다. 또 다른 사람은 스스로 자립하기 위해 국가보조금을 신청했지요." 이것은 클라이언트의 자율성을 지지하는 데에도 도움이 되며, 그 자체로 자기효능감을 높일 수 있다. 왜냐하면 클라이언트를 대할 때 자신을 위해 올바른 길이 무엇인지 결정할

수 있는 성인으로 대우하기 때문이다.

설득 혹은 희망 제공하기

독자는 이 지점에서 "설득? 그건 저항을 증가시키는 방법이 아니었나요?"라고 말하며 곤혹스러워할지 모르겠다. 그리고 아마도 그 말이 맞을 것이다. 너무나 많은 경우 우리는 클라이언트(또는 친구 혹은 가족)를 설득하려 들다 결국 역효과를 낳기만 한다. 그렇다면, 설득이 미약하게나마 자기효능감을 높이는 하나의 방법이라는 Bandura의 연구결과에 대해서는 어떻게 받아들이고, 이것을 MI 방법에 어떻게 적용시킬 수 있을 것인가? 한 가지 방법은 설득을 격려로 재구조화하는 것이다. 자기효능감 지지하기에서 Miller와 Rollnick(2002)이 강조한 부분 중 하나는 클라이언트에게 희망을 주는 것이다. 희망적이고 긍정적인 태도를 보여 주는 것은 변화가 가능하다는 점을 클라이언트에게 설득하는 간접적인 방법이 될 수 있다. 클라이언트에게 '예, 좋아요.' '그대로 행동으로 옮기세요.' '잘 하실 거예요.' '모든 것이 다 잘 될 겁니다.'라고 이야기하는 것은 아니지만, 우리의 태도를 통해 이를 투영할 수 있는 것이다. 사회복지사는 과거에 다른 사람들이 특정 과제를 완수했음을 알고 있으며, 클라이언트 역시 필요하다면 약간의 도움을 받아서 똑같이 할 수 있음을 알고 있다.

반영적 경청과 특정 질문들을 활용해서, 사회복지사는 클라이언트의 **변화대화(능력)**ability change talk를 귀담아듣거나 유발할 수 있다. 변화대화(능력)는 '할 능력이 있다.' '할 수 있다.' '해 본 적 있다.'

'전에 ~했었다.' '내가 할 수 있음을 안다.'와 같은 단어나 구절을 포함한다(Rosengren, 2009). 클라이언트가 자신이 말하는 것을 듣는 것, 그리고 사회복지사가 이러한 말들을 반영하고 강조하여 그들에게 되돌려 주는 것은, 클라이언트로 하여금 변화를 가져올 수 있는 기술이나 특성을 자신이 가지고 있다고 스스로를 간접적으로 설득하는 방법이 된다(자기지각이론). 어떤 면에서, 이것은 자기인정 진술을 이끌어 내는 것이다. 변화에 대해 생각함에 있어, 변화의 중요성과 이러한 변화를 이룰 수 있다는 **자신감**을 구분 짓는 것이 중요하다. 예를 들어, 어떤 클라이언트는 도박을 중단하는 것이 중요하다고 생각하지 않지만, 전에 음주를 성공적으로 끊은 적이 있었기 때문에 도박을 중단하기로 마음을 먹는다면 무엇을 어떻게 해야 하는지 알 수 있다. 다른 클라이언트는 배우자의 폭력으로 인한 고통을 견뎌 왔고 그것이 끝나기를 바라지만, 아래에서 논의되는 다양한 이유로 그 관계를 변화시킬 수 있는 자신의 능력에 대해서 자신감이 부족할 수 있다. 자신감은 양가감정과 마찬가지로 높아지거나 낮아질 수 있고, 사회복지사는 중요성과 자신감을 둘 다 더 높은 수준으로 끌어올릴 수 있기를 바란다(Miller & Rollnick, 1991).

변화대화(능력)는 MI 대화에서 자연스럽게 나타날 것이다. 특히 클라이언트가 자신의 말이 경청되고 비판단적 존중을 받고 있다고 느낀다면 말이다. 변화대화가 나타나지 않을 때, 변화의 이 두 가지 측면에 대한 클라이언트의 입장을 알아보는 한 가지 방법은 일련의 척도질문으로 구성된 **변화척도**를 활용하는 것이다(Rollnick, Miller, & Butler, 2008). 클라이언트에게 던지는 질문은 다음과 같다. "0에서 10까지의 점수 사이에서, 이 변화를 이룰 수 있다는 자신감은 몇

점 정도입니까?" "왜 __점(더 낮은 점수)이 아니고 __점이라고 생각하십니까?" "만약 1점 정도를 올리고자 한다면, 무엇을 어떻게 해야 할까요?" 이 대화 내내 반영과 요약이 사용된다.

클라이언트는 자신감이 조금 있는 이유를 이야기할 것이고, 사회복지사가 그러한 이유를 반영할 때 다시 한 번 듣게 될 것이다. "전에 이것을 해 보신 적이 있고, 얼마간 성공도 했고요. 그리고 무언가를 하고자 마음을 먹으면 쉽게 포기하지 않는다는 것도 스스로 알고 있군요. 그 밖에 또 뭐가 있을까요?" 확실히 이는 다시 첫 번째 방법으로 되돌아가는 것이다. 즉, 삶에서 뭔가를 이루기 위해 필요한 능력과 특성을 자신이 가지고 있다는 것을 클라이언트가 스스로에게 설득하는 것이다. 사회복지사는 설득하는 것이 아니라 단지 클라이언트로부터 클라이언트 자신의 생각과 관점을 유발시킬 뿐이다. 클라이언트에게 어떻게 하면 자신감을 더 얻을 수 있는지를 묻는 것은, 클라이언트가 스스로 실천할 수 있는 작은 실행단계들을 계획하기 시작하도록 하는 방법이기도 하다.

자신감이 낮은 클라이언트에 대한 접근

자기효능감이 매우 낮은 클라이언트를 만나게 되는 사회복지실천 영역 중 하나는 배우자 폭력 분야이다. 배우자 폭력의 생존자인 클라이언트는 흔히 삶의 어떤 부분에서 변화를 고려할 때 자신감이나 자기효능감이 제대로 작동되지 못하는 경험을 하곤 한다. 정서적 · 심리적 학대와 고립—모두 배우자 폭력의 공통된 요소들이다—으로 인해 생존자들은 자신과 자신의 능력에 대해 의문을 가지게 되며, 자율적인 의사결정을 내리는 데 망설임과 두려움을 느끼게 되는 것이다. 비유적으로 또는 말 그대로 맞아서 부서져 버린 클라이언트의 자기효능감을 지지하고 역량강화를 하는 것은 정말 어려운 도전이 될 수 있다. 사회복지사는 MI를 활용하여 협력적으로 클라이언트와 관계형성을 하며, 그들의 전문성과 지혜에 다가가고, 판단을 보류하며 자율성을 존중한다. 이 모든 기술과 MI의 정신은 제한적으로나마 클라이언트/생존자의 자기효능감과 자신감을 높이는 데 효과적일 수 있다. 생존자들에 의하면 자신의 말을 누군가 경청한다는 것이 도움이 되고 치유적 효과가 있다고 보고한다(Goodman & Epstein, 2008; McLeod, Hays, & Chang, 2010).

MI는 클라이언트 중심적이면서도 동시에 방향성이 있기 때문에, 사회복지사가 클라이언트와 함께 변화의 방향으로 일을 하는 동시에 클라이언트는 자신이 탐색하고 싶고 다루기를 원하는 행동을 선택하도록 지지를 받을 수 있다. 그러나 생존자들에게 준비가 되지 않았거나 기꺼이 변화시키고자 하는 것이 아닌 무엇인가를 변화하도록 압력을 넣거나 강요해서는 절대 안 된다. 다시 한 번 말하지만, 특히 이 실천 분야에서 사회복지사는 교정반사—더 좋아지게 하려고 하거나, 고치거나 폐해를 예방하고자 하는 열망(Miller & Rollnick, 2002)—가 일어나지 않도록 노력해야 한다. 배우자 폭력 분야에서 일하다 보면, 생존자들에게 변화하도록 설득하고자 하는 마음과 위기의식이 고조될 수 있다. 특히 클라이언트의 삶과 배우자 관계의 상황이 생명에 위협이 된다고 사회복지사가 느낄 때 더욱 그러하다(Motivational Interviewing and Intimate Partner

Violence Work Group, 2010).

'떠나는 것에 우선권을 주는 것'(Wahab, 2006)이란 (실천가나 연구자 모두가) 가능한 모든 변화 대안들보다 앞서 학대자를 떠나는 것을 우선시하도록 체계적으로 실천해 나가는 것을 가리킨다. 떠나는 것이 바람직한 행동/성과라고 사회복지사가 강요하면, 생존자들이 자신을 학대하는 배우자에게서 경험하는 바로 그 똑같은 통제적 행동을 무심코 되풀이하는 것이 될 수 있다. 이는 구타당한 사람들이 자신을 학대하는 배우자를 떠나지 말아야 한다고 주장하는 것이 아니다. 그러나 서비스 제공자들은 개인이 다양한 이유에 의해 학대적 관계를 떠나는 것을 항상 우선순위에 두지 않을 수도 있음을 인식해야 한다. 또한 떠나는 것을 우선으로 생각한다 하더라도, 클라이언트가 준비되지 않거나, 떠나는 데에 필요한 동기와 자신감이 부족할 때도 있다. 소외되고 억압된 계층, 예컨대 저소득층, 이주자, 난민, 장애인, 그리고 유색인종 출신의 사람들은, 학대를 하는 배우자를 떠나기 위해, 그리고 궁극적으로 자립해서 살아가기 위해 필요한 자원이나 자원에 대한 접근성이 항상 보장되어 있는 것이 아니다(Wahab, 2006).

배우자 폭력 생존자를 보호하려는 이러한 열망은 때로 역설적인 효과를 낳기도 하는데, 변화해야만 하는 이유를 주장할수록 클라이언트의 자연스러운 반응은 반대의 주장을 하게 된다는 것(저항이론)이며 심지어 서비스로부터 이탈하는 경우가 생길 수도 있다는 것이다(Grauwiler, 2008; Miller & Rollnick, 2002). 이것은 다시 자기효능감을 낮추는 결과를 낳기도 하는데, 왜냐하면 클라이언트가 자신이 이해받지 못했다고 느끼고 자신의 상황에 희망이 없다고 생각할 수 있기 때문이다. Wahab(2006)에 의하면, 폭력적인 배우자와 관계를 맺고 있는 생존자들에게 MI를 사용할 때에는 배우자 폭력이라는 것이 애정관계의 맥락에서 발생하고 있음을 명심하는 것이 매우 중요하다. 학대 관계에 놓여 있는 개인은 단지 자신의 행동에 대해서만 통제할 수 있다. 배우자의 행동은 통제할 수도 없으며, 그렇게 하라고 격려해서도 안 된다. 행동을 취하고 자신의 행동을 변화시켰음에도 불구하고 폭력으로부터 자유로운 삶이 항상 담보되는 것은 아니다. 결과적으로, 다음과 같은 점을 명심하는 것이 중요하다. 배우자 폭력이나 다른 유사 상황에서 MI를 활용할 때, 클라이언트가 통제할 수 있고 변화하기 원하는 표적행동에 초점을 두어야 한다. 특히 어떤 종류의 것이든 변화라는 것을 둘러싼 자기효능감을 지지하고 향상시키고자 한다면 말이다.

배우자 폭력의 생존자들 중에는 매우 다양한 사람들이 있지만, 대체로 (1) 안전에 대한 계획수립(예컨대 접근금지명령, 안전계획, 피해경험, 자기 관리, 혹은 관계에서 벗어나는 것), (2) 물질사용(마약, 알코올, 음식, 약물 등), (3) 육아, (4) 건강과 정신건강 문제, (5) 프로그램 규칙을 따르는 문제, (6) 자기 관리, 그리고/혹은 (7) 고용이나 주거(Nurius & Macy, 2010) 등을 포괄하는 여러 문제에 대해 배우자 폭력 관련 서비스 현장에서 다루고 싶어 한다. 다음에 제시된 클라이언트의 예시는 자기효능감을 지지하는 MI 방법들—반영적 경청, 인정하기, 선택 제공하기, 그리고 변화대화(능력)에 반응하고 이끌어 내기—을 보여 준다.

배우자 폭력: 예시와 대화

Najuah는 35세의 배우자 폭력 생존자이다. 세 딸은 각각 4세, 8세, 10세이며, 아이들의 아버지와 결혼한 지 12년 되었다. 가족원들은 모두 영주권을 가진 합법적 거주자이다. Najuah의 남편은 항상 다소 통제적이었고 질투심이 많았는데, Najuah가 둘째 아이를 임신하게 되면서부터 더욱 폭력적이 되었다. Najuah는 남편으로부터 지난 10년간 다양한 형태의 폭력을 경험해 왔다. 폭력은 해가 갈수록 강도가 심해졌고, 가장 최근에 있었던 남편의 격렬한 폭발로 Najuah는 이틀 동안 병원에 입원하게 되었다. Najuah는 미국에 직계가족이 없고, 가까운 친척은 모두 중동에 살고 있다. Najuah와 그녀의 가족은 독실한 이슬람교도로, 모스크와 관련된 공동체에 깊게 관여하고 있다. 스스로를 중산층 가족으로 인식하고 있으며, 남편은 전일제 엔지니어로 일하고 있고 Najuah는 현재 전업주부이다. 병원에 있는 동안 사회복지사는 이주민들에게 권익옹호와 배우자 폭력 상담을 포함한 다양한 형태의 지원을 제공하는 비영리 사회서비스 기관에 Najuah를 의뢰하였다. 아동보호국(CPS)으로 학대에 대한 보고가 이루어졌고, 아버지는 조사가 이루어지는 동안 집에서 나와 있는 것에 동의하였다. Najuah는 여성상담센터에서 외래로 상담을 받고 있으며, 사회복지학 석사(MSW) 자격을 갖춘 (기관의) 담당 상담가를 두 번째로 만나고 있다.

다시 한 번, 대화의 상호작용은 다음의 부호를 이용하여 코딩할 것이다.

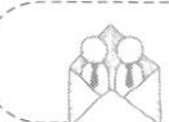

- 정보 제공: GI giving information
- 단순 반영: SR simple reflection
- 복합 반영: CR complex reflection
- 개방형 질문: OQ open-ended question
- 폐쇄형 질문: CQ closed-ended question
- MI 정신 일치: MIA MI adherent
  - 인정하기 affirming
  - 허락 구하기 asking permission
  - 개인 통제력 강조하기 emphasizing personal control
  - 지지하기 support

사회복지사: 안녕하세요? Najuah 씨, 오늘 와 주셔서 감사합니다. 지난주에 우리가 만난 이후 어떻게 지내셨어요[OQ]?

클라이언트: 예, 별로 좋지 않았어요. 저희 집에 왔던 그 여자, [아동보호국] 사회복지사요, 그 여자가 남편이 지금 집을 나가는 게 더 좋겠다고 말했어요. 전 이해가 안 돼요. 남편은 좋은 사람이에요. 우리가 필요로 하는 것도 모두 주고, 아이들도 사랑합니다. 왜 나가야 한다는 거죠?

사회복지사: 최근에 많은 일들이 일어나면서, 사회복지사가 Najuah 씨와 가족들에게 요구하는 것 때문에 많이 혼란스럽고 압도되는 느낌이 드시는 것 같군요[CR].

클라이언트: 네. 도대체 자기들이 뭐길래 우리한테 이래라 저래라

하는 거죠? 제가 말했듯이 남편은 좋은 사람이에요. 저를 다치게 하려는 의도도 아니었고, 아이들도 절대 다치게 하지 않았을 거예요. 남편은 아이들을 소중하게 생각하거든요. 그건 전부 큰 실수였고, 사실은 제 잘못이었어요.

사회복지사: 남편분께서는 Najuah 씨와 아이들을 부양하고, 또 아이들을 많이 사랑하시는군요[SR: 학대에 대해 교육을 하거나 아동보호국의 역할을 설명하지 않음으로써 "전문가 함정"(협력자 대신에 전문가가 되는 것)에 빠지는 것을 피한다].

클라이언트: 그래요. 물론 그이가 스트레스를 받았을 때 자기 자신이 아닌 딴 사람이 되어 버린 적도 있다는 건 알아요. 하지만 그이는 아이들을 매우 사랑해요. 그리고 그이와 영원히 떨어져 살아야 되면, 저 혼자서 어떻게 아이들을 키우겠어요?

사회복지사: 한편으로는 남편분이 Najuah 씨와 아이들을 사랑한다는 것을 알고 있는데, 또 다른 한편으로는 때때로 완전 딴 사람처럼 아이들이나 Najuah 씨를 대하기도 하는군요[CR].

클라이언트: 네, 그렇죠. 언성을 높인 적도 있고, 그래서 때로 아이들이 아빠를 화나게 할까 봐 혹은 제가 뭔가 말을 잘못할까 봐 무서울 때도 있었어요. 그런데 이제는 그이가 집을 나가야 한다고 하네요. (울기 시작한다). 뭘 어떻게 해야 할지 모르겠어요.

사회복지사: 지금 할 수 있는 모든 걸 하고 있고 가족들을 모두 보살피려고 애쓰고 있군요 [MIA-지지하기].

클라이언트: 예. (눈물을 글썽이며) 그렇지만 저 혼자서 가족을 꾸려나갈 수는 없을 것 같아요. 저한테는 너무 어려운 일이에요.

사회복지사: Najuah 씨는 가족을 정말 많이 사랑하고 있고, 자녀들

을 돌보는 것에 온통 집중해 있군요[MIA-인정하기]. Najuah 씨가 지나온 삶에서 경험했던 다른 도전들은 어떤 것이 있었는지 궁금하네요. 과거에 무언가 굉장히 힘든 일을 직면했었던 때의 경험을 이야기해 주시겠어요?[OQ; 과거의 성공경험을 질문]

클라이언트: 제가 고국을 떠날 때, 그때 많이 힘들었어요. 제가 떠나면 앞으로 무슨 일이 있을지, 뒤에 남겨진 가족에게 어떤 일이 생길지를 알지 못했죠. 정말 걱정이 많았죠.

사회복지사: 그때 무엇이 도움이 되었었나요?[OQ]

클라이언트: 제 종교요, 전 기도를 했죠. 고국에서 온 친구들도 있어요. 그리고 이웃의 한 여자 분도 있는데, 여기 처음 이사 왔을 때부터 저한테 항상 잘해 주셨어요. 가끔 같이 앉아서 차도 마시고, 저한테 이야기도 해 주면, 항상 기분이 좋아지곤 했어요. (자세를 바로 하며 울음을 멈춘다.)

사회복지사: 종교와 친구나 이웃과 함께 시간을 보내는 것, 이 두 가지가 어려울 때 정말 도움이 되었다는 말씀이군요[MIA-지지하기].

클라이언트: 예. 그리고 지금도 항상 기도해요. 특히 제가 무엇을 해야 할지 알려고 할 때요. 도움이 되죠. 그러나 무슨 일이 있었는지 친구들에게 말하는 것은 너무 창피해요.

사회복지사: 지금껏 Najuah 씨의 삶에 많은 일들이 일어났고, Najuah 씨는 무엇을 해야 할지 알기 위해 열심히 노력하고 있군요[MIA]. 괜찮으시다면, 우리가 이제 한걸음 물러서서 이 목록을 살펴볼 수 있을까요—오늘 우리가 함께하는 시간을

어떻게 보낼지 몇 가지 방법이 있는데, 무엇이 가장 도움이 될지를 결정하는 것은 전적으로 Najuah 씨에게 달렸습니다[MIA]. 괜찮으시겠어요[CQ]?

사회복지사: (Najuah에게 상담 초점의 다양한 영역—안전, 자기 관리/스트레스 관리, 양육, 건강한 애정관계, 사회적 지지, 구직, 그리고 문제해결방법 등—이 제시된 목록을 보여 주며 각각에 대해 간단하게 설명해 준다.) 이 중에서 어느 것에 대해서 이야기하는 시간을 가지는 게 좋을까요[CQ]?

클라이언트: 좋습니다. 제 생각에는 아마도 구직이 좋겠네요. 만약 정말로 남편이 잠시 나가 있어야 한다면, 전 최소한 파트타임 일이라도 구해야 할지 모르거든요. 고국에서는 상점에서 일을 했었어요. 장부 일도 도왔었고요. 전 돈 계산을 잘하는 편이죠.

사회복지사: 그러니까, Najuah 씨는 자신이 가진 한 가지 기술이 돈 계산 하는 일이라는 걸 알고 있고, 그 영역에서 경험도 갖고 있네요[SR].

클라이언트: 예, 고국에 있을 때 우리 가족이 하는 상점 일을 돕곤 했어요. 생각해 보니까, 제 다른 이웃 중에서 남편이 우리 동네에서 가게를 하고 있는 집이 있는데, 어쩌면 제가 그 가게에서 일할 수 있게 해 줄지도 모르겠어요.

사회복지사: 이웃과 상의해서 그 집 가게에서 일하는 것이 선택대안이 될 수 있는지 알아보고 싶다는 말씀이군요[SR].

클라이언트: 제가 할 일이 있을 것 같아요. 적어도 아주 조금만 일을 한다면, 어쩌면 남편이 모르게 할 수도 있겠지요…. 그런

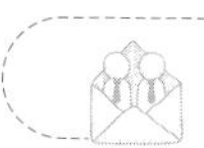

데 친구들이 혹시나 저를 본다면, 어떻게 설명해야 될지 모르겠어요. 제가 일을 해야 한다는 것에 대해 남편을 나쁘게 생각할 거예요. 하지 말아야 할지도 모르겠네요. 이 모든 것을 감수할 만큼 충분한 돈도 아닐 것 같고요.

사회복지사: 한편으로는 친구들이 어떻게 생각할지 염려가 되는 반면, 다른 한편으로는 돈을 좀 벌 수 있다면 약간은 마음을 놓을 수 있어서—특히 남편이 한동안 나가 있어야 하는 상황이라면—일을 찾아야 할 필요가 있을지도 모른다는 생각도 좀 하셨군요[CR]. Najuah 씨가 돈 계산을 잘한다는 것도 스스로 알고 있고, 이웃이 자기 상점에서 일할 수 있게 해 줄 수 있는지도 알아보고 싶고요[SR].

클라이언트: 예, 그건 도움이 될 것 같아요. 이웃집 남자에게 물어볼 수 있을 것 같아요. 더 좋은 직업으로 이어질지 누가 알아요? 물론 저 같이 영어 발음이 안 좋은 사람을 누가 고용하겠나 싶기도 하지만요. 저와 비슷한 다른 클라이언트에게는 어떤 일들이 일어났나요? 그 사람들은 무슨 일을 해요?

사회복지사: 제가 만난 여성들 중 많은 분들이 자녀 양육 때문에 일을 별로 하지 못하는 분들이었어요. 몇몇 분들은 직업을 구하기 전에 한동안 학교를 다시 다니기로 결정한 경우도 있었고, 어떤 분들은 구청의 직업상담사와 만나서 무슨 일을 하고 싶은지 알아보는 경우도 있었고, 또 다른 분들은 Najuah 씨가 이야기하는 것과 거의 비슷한 생각과 인맥을 가지고 있는 경우도 있었습니다[GI].

사회복지사: Najuah 씨가 어떤 직업에 대해서 알아본다고 생각했

을 때, 이 일에 대해서 (이웃에게) 물어보는 것이 얼마나 중요하다고 생각하세요? "전혀 중요하지 않다."는 0점, "매우 중요하다."는 10점이라고 한다면, 0점에서 10점까지의 점수 중에서 몇 점에 해당할까요[OQ]?

클라이언트: 글쎄요, 한 8점 정도라고 생각해요. 내가 해야만 하는 상황이 되면 나 혼자서도 아이들을 돌볼 수 있을지 확인하고 싶어요.

사회복지사: 그러니까 이웃의 가게에서 일할 수 있을지 그 가능성에 대해 적어도 확인을 해 보는 것은 매우 중요하다고 생각하시는군요[SR].

클라이언트: 예. 이웃집은 정말 좋으신 분들이고, 그 집 부인은 항상 아이들에 대해 묻곤 해요. 아마 그 분들을 위해 일할 수 있을 것 같아요.

사회복지사: 이것을 그렇게 중요하게 생각하시는 이유는 무엇인가요? 예컨대 5점이 아니고 왜 8점이라고 생각하시는지요[OQ]?

클라이언트: 전 이것을 원하지는 않지만, 돈을 얼마간 벌기 시작해야 할지도 모른다는 걸 알기 때문이죠. 남편이 집으로 돌아온다 해도, 무엇인가 제가 기여를 하고 싶어요. 전에도 이 문제에 대해 생각해 본 적이 있어요. 단지 제가 일을 하러 나가는 것이 남편에게 제가 가장으로서의 능력을 의심한다고 생각하게 하고 싶지 않을 뿐이에요. 남편이 심하게 질투를 하거든요.

사회복지사: 그러니까, 일을 하는 것이 남편 분을 화나게 할 수도

있는 일임에도 이전에 생각해 보신 적이 있는 거군요[CR]. 이 일에 대해서 이웃에게 말해 보겠다고 결정했을 때, 그렇게 할 수 있을 것 같은 자신감은 아까와 똑같이 0점에서 10점 중 어느 정도인가요[OQ]?

클라이언트: 흠…. 이웃집 남자에게 말하는 건, 아마 6점 혹은 7점 정도요. 이웃에게 그것에 대해 물어보는 것이 긴장되거든요.

사회복지사: 이웃에게 물어보는 것에 대해 조금 긴장을 느끼지만, 약간 자신감도 있네요[SR]. 4~5점 대신 6~7점 정도의 자신감을 갖게 되는 것은 무엇 때문인가요[OQ]?

클라이언트: 글쎄요, 전 이 가족을 잘 알고 있고, 그들이 저를 좋아한다고 생각해요. 또 제가 그런 종류의 일을 이전에 해 본 적도 있고요. 단지 그들이 일손을 필요로 하는지를 잘 모를 뿐이죠. 만약 아니라고 말하면 어쩌지요? 그러면 제가 무얼 할 수 있을까요?

사회복지사: 결과가 어떻게 될지 예측할 수 없는데 얘기를 하자니 힘드시죠[MIA]. 이웃들에게 말할 수 있는 자신감이 더 높아져서 8점 정도로 점수를 올리려면 무엇이 도움이 될 것 같으세요[OQ]?

클라이언트: 이번 주에 사회복지사를 만나거든요. 사회복지사가 남편이 당분간 집을 나간다면 도움이 될 거라고 전에 말했었고, 이번에 그 부분에 대해서 남편한테 물어볼 거라는 것도 알아요. 바라건대, 남편이 오랫동안 나가 있지 않아도 되었으면 좋겠지만, 만약 그렇게 되면 제가 뭔가를 하도록 만들 거예요. 직업을 구한다든가 하는 것이요.

사회복지사: 남편이 실제로 집을 나가야 한다고 결정하면 일을 구해야겠다는 자신감도 더 높아지고 결심도 더 확고해질 것 같다는 말씀이네요[CR].

클라이언트: 예. 그러면 제가 하겠지요, 해야 할 테니까요. 지금 우리가 있는 아파트를 유지하면서 남편의 아파트를 또 하나 구해야 할 텐데, 그럴 여유가 없어서 정말 힘들 거예요. 남편은 우리의 일에 대해서 아무에게도 알리고 싶어 하지 않기 때문에 절대 친구 집으로 가지는 않을 거예요.

사회복지사: 그러면, 지금까지 저와 나누신 모든 이야기를 제가 잘 이해했는지 한번 확인해 봅시다. 지난 몇 주 동안 Najuah 씨 삶에서 많은 일들이 일어났습니다. 지금으로선 남편이 적어도 일정 기간 동안 집을 나가 지내게 되면 일이 어떻게 될지 걱정하고 있고요. 아동보호국 사회복지사가 왜 남편한테 그렇게 하도록 제안했는지 이유도 이해 못하겠고, Najuah 씨 생각에 남편은 아이들을 사랑하며 가족을 부양하는 좋은 남자인데 말이죠. 동시에 남편이 스트레스를 받아서 완전 딴사람처럼 딸들을 대하는 것도 보았고, 어떤 때는 남편이 화를 낼까 봐 걱정할 때도 있었습니다. 아이들이 필요로 하는 것을 제공해 주기 위해서 뭔가 일을 찾아야 할 필요가 있다고 생각하셨고요. 또 자신이 돈 계산을 잘한다는 사실을 알고, 이웃집의 가게 일을 도와줄 수 있는 가능성을 염두에 두고 이웃에게 일자리를 줄 수 있는지 물어볼 생각도 했습니다. 이웃에게 물어보는 것에 대해 긴장하고 있는데, 남편이 만약 진짜로 집을 나가게 된다면 틀림없이 그들에게 일을 달라고 할 것이라

는 느낌이 들고 있습니다[SR]. 제가 혹시 빠뜨린 것이 있나요 [CQ]?

클라이언트: 아니오. 그게 다입니다.

사회복지사: Najuah 씨가 괜찮으시다면, 이제부터 다음 몇 분 동안 Najuah 씨의 안전에 대해 점검해 볼까 합니다. 지난주 우리가 얘기했던 것과 같이 말입니다[MIA]. …. 이렇게 하는 것은 괜찮으시겠어요? [MIA-허락 구하기].

논 의

자기효능감을 지지하는 것은, 꼭 배우자 폭력 생존자들이 아니더라도 많은 클라이언트에게 매우 중요하다. 예를 들어, 앞 장에서 중증정신질환을 가진 클라이언트는 면접이 끝날 무렵에 사회복지사에게 자신은 가망이 없느냐고 물었다. 이 장의 예시에서 클라이언트인 Najuah는 자기 삶을 변화시키고자 하는 마음과 그렇게 할 수 있을지 자신없어 하는 마음 사이를 오락가락 하였다. 사회복지사에게 변화대화를 제의했다가도 바로 이에 반대되는 유지대화, 즉 직업을 가질 수 없는 이유 혹은 삶에서 앞으로 나아갈 수 없는 이유를 제시하였다. 그녀의 자기효능감은 낮았고, 사회복지사는 언쟁을 하거나 변화에 필요한 것을 이미 갖추고 있다고 그녀를 설득시키려고 하지도 않았다. 또한 사실을 이끌어 내려는 폐쇄형 질문을 하지 않음으로써 클라이언트가 자신의 양가감정을 해결하도록 돕고 건강한 변화를 향해 나아갈 수 있도록 하는 회기의 목적에서 벗어나지

않았다. 예를 들어, 사회복지사는 "당신의 남편이 언제 나가야 하는지 아동보호국 사회복지사가 시간을 정해 놓았습니까?"라고 물을 수 있었다. 이러한 질문은 뒤에, 행동-계획하기 단계에서는 필요할지 모르지만, 현 시점에서는 사실상 회기의 진행을 방해할 수 있다. 대신에, 사회복지사는 Najuah가 그녀 자신의 강점과 능력에 관해 집중하도록 이끌어 주는 전략적 질문에 초점을 두었고, 그녀의 관심사항이 전적으로 무시당하지 않도록 긍정적인 변화대화를 반영하였다.

사회복지사는 그 관계가 폭력적이고, 그녀가 남편 없이도 잘 지낼 수 있으리라는 것을 Najuah에게 납득시키려고 애쓰지 않음으로써 Najuah의 자율성을 지지하였다. 오로지 Najuah만이, 특히 그녀 자신의 가치와 문화의 배경을 통해 이러한 결정을 할 수 있다. 사회복지사는 또한 면접회기를 통해 클라이언트의 진술을 반영하는 것(반영하기)과 클라이언트의 강점을 강조(인정하기)하는 데에 시간을 들여가며 존중하는 의사소통을 하였다. 간단한 것이라도 가볍게 여겨지면 안 된다. 배우자 폭력 생존자들은 그들의 일상생활에서 경청과 존중을 느낄 수 있는 기회가 거의 없다. 이러한 인정하기의 기본적 단계는 외적으로 자아존중감을 더 높이는 발판을 제공할 수 있으며, 나아가 클라이언트의 자기효능감을 지지하게 된다.

면접이 진행됨에 따라, Najuah는 구직에 초점을 두는 것을 선택하게 된다. 정말로 오직 그녀만이, 구직을 하는 것이 현재 그녀에게 있어 최선의 선택인지 아닌지에 대해 결정할 수 있다. Rollnick 과 동료들(2009)은 사회복지사가 "평형equipoise"과 같은 자세를 취한 것이라고 칭한다. 그것은 클라이언트가 하고자 하는 방향대로 진행되도록 사회복지사가 특별한 열망을 갖지 않았을 때 그 결과로 나타난다. 사회복지사의 과업은 선택대안을 자세히 살필 수 있도록 Najuah를 돕는 것과 계획을 가지고 그녀를 지원하는 것이었다. 대부분의 배우자 폭력 분야의 사회복지사들은 클라이언트가 폭력 관계에서 결국 스스로를 구제할 것이라는 포부를 가지고 일을 한다. 그러나 이 영역에서 일을 할 때 이러한 열망이 우리에게 영향을 미치도록 놔두지 말아야 한다는 것을 명심해야 한다. 그 결정은 여전히 궁극적으로 클라이언트에게 달려 있다(Motivational Interviewing and Intimate Partner Violence Workgroup, 2010). 추가적으로, 만약 우리가 단지 이슈의 한 가지 면—클라이언트가 그 관계를 떠나는 것에서 얻어지는 이득—에만 초점을 둔다면, 이전에 언급되었던 것처럼 우리는 교정반사의 덫에 빠지는 것이다. 그리고 위험을 끄집어내는 것은 클라이언트로부터의 저항을 더 많이 촉진시키는 일이다.

Najuah와 같은 클라이언트는 사회복지사에게 압박감을 줄 수 있다. 이는 여러 가지 다루어야 할 중요한 이슈가 중첩되어 있고 클라이언트가 완전히 압도되어 어떻게 나아가야 할지 모를 때 종종 접할 수 있는 사례이다. 때때로 클라이언트는 사회복지사가 자신에게 무엇을 해야 하는지 말해 주기를 원한다. 이 예화에서 사회복지사는 의제설정을 통하여 Najuah가 말하고 싶어 하는 영역으로 안내했다. 또한 다양한 영역으로 세분화된 선택목록을 제시함으로써 Najuah로 하여금 집중하고 싶은 상담영역을 본인이 선택하게 하여 통제감을 주었다. Najuah의 요청에 따라, 사회복지사는 다른 클라이언트의 경우 고용 욕구를 어떻게 다루었는가에 대한 선택 메뉴를 제공함으로써 다시 한 번 그녀의 자율성과 무엇이 자신에게 최

선인지를 아는 그녀의 지혜를 지지해 주었다. Najuah에게 이번 회기에서 논의된 변화의 영역에서 우선순위를 매기도록 한 것은 또한 그녀의 압박감의 정도를 덜게 하고, 변화과정에서 처리할 수 있는 부분별로 나누는 것을 도우려 함이었다. 이러한 방식으로, MI는 미래에 해결할 문제에 효과적으로 접근하는 방법을 클라이언트에게 제공한다. 준비도 척도The Readiness Ruler를 사용함으로써, Najuah는 그녀에게 있어 매우 중요한 목표, 즉 직업에 대해 이웃과 이야기하는 것을 나타낼 수 있다. 그리고 그녀는 이것을 행하기 위한 자신의 능력에 대해 약간의 자신감이 있었다. 그녀가 이전보다 자신감을 더 많이 갖도록 하는 것이 무엇인지 물었을 때, 그녀는 상황에 대한 긴급성이 직업에 대해 물어보려는 결심을 더 강하게 한다고 말했다.

맺음말

우리가 만나는 클라이언트의 상당수가 변화에 대한 자신의 능력 중 자기효능감이나 자기신념에 관련해서 도전을 경험한다. 변화창출에 대한 양가감정과 낮은 자신감은 스스로 변화하고자 하는 것과 사회복지사인 우리가 무엇을 해야 할지 이야기해 주기를 바라는 것 사이에서 갈팡질팡하게 만든다. 이때 사회복지사는 무엇을 해야 할지 클라이언트에게 알려 준다. 우리가 클라이언트에게 과거의 긍정적인 경험과/혹은 개인의 강점에 대해 우리에게 말해 주길 요청할 때, 자신이 능력이 있다는 것을 스스로에게 "설득하는 것"이 되는 것이다. 이러한 강점들을 그들에게 되돌려서 반영하는 것과 그때 그것들을 다시 요약해 주는 것은 자신에게 다른 시각을 이해하도록 해 주는 것뿐 아니라 스스로의 말에 귀를 기울이도록 도움을 준다. 마지막으로, 비록 파트타임 직업을 구하는 것이 배우자 폭력 상황에서 가장 중요한 것이라 할 수는 없어도, 이것이 "작은" 변화가 되어 다른 많은 변화들을 이끌 수 있다는 점을 기억하는 것이 중요하다. 자기효능감을 지지하는 MI 원리는, 매 맞는 여성을 위한 사회 운동에서 강조한 것과 같이 사회복지사가 역량을 강화하는 데에 더 많은 중점을 두게 한다(McDermott & Garofalo, 2004; Wahab, 2005b). 우리의 희망은 배우자 폭력 클라이언트와 함께하는 우리의 활동이 궁극적으로 그들 자신의 삶에서 가지는 결정 역량을 강화하는 것이고, 이러한 생활 안에 그 어떤 종류의 학대나 폭력도 존재하지 않게 되는 것이다.

Chapter 5

공감 표현하기

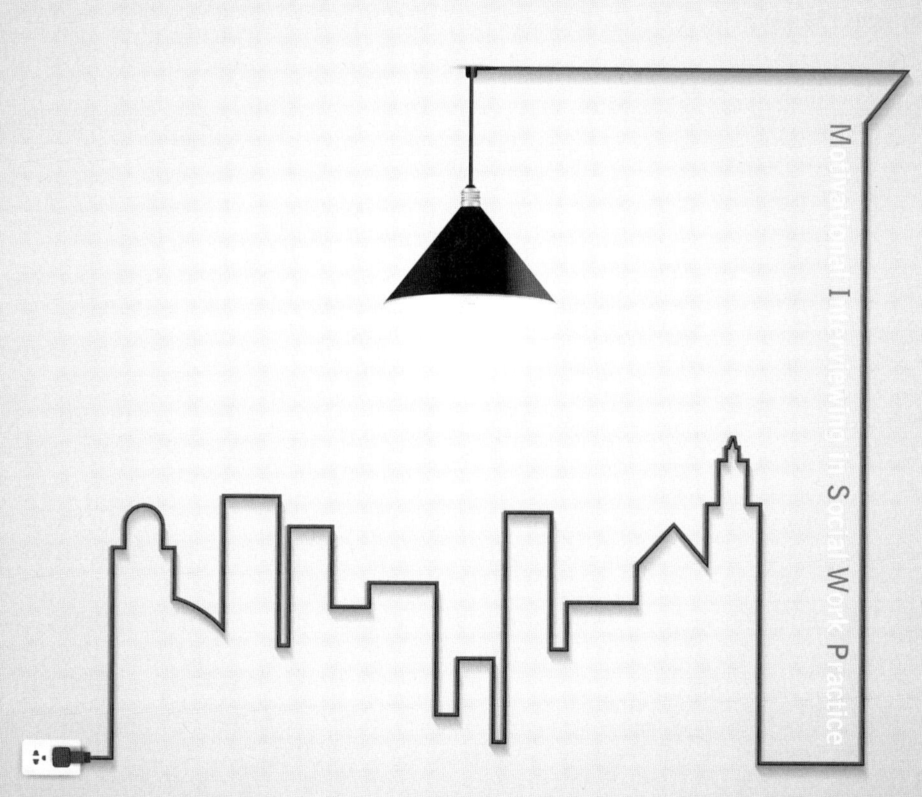

Chapter 5

공감 표현하기

Melinda Hohman

2장에서 배웠듯이, MI는 Bill Miller가 인턴 시절 알코올 중독자들과 일하기 시작했을 때 구체적으로 무엇을 어떻게 해야 하는지 모르는 상황에서 시작되었다. 그는 Carl Rogers의 제자로서, 클라이언트 중심의 '반영적 경청'을 어떻게 하는 것인지 잘 알고 있었는데, 그것이 당시에는 알코올 중독 치료에 그리 보편화된 접근은 아니었다. Miller는 환자들이 자신들의 문제나 관심사에 대해 상당히 개방적이며 비교적 대답을 잘해 준다는 것을 알게 되었다. 알코올 중독 치료를 받은 클라이언트 중 음주를 줄이는 데 성공한 사람들은 높은 수준의 공감력을 가진 치료자들과 함께한 사람들이었다(Moyers, 2004)는 연구결과는 그의 이러한 경험적 발견들을 확증하여 주었다.

지난 반세기 동안, 공감의 핵심 조건들, 무조건적 긍정적 관심(수용), 그리고 일치성(진정성, 진실성)을 강조한 Carl Rogers의 업적(1957)은 사회복지사와 치료자들에게 꾸준히 영향을 미치고 있

다. 실천가들은 이와 같은 인간적인 접근에 마음이 끌렸고, 지난 수십 년간의 연구결과는 Rogers의 이론모델의 영향력과 공감의 중요성을 뒷받침해 주고 있다(Kirschenbaum & Jourdan, 2005). 상담가나 사회복지사와 클라이언트 간의 치료적 관계의 효과에 관한 대규모 연구에서 공감, 치료적 동맹, 목표에 대한 합의라는 주된 요소가 클라이언트와 실천가의 관계에 가장 강력한 영향을 끼치는 것으로 나타났다. 구체적으로 어떤 치료법을 사용하는가와 상관없이, 이러한 관계가 성공적인 결과를 도출하는 데 매우 중요하였다(Norcross, 2001). 이와 같은 결과를 통해, "공감 표현하기"가 MI의 핵심적인 원칙들 중의 하나가 된 이유를 쉽게 알 수 있다(Miller & Rollnick, 2002).

공감의 정의

'공감'은 무엇을 말하는가? 그것을 정의하는 데 있어서 가장 좋은 자료의 원천은 Rogers 자신의 정의일 것이다. 그는 공감에 대해 이렇게 말하였다. "상대방의 내적인 준거틀과 그것에 관계된 감정적 요소나 의미들을 마치 상대방이 된 것처럼 정확하게 인식하되, '내가 그의 입장이라면'이라는 상황인 것을 잊어버리면 안 된다. 다시 말하면, 공감이란 상대방이 느끼는 기쁨과 슬픔을 똑같이 느끼고, 그 이유에 대해서도 같은 인식을 가지려고 노력하지만, '내가 기뻤다면 혹은 슬펐다면'이라는 가상적 상황임을 인식하고 잊지 않는 것이다"(Rogers, 1959, pp. 210-211). 결론적으로 공감이란 클라이언트가 바라보는 것과 같이 세상을 이해하고 문제를 바라보지만, 결코 동일시하거나 그 문제를 떠맡아 안는 것은 아니라는 것이다.

공감은 동정sympathy과 구별되어야 하는데, 동정은 상대방의 문제나 슬픔에 대해 우려나 연민을 표현하는 것이다(Clark, 2010b). 동정은 "이런 일이 일어나다니 정말 유감스럽습니다." 또는 "불쌍한 것, 세상이 무너진 것 같겠구나."와 같이 표현할 수 있다. MI를 가르치거나 훈련할 때 보면, 훈련생들이 때로 이 두 가지 개념을 혼동하고 있으며, 상대방의 세계에 들어가 그가 말하는 것을 잘 들으면 그것이 수용이나 동정의 마음을 전달하는 것이라고 생각하고 있음을 알게 된다. MI 훈련을 받는 한 보호관찰관이 동료에게 "나는 희생자하고만 공감해!"라고 말하는 것처럼 말이다. 공감은 클라이언트의 관점에서 관심이나 문제를 이해하는 것이다. 우리는 클라이언트를 인간으로서 수용하고 그들과 공감할 수는 있지만, 그것이 어떤 특정 행위들을 인정하거나 받아들이는 것을 의미하지는 않는다(Miller & Rollnick, 2002).

공감에 대한 다른 정의들은 공감의 표현에 있어서 관계적, 상호작용적 측면을 설명하고 있다.

> 클라이언트의 내적 준거틀에 대한 실천가의 정확한 인식과 이를 바탕으로 그 사람에 대해 이해한 것을 전달하는 것(Clark, 2010a, p. 348)

> 클라이언트의 말과 감정, 그리고 그 안에 내재되어 있는 의미까지 이해하면서, 현재 함께하고 있다는 느낌을 전달할 수 있는 능

숙하고도 사려 깊은 능력(Feldstein & Forcehimes, 2007, p. 738)

다른 사람의 삶의 경험을 받아들여서, 자신의 삶의 경험을 통하여 정리한 후, 그 사람이 살아오면서 경험했고 또 지금 경험하고 있는 것을 이해, 수용, 경청하고 있음을 전달해 주는 개인적 반응을 외적으로 나타내는 것(V. Keller, 개인적 대화, 2010년 9월)

위의 정의들을 보면, 공감이라는 것이 클라이언트가 이야기하고 있는 것을 이해하는 과정뿐만 아니라 이해했다는 것을 다시 전달해 주는 것까지 포함하고 있음을 알 수 있다. Barrett-Lennard(1981, p. 94)는 이러한 과정을 "공감 사이클"이라고 부른다.

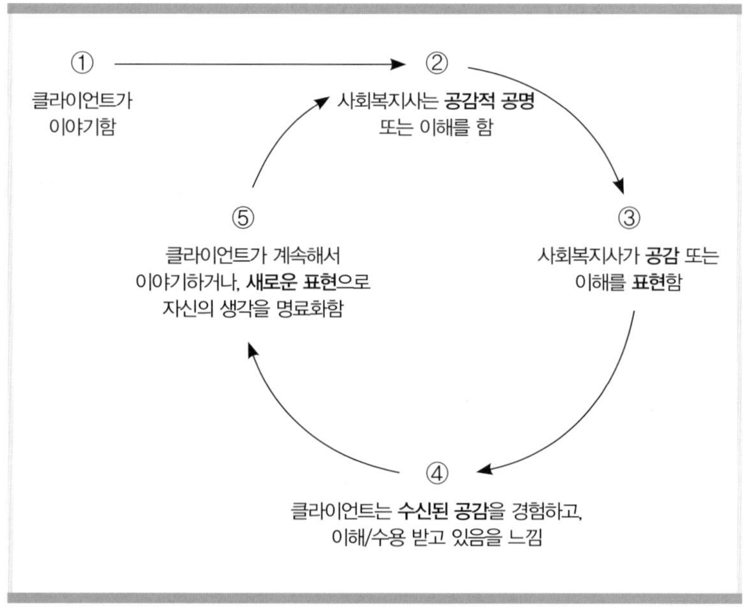

[그림 5-1] 공감 사이클(Barrett-Lennard, 1981)

[그림 5-1]을 보면, 공감 사이클에서 클라이언트가 먼저 자신의 생각과 느낌을 표현한다(1단계). 사회복지사로서 우리는 클라이언트의 이야기를 귀 기울여 들으면서, 그가 전달하고자 하는 유언과 무언의 메시지를 이해하려고 노력한다(2단계: "공감적 공명"). 그런 다음 클라이언트가 무엇을 경험하고 또 생각하고 있는지를 이해하고 있다는 진술을 통해서 공감을 표현한다(3단계: "표현된 공감"). 클라이언트가 우리의 공감을 "수신"하고, 자신의 이야기를 이해하고 경청하고 있음을 느끼면서(4단계: "수신된 공감"), 이야기를 계속하려고 하고(5단계: "새로운 표현과 공명"), 이것은 다시 1단계로 가게 된다. 공감의 표현은 클라이언트로 하여금 그의 관심과 생각을 계속 이야기하게 북돋아 준다. 그 결과, 사회복지사는 클라이언트의 관점이라는 것이 어떤 것인지 알게 되고 그런 과정 속에서 클라이언트 또한 자신들이 생각하고 있는 바를 들을 수 있게 되며, 때로는 처음으로 자신들의 내면에서 일어나고 있는 논쟁의 소리를 듣게 된다. 누군가가 자신에게만 집중하고, 비판단적이며 수용적인 태도로 경청하고 있다는 것은 어떤 이에게는 전혀 새로운 경험이며, 한 인간으로서 존중받는 느낌을 받은 클라이언트들은, 이제는 불편한 주제에 관해서도 마음을 열고 이야기할 수 있게 된다(Myers, 2000; Rogers, 1957).

과정으로서의 공감

1단계: 클라이언트가 이야기함

'공감 사이클'(Barrett-Lennard, 1981)은 공감이 표현되는 과정을 알아보는 데 도움이 된다. 관계적인 상황에서 공감이 표현되려면 어떤 구성요소들이 필요할까? 앞 장에서 살펴보았듯이, MI의 정신은 우리가 클라이언트와 일을 할 때 어떻게 접근할 것인지를 알려 준다. 우리가 경청에 초점을 두고 존중, 호기심, 관심을 나타내면, 공감 사이클을 시작할 기초 작업은 한 셈이다. 사회복지학부 학생 시절, 사회복지실천기술론 수업시간에 "주의집중기술"에 대해 배웠기 때문에 우리는 몸짓 언어, 적절한 눈맞춤, 개방적인 자세 등에 친숙하다(Hepworth, Rooney, Rooney, & Strom-Gottfried, 2010). 이러한 것들이 클라이언트가 이야기하는 1단계에서 필요한 기술들이다. 클라이언트에게 우리의 모든 관심과 집중을 충분히 받고 있는 느낌이 들도록 분위기를 조성하는 것이다. 그런데 이런 분위기를 만들기가 유난히 어려운 면접이 있는데, 예컨대 클라이언트의 집에서 면접을 할 때 TV 소리가 시끄럽거나 전화벨이 울릴 때이다(Kirst-Ashman & Hull, 2009). 교도소나 생활시설, 또는 여러 명이 함께 쓰는 사무실에서 클라이언트와 면접을 해야 하는 경우도 주의가 분산된다. 사회복지사들은 이러한 산만함을 뛰어넘는 것에 능숙하다. 클라이언트는 자신에게 관심이 온전히 집중되었다고 느끼면 느낄수록 더욱 사적이고도 중요한 이야기를 하게 되는 경향이 있다

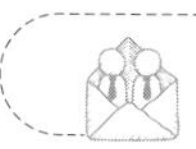

(Moyers, Miller, & Hendrickson, 2005). 가벼운 대화로 시작한 다음, 보편적인 개방형 질문을 하는 것이 클라이언트를 이야기 속으로 초대하는 효과적인 방법이다.

2단계: 공감적 공명

클라이언트가 이야기할 때에는 아주 직접적으로 자신들의 메시지를 전달할 때도 있고, 때로는 모호하거나 불분명하게, 또 어떨 때는 자신이 원하는 것을 표현하지 않을 때도 있다(Miller & Rollnick, 2002). 그렇기 때문에 우리는 클라이언트가 이야기를 하고 나면, 그들이 이야기하고자 하는 바가 정확하게 무엇인지 알아내려고 노력한다. 클라이언트의 관점을 이해하는 것을 목표로 실제로 전달하려는 메시지가 무엇인지 추측해야 할 때도 있다. 이 모든 것은 우리의 경험과 지식의 필터를 통해 여과되지만, 그럼에도 불구하고 우리는 자신의 가치, 기대, 반응 등을 제쳐 두려고 노력한다.

사회복지학부 젊은 여학생이 물질남용 치료 프로그램에서 실습을 시작한 첫날, 한 클라이언트가 다가와 그녀에게 회복 중에 있는 사람인지를 물었다고 한다. 아니라고 대답하자, 그 클라이언트는 "나는 회복 중에 있는 사람이 아니면 아무 이야기도 듣지 않을 겁니다."라고 이야기하였다. 실습생은 본능적으로 자신을 변호해야 할 필요성을 느끼고 자신의 교육, 배경 등에 관해 설명하기 시작했다. 그녀는 자신이 원하는 대로 이 상황을 잘 다루지 못했음을 알았다. 클라이언트가 했던 말을 함께 검토해 보면서, MI 관점에 입각하여 나는 그 여학생에게 이 특정 클라이언트나 이 기관의 주된 클라

이언트 대상층에 대해 혹시라도 아는 것이 있는지를 물었다. 그녀가 알고 있기로는, 대부분 노숙자이거나 교도소에서 의뢰되어 프로그램에 참여하게 된 사람들이며, 그중 많은 사람들이 육체적, 성적 학대 경험으로 인한 외상을 가지고 있고, 대부분 심각하고 만성적인 약물중독의 병력을 가지고 있다고 했다. 낯선 사람, 특히 젊은 중산층으로 교육을 잘 받은 사람들을 만나면, 적어도 약물 회복단계에 있다는 것이 대화 시작의 공통점을 제공해 주었을 것이다. 낯선 사람을 믿지 않는 것은 길거리나 교도소에서 익힌 좋은 대처기술로 볼 수 있다. 이런 부분들에 대해 논의하면서, 그 여학생은 공감적 공명을 느끼기 시작했다. 즉, 클라이언트의 입장이 되어 생각할 수 있게 된 것이다. 클라이언트의 진술에 대한 맥락을 알게 되자, 그가 했던 말들이 이해가 되었다. 상호작용의 표현양상은 클라이언트의 세계관과 여학생의 경험에 의해 결정되는 것이다. MI를 활용할 때 우리는 이러한 세계관을 이해하고자 하는 것이지, 클라이언트가 우리 자신과 우리의 반응을 이해하게끔 하려는 것이 아니다.

3단계: 표현된 공감

공감을 표현하는 데 있어 기본이 되는 중요한 기술은 반영적 경청인데, Miller와 Rollnick은 이것이 MI 기술 중에서 가장 "어려운" 것이라고 하였다(2002, p. 67). 우리는 클라이언트가 말한 것을 반복하거나 바꾸어 말할 수 있는데, 이것이 단순 반영이다. 이런 기술은 대화 초반에 클라이언트로 하여금 그들의 이야기나 견해들을 확장시켜 계속 말하도록 하는 데 도움이 된다. 일반적으로 반영은 '선생님께서는(혹은 당신은)'이라는 단어로부터 시작되는데(Miller & Rollnick, 2002), 실천가들이 점점 숙련되어 갈수록 이 부분을 생략하기도 한다. 반영은 언제나 질문의 형태가 아닌 진술문으로 해야 한다. 질문은 클라이언트를 곤란하게 만들어서 대화에 바리케이트를 치는 격이 될 수 있기 때문이다(Rosengren, 2009). 2단계에서 예로 들었던 약물남용 클라이언트의 경우, 그가 했던 말을 다시 바꾸어 말하면, "선생님께서는 회복을 경험해 본 사람들의 이야기만 들으시겠다는 거군요."라고 할 수 있다.

클라이언트와 상호작용하는 과정에서, MI에서는 클라이언트가 말한 것 이상으로 나아가거나 더 깊은 의미를 제공하는, 보다 심층적인 반영을 위해 노력하게 된다. 이것을 **복합 반영**이라고 부른다. 클라이언트가 이야기하려고 하는 의미를 유추하거나, 그 안에 숨어 있는 감정을 반영하거나, 클라이언트가 그다음에 말할 것으로 생각되는 것을 예측하고 이야기함으로써 "단락을 이어 나가기"도 하는 것이다(Miller & Rollnick, 2002, p. 70). 통상적으로, 우리가 클라이언트의 말을 잘 따라가고 있었다면, 우리의 추측이 크게 벗어나지는 않는다. 그리고 그럴 경우에도, 클라이언트는 우리의 말을 정정해 주고 다시 이야기를 계속해 나갈 것이다. 반영적 경청은, 클라이언트가 이야기한 것 이상의 것을 추측하는 것으로 일종의 가설 검증과 비슷하다고 생각할 수 있다. 이 밖에 클라이언트가 느끼는 양가감정을 잘 정리하도록 원조하기 위해 **양면 반영**의 기술을 사용할 수도 있다. 즉, "선생님께서는 교도소 생활을 통해 낯선 사람들과 이야기하면 안 되는 것을 배웠지만, 상담가들과 함께 이야기하는 것은 회복에 도움을 주리라고 생각하고 계시죠."라고 말하는 것이다. 요약하기

는 클라이언트의 여러 가지 이야기들을 "종합하여 모으는" 기술로서, 조금 긴 반영이다(Miller & Rollnick, 2002). 요약하기는 클라이언트로 하여금 우리가 그들의 말에 주의를 집중하면서 신중하게 들었음을 알게 하고, 그들 자신의 생각을 정리하는 데도 도움을 준다.

MI를 배우고 있는 학생이나 훈련생 중에는 가설검증이라는 것이 자신이 하고 싶은 말을 클라이언트가 하게끔 만드는 효과를 낼까 봐 우려를 나타내기도 한다. 그것보다는 오히려 "선생님 말씀을 듣고 제가 이해한 바로는…" "제가 생각하기에는…" "제가 보기에는 …" 등의 말을 함으로써, 반영을 좀 완화시키는 것이 낫지 않을까 묻곤 하는데, 그렇게 함으로써 사회복지사들이 이야기를 잘못 이해한 경우 클라이언트가 고쳐 줄 여지를 마련해 줄 수 있기 때문이다. 어떤 훈련생들은 특히 복합 반영을 연습할 때, 이런 종류의 완화가 없는 반영을 사용하는 것을 불편하게 여기기도 한다. 하지만 MI 훈련가들은 훈련생들에게, 위험을 감수하고서라도 "제가…"라는 말을 빼고, "선생님께서는…"으로 문장을 시작하도록 권한다(Rosengren, 2009). 그렇게 함으로써, 클라이언트에게 더 초점을 두게 되고 공감적 공명을 하게 되며 공감의 표현을 더 확실하게 할 수 있기 때문이다.

모든 종류의 반영기술이 클라이언트로 하여금 이야기를 계속하게 하고 공감 사이클에 참여하게 만들지만, 단순 반영보다 복합 반영이 더 좋은 이유는 대화를 앞으로 끌고 나갈 수 있기 때문이다(Tollison et al., 2008). 선행연구들에 의하면, MI와 일치하는 행동을 했을 때 클라이언트는 치료자와 관계를 맺고 협력하려 하고 좀 더 많은 정보들을 드러내려고 하는 반면(Catley et al., 2006; Miller,

Benefield, & Tonigan, 1993; Moyers et al., 2005), 충고, 지시, 경고 등 MI와 불일치하는 행동들은 클라이언트로 하여금 대화에 참여하는 것을 방해하고 논쟁을 불러일으키는 것으로 나타났다(Apodaca & Longabaugh, 2009; Miller et al., 1993). 또한 치료자의 반영적 경청 및 다른 MI 기술의 사용 정도는 클라이언트의 변화대화 정도를 예측하며 궁극적으로 긍정적인 산물과 연결되는 것으로 밝혀졌다(Amrhein et al., 2003; Moyers et al., 2007).

반영적 경청을 하는 데 있어서 어려운 점은, 클라이언트가 하는 많은 이야기 중 어느 부분에서 반영을 해야 할 것인가이며, 또 어떤 종류의 반영기술(단순 반영, 복합 반영, 양면 반영, 요약 등)을 사용하는 것이 가장 전략적인가를 결정하는 일이다. 이것이 MI의 방향지시적 directive 측면으로서, 우리는 원하는 방향으로 클라이언트의 변화대화를 이끌어 내고자 하는 것이다. 위의 예를 보면, 훈련생의 일차적 목표는 클라이언트의 저항을 줄여서 치료 관계 안에 그를 끌어들이는 것이다. 일단 클라이언트가 참여하게 되면, 훈련생은 클라이언트가 염두에 두고 있는 공동작업의 목표에 대해서 의논하는 기법을 활용할 수 있을 것이다. 이것은 상담이 나아갈 방향을 제시해 준다. 어떤 반영을 어떤 방법으로 하느냐는 경험과 더불어 클라이언트로부터 오는 피드백을 통해 자연스럽게 알게 되며, 그것을 통해 다음 단계로 나아가게 된다.

4단계: 수신된 공감

우리가 친구나 가족들과 중요한 문제에 관해서 이야기할 때에,

상대방이 내가 말하려고 의도하는 것을 정확하게 알아차리는 경우가 있다. 그들은 아마도 자신이 알지 못하는 사이에 반영적 진술을 사용했을 것이다. 상대방이 자신을 이해하고 있음을 느끼는 것은 상당히 기분 좋은 일이며, 그것은 그 문제에 대해 더 자세한 이야기를 하게 되는 계기가 되기도 한다. MI 정신을 비유적으로 표현한 말들이 있는데 그중의 하나가 클라이언트와 함께 씨름을 할 것이냐 춤을 출 것이냐의 문제이다. 훈련생들이 MI 워크숍에서 이와 같은 이야기를 들으면, 고개를 끄덕이며 이해한다. 우리 대부분이 클라이언트와 이 둘 중의 하나를 하고 있기 때문이다. 수신된 공감은 춤을 추게 할 수 있다. 춤을 춘다는 것은 서로 간에 관계가 이루어졌음을 아는 것이고, 파트너가 우리와 같이 발을 맞추어 움직인다는 것을 의미한다. 자기결정이론에 따르면, 모든 인간은 관계를 맺으려는 욕구를 가지고 있다고 한다. 반영적 경청을 통한 공감은, 아무리 대하기 어려운 클라이언트라 할지라도 상당히 빠른 시간 안에 함께 춤을 출 수 있게 하는데, 그것은 그들이 자신의 이야기가 신중하게 경청되고 있음을 느끼고 인간적인 관계를 경험하기 때문이다.

5단계: 새로운 표현

클라이언트가 치료자와의 관계가 이루어졌다고 느끼면, 점점 더 자신의 관심사에 대해 이야기하려 한다(Catley et al., 2006; Miller et al., 1993). 판단하거나 충고하지 않고 들어 주는 것은 클라이언트의 저항을 줄이고, 그들이 변화의 가능성을 생각할 기회를 제공한다. 5단계에서 클라이언트는 대화를 계속해 가고, 우리가 반영적 경청의 진술, 특히 복합 반영을 사용하면서 사이클은 계속된다.

공감이 어려울 때의 대처

공감 사이클에서 벗어나게 되는 일이 종종 있는데, 이는 두 가지 이유 중 하나 때문일 경우가 많다. 하나는, 의사소통의 기본 방식이 질문에 의존하기 때문인데, 우리가 질문을 연속적으로 던짐으로써 질문-대답 패턴 함정에 빠지게 되는 경우이다. Miller와 Rollnick(2002)은 질문이 가장 기본이 되는 기술이며 가장 쉬운 것이라고 했다. 또한 질문은 대화를 통제할 수 있게 하고, 정보를 쉽게 얻을 수 있게 한다. 사회복지사들은 종종 특정 정보를 수집해야 하는 역할을 수행할 때가 많다.

그에 비해 반영을 하는 것은 어렵다. 하지만 반영을 사용함으로써 좀 더 협력적인 파트너십을 만들 수 있다. 클라이언트는 대부분 어떤 특정한 질문을 통해서보다 좋은 반영에 대한 응답으로 더 많은 정보를 제공하곤 한다. 일단 관계가 형성되고 나면, 클라이언트들은 꼭 질문을 하지 않더라도 우리가 알아야 할 것들을 이야기해 주곤 한다.

공감 사이클을 벗어나게 되는 또 다른 이유는, 가치체계나 법적인 문제에 있어서 우리와 생각이나 행동을 달리하는 클라이언트의 이야기를 들어야 하는 것이 매우 힘들 때이다. 약물사용, 자녀 방임, 아내 구타, 범죄조직 가입, 싸움을 걸게 된 이유, 사회복지사에게 이야기하지 않아도 되는 이유 등을 정당화하려는 클라이언트의 이야

기에 반영적 응답을 해 주어야 할 때에는 심히 불편함을 느낄 수 있다. 이는 특히 아동보호서비스(CPS)나 교정 분야와 같이 사회통제적인 역할을 해야 하는 위치에 있는 사회복지사의 경우 더욱 그렇다. 이런 종류의 이야기를 반박하고자 할 때, 문제를 고치거나 바로잡으려고 하는 교정반사(Miller & Rollnick, 2002)의 일종이 작동하게 되어 클라이언트에게 교육, 경고, 충고, 심지어 협박까지 하게 되는 것이다. 이때 사회복지사가 우려하는 것은 만약 그 클라이언트를 "교정"해 주지 않는다면 자신의 임무를 방기하는 것이 아닌가 하는 점이다. 또한 클라이언트로 하여금 우리가 그들의 의견에 동의한다고 생각하게 할까 봐 하는 걱정도 있다. MI 실천가들은 이런 문제들로 인해 갈등을 겪고 있으며, **교정반사를** 억제하기 위해 노력한다. 어떤 실천가들은 충고나 협박으로는 행동을 바꾸기가 어렵고, 공감은 동의와 다르다는 것을 스스로에게 상기시키는 것과 같은 인지적 전략이 유용하다고 말한다.

교정반사를 억제할 수 있는 또 다른 기술은 Miller와 Rollnick(2002)의 **나란히 가기**coming alongside이다. MI에서는 많은 클라이언트가 변화를 시도하는 데 있어서 양가감정을 경험한다는 것을 인정한다. 클라이언트와 나란히 가기를 할 때에는, 변화의 부정적인 면을 반영하는데 이를 **유지대화**sustain talk라고도 한다. 이러한 접근을 취하는 이유는 이야기를 계속 진행시켜 나가고 저항을 줄여 보려는 의도에서이다(Rosengren, 2009). "선생님은 갱 조직에 속함으로써 소속감을 얻으려 하시는군요?"라고 유지대화에 대한 반영을 하는 것이 예가 될 수 있다. 클라이언트의 부정적인 내용의 이야기에 동의하는 것처럼 보일까 봐 걱정하는 실천가들에게 이것을 "나란히 가기"라는 저항을 줄이는 방법으로 재명명하는 것이 도움을 주리라 생각한다. 저항과 함께 구르는 것, 언제 경청하고 언제 유지대화를 반영할 것인지 아는 것에 대해서는 7장에서 더 자세히 살펴볼 것이다.

MI를 하면서 클라이언트에게 정보를 제공해 주거나 우리의 생각을 나누고 싶을 때도 있다. 클라이언트가 이미 알고 있는 것으로부터 이끌어 내고자 하는 것이 일반적이지만, 때로 그들이 가지고 있지 않은 정보를 필요로 할 때도 있기 때문이다. 이런 경우에 사용하는 기술은 **이끌어 내기-제공하기-이끌어 내기**(EPE)이다(Rollnick et al., 2008; Rosengren, 2009). 처음에는 어떤 주제에 대해 클라이언트가 기존에 알고 있는 것을 이끌어 낸다. 그런 다음 정보나 피드백을 제공하고, 다시 클라이언트의 생각이나 견해를 이끌어 내는 질문을 한다. 이 모든 것은 클라이언트를 존중하는 태도가 기반이 되어야 하며, 그들이 알고 있는 것을 존중하고 자율성을 지지해 주어야 한다. 주제에 달리 접근할 방법이 없을 때에는, Rosengren(2009)이 이야기한 것처럼 우리가 우려하는 바를 이야기할 수도 있다. EPE에서와 마찬가지로, 우리의 생각이나 우려를 이야기해도 될지에 대해 클라이언트에게 허락을 구하고, 이야기를 한 다음, 클라이언트의 생각을 묻는 것이다. 이 모든 것은 MI의 정신과 잘 부합되는 것이다.

아동보호서비스 분야에서의 MI

공감을 표현하기 어려운 경우 중의 하나가, 자기 아이들을 방임하는 부모들과 함께 일할 때인데, 특히 자신의 욕구를 아이들의 욕

구보다 더 중요시하는 부모들과 상담할 때다. 부모가 자신의 자녀를 돌보아야 하는 것은 보편적인 가치인 동시에 법적으로도 요구되는 일이다. 아이들이란 상처받기 쉬운 존재인데, 이러한 아이들을 고의적으로 방임하거나 학대하는 어른들과 만나고 또 그들의 이야기를 듣고 있는 것은 쉬운 일이 아니다.

상대적으로 주목을 덜 받아 온 '의료 방임medical neglect'은 전체 아동학대의 2.3%에 불과하지만(U. S. Department of Health and Human Services, 2005), 그 결과는 매우 심각할 수 있다. 의료 방임이란 "자녀가 심각한 질병에 대한 명확한 증상이 있음에도 부모가 주의를 기울이지 않거나, 의사의 처방을 받았음에도 불구하고 그 지시에 따르지 않았을 경우"를 말한다(Jenny et al., 2007, p. 1385). 그러한 행위는 다른 종류의 방임이나 아동 성장과 발달의 저해, 심지어 사망과도 관련성이 있는 것으로 나타났다(Dubowitz, 1999; Dubowitz et al., 2005). 부모가 적절한 보호를 제공하지 못함으로 인해서 아이들에게 심각한 의료적 문제가 생길 위험이 있을 경우, 학교 담당자나 사회복지사 또는 주치의가 아동보호서비스(CPS)에 보고를 하게 된다. 적절한 의료적 보호를 받지 못하게 되는 이유는 의료서비스를 받지 못하는 곳에 살거나, 가난하거나, 가족이 제 기능을 못하거나, 종교적인 이유 또는 부모의 지식이나 기술의 부족 때문이다(Jenny et al., 2007). 자녀에게 만성적이고 심각한 질병이 있다는 것은 어떤 가족에게나 스트레스가 되며, 가족이 다른 문제를 동시에 직면하고 있을 때에는 이 스트레스가 배가된다(Dubowitz, 2011). 아동보호서비스 분야에서 MI에 대한 연구는 제한적으로 이루어졌다. 대체로 부모를 약물남용 치료나 부모양육치료(부모-자녀 간 상호작용 치료; Carroll et al., 2001; Chaffin et al., 2009; Mullins, Suarez, Ondersma, & Page, 2004 참조)에 참여시키기 위한 MI의 활용에 국한되어 있다. 부모들은 대부분 자기들의 삶에 기관의 간섭을 받는 것을 거부하며 싫어하기 때문에(Forrester et al., 2007), MI를 활용하면 사회복지사와의 좋은 관계가 성립되고 치료적 서비스를 이용하도록 하는 것이 수월해진다(Hohman & Salsbury, 2009). MI는 부모들의 경험과 부모에게 부과되는 요구들에 대해 공감을 표현하도록 하기 때문이다.

의료 방임: 예시와 대화

29세의 백인여성인 Denise는 결혼하여 7세인 Paul과 5세인 Camden, 두 아이를 둔 엄마이다. 남편은 아프가니스탄에 파병된 지 8개월이 지났고, 가족들은 군사기지 밖에서 살고 있다. Camden은 4세 때 제1형 당뇨병type 1 diabetes 진단을 받았다. Camden은 올해부터 유치원에 다니기 시작했는데, 선생님도 그의 병을 알고 있다. 최근에는 유치원에 와서 방향감각이 없는 듯한 행동을 보이더니 기운이 없고 평소와는 다른 모습을 보였다. 저혈당이 의심되어 사무실로 데리고 갔는데 거기서 기절을 했다. 이러한 상황은 치명적일 수 있는 응급상황이므로 Camden은 바로 병원으로 이송되어 치료를 받았다. 한참 후에야 연락을 받은 Denise가 병원으로 왔는데, 그 사이 일어났던 일에 대해 짜증스러워하였다. 그녀는 이런 일이 벌어진 것은 Camden이 아침밥을 먹지 않아서 생긴 일이라

며 병원 사회복지사에게 Camden과 Camden의 질병관리를 감당하기가 너무 어렵다고 불평하였다. 또한 그녀는 Paul도 동생이 밥을 먹었는지를 챙기지 않은 잘못이 있다고 생각했다. Denise가 말하기를, 전에도 두 번 정도 이런 저혈당 증세가 있었는데 그럴 때에는 주스를 조금 마시게 해 주기만 하면 된다고 하였다. 그녀는 사태의 심각성을 전혀 모르고 있었으며, 5세, 7세 아이들에게 그 수준을 훨씬 넘는 성숙함을 기대하고 있고, 의료적 조치를 해야 할 책임감을 못 느끼고 있으므로, 사회복지사는 의료 방임으로 간주하고 아동보호서비스에 그녀의 상황을 보고하였다. 초기 조사가 끝난 뒤, Denise는 의료 방임 전문가인 사회복지사와 일하는 데 동의하였으므로 법적인 소송절차는 밟지 않기로 하였다. 이 예에서 Denise의 사례를 담당하게 된 아동보호서비스 사회복지사는 그녀를 처음으로 만나는 것이다.

다음에 제시된 대화는 클라이언트와 사회복지사 사이의 대화뿐 아니라, 면접 중에 사회복지사가 어떤 느낌을 받고 무슨 생각을 했는지 알 수 있는 사회복지사 교육용 자료인 과정기록의 축약된 형태이다. 대화 옆에 사회복지사 내면의 독백이 씌어 있다. 그것은 그가 클라이언트에게 어떻게 반응했고, 공감을 표현하기 위하여 스스로에게 어떤 인지적 메시지를 주었는지, Denise와의 대화에서 경험한 공감적 공명은 어떤 것이었는지에 관한 것이다.

- 정보 제공: GI giving information
- 단순 반영: SR simple reflection

- 복합 반영: CR complex reflection
- 개방형 질문: OQ open-ended question
- 폐쇄형 질문: CQ closed-ended question
- MI 정신 일치: MIA MI adherent
  - 인정하기 affirming
  - 허락 구하기 asking permission
  - 개인 통제력 강조하기 emphasizing personal control
  - 지지하기 support

〈대 화〉	〈사회복지사 내면의 독백〉
SW: 안녕하세요? 저는 어머님과 이번에 같이 일하게 된 ○○○입니다. 오늘 기분 좀 어떠세요[OQ]?	
CT: 예. 뭐 괜찮아요. 그 병원의 사회복지사도 아동보호서비스 사람들만큼이나 과잉반응을 보이는군요. 혈당이 떨어진 것은 내 아들 잘못이라니까요. 아침에 유치원 데려다 주었을 때만 해도 멀쩡했어요. 인슐린 주사도 맞았고요. 내가 아이 뒤를 계속 쫓아다닐 수는 없잖아요? 애가 아침밥을 알아서 먹었어야죠. 아이도 그래야 한다는 걸 스스로 잘 알고 있다고요.	아이구… 여전히 아이 탓을 하시는구나. 이 문제는 좀 접어 두고 우선 그녀가 하는 말에 초점을 맞춰 보자.
SW: Camden이 스스로 잘 챙겼다면 이렇게 힘들게 오시지 않으셔도 되었을 텐데요[CR].	

CT: 그래요. 그 아이는 주사를 맞고 나면 탄수화물을 꼭 섭취해야 한다는 것도 알고 있어요. 그리고 전 일곱 살짜리 아이가 또 있어요. Cam만 계속 보고 있을 수가 없다고요. Cam에게 꼭 지켜야 할 것들을 몇 번이나 설명했어요. 아침마다 두 아이 학교 보내는 건 보통 일이 아니에요. 그 와중에 주사까지 맞추고, Paul 숙제검사까지 해야 돼요. 동생이 밥을 먹었는지 확인하는 것은 Paul의 몫이었지요. 이제는 제가 전부 다 도맡아서 하고 있으니 걱정 마세요.

혼자 해야 할 일들이 많구나… 내가 그걸 이해하고 있다는 것을 알려 주자.
나란히 가야지, 그녀의 기대가 비현실적이긴 하지만…

SW: 아침마다 정신없고 정말 힘드시겠어요. 그런 일들을 혼자 다 하셔야 되니. 아이들이 좀 자기 일을 알아서 해 주면 도움이 될 텐데. 그죠? 응급실에 간 이후로는 Cam 당뇨관리까지 하시랴 정말 힘드시겠어요[CR].

CT: 맞아요. 남편은 가서 당분간 돌아오지 않을 것이고. 오더라도 다시 파견될 거니까, 제가 알아서 해야죠. 나 혼자 모든 걸 다 해야 하는 건 참 힘든 일이에요.

SW: 정말 짐이 무거우시겠어요[SR].

될 수 있는 한 반영을 많이 해 주자. 자기 생각을 많이 이야기할 수 있게.

CT: 정말 그래요! 해군에 있는 남편과 결혼할 때 각오는 했었지만, 그래도 질병으로 문제가 있는 아이를 가지게 될 줄은 정말 꿈에도 생각 못했어요! 내 인생은 어떡해요? 저도 좀 쉬고 싶고, 즐기고도 싶고, 탄수화물, 주사, 혈당, 의사 이런 생각 안 하면서 살아보고 싶다고요. 내가 언제 이런 거 하고 싶다고 했나요?

'Cam의 인생은요? Cam도 당뇨병 달라고 부탁한 적 없답니다!' 하지만 이렇게 말하는 것은 논쟁만 일으킬 뿐 그녀를 끌어들이지 못해.

SW: Cam의 당뇨는 관리하기가 참 힘들지요. 그리고 앞으로 얼마나 힘들어질지 생각하기도 어려우시고요. 삶에 대해 배신당한 느낌이 드시는군요[CR].

배신당한 느낌이라는 가설 검증

CT: 맞아요. 바로 그 느낌이에요! 저도 아이들이 자라고 학교에 가면 나름의 계획이 있었어요. 일단 학교로 돌아가서 공부를 마치고 싶었죠. 저도 잘 나가고 싶어요. 오해하지 마세요. 저도 아이들을 사랑한답니다. 하지만 저 자신이 원하는 것도 하면서 살고 싶어요. 그리고 당신들은 저 보고 부모학교에 가야 한다고 하는데, 저는 부모가 해야 할 일을 다 알고 있어요. 저를 보세요! 남편이나 주위에서 도움 하나도 받지 않고 두 아이를 내 손으로 다 키우고 있어요. 더군다나 아픈 아이 시중까지. 이래도 내가 더 배워야 할 게 있나요?

그래도 부모학교에 가면 아동발달단계에 대해서도 배울 수 있고 현실적이 될 텐데. 더 배워야 되는데. 하지만 이런 말은 지금 도움이 안 돼. 그녀가 말하려는 것에 더 집중하자. 뭔가를 더 하라는 것은 부담만 느끼게 할 뿐이야.

SW: 시간이 생기면 하려고 계획하셨던 일에 부모학교는 없었다는 말씀이지요. 지금까지 Cam의 병 간호를 하시느라 애를 많이 쓰셨는데, 또 하나의 요구가 추가되는 것처럼 느껴지시는군요[CR].

CT: 제가 가기로 하기는 했지만 어리석은 일이라고 생각해요.

어리석은 일이 아니라고 말하는 것은 논쟁을 시작하는 것일 뿐.

SW: 자, 그럼 이제 오늘 저와 함께하는 시간 동안 무슨 이야기를 할까요? 지금 하셔야 할 일이 산더미같이 많은데요. 제가 어떻게 도와드릴 수 있을까요[OQ]?

대화 인도해 가기 시작

CT: (한숨) 아무것도 도와줄 수 없어요. 저 홀로 감당해야 할 일이죠. 제가 이제껏 모든 것을 다 알아서 했어요. 근데 한 가지 실수를 한 거죠. Cam이 분명히 밥을 먹었다고 했거든요. 매끼마다 제 눈으로 확인을 해야 하나요?

당연히 항상 확인해야죠. 교육하기 전에 좀 더 얘길 들어 보자. 부모지지모임에 가면 더 많은 정보를 얻을 텐데.

SW: 다른 사람들의 도움 없이 Cam의 당뇨를 잘 관리할 수 있는 방법에 대해서 함께 얘기해 볼 수 있겠네요. 아니면 어머님이 생각하시는 목표에 대해 얘기해도 되고요. 아니면 아무거나 마음속에 생각하고 계신 것에 대해 한번 얘기해 볼까요? 어머님 원하시는 것 아무거나요[MIA].

안내를 좀 더 해서 초점을 잡아 보자. 자율성을 지지해 주는 걸 잊지 말고.

CT: 글쎄요. 저는 나름대로 당뇨관리를 잘하고 있다고 생각해요. 하지만 나 혼자 해서 되는 게 아니고, 아이도 제때에 잘 먹어야 하고, 저혈당 증세가 오면 말해 줘야 하잖아요! 선생님이나 다른 사람들에게도 이야기해 줘야죠. 아이가 고집불통이에요. 어떨 때는 주사를 놓으려고 하면 막 화를 내면서 도망가서 숨어 버려요. 저는 집안 구석구석을 다 찾아 헤맬 시간이 없어요! Cam은 좋든 싫든 주사를 맞아야 한다는 것을 알고 있다고요.

다섯 살 짜리의 전형적인 행동이니까. 엄마도 그럴 줄 알아야 하는 건데. 하지만 지금 그렇게 말하는 건 도움이 안 돼. 좀 더 그녀의 말에 귀 기울이면서 Cam이 어떤 상황인지 한번 보자.

SW: 어머님도 힘들어 하시지만, Cam도 많이 힘들겠네요. Cam이 협조하지 않으면 어머님은 더욱 힘들겠군요[CR].

CT: 그래요. 나도 화를 많이 낸다는 것을 알아요. 하지만 때론 소리 지르는 것이 가장 잘 먹히는 방법이거든요. 아이는 울음을 터뜨리고 더 화를 내지만 적어도 주사는 맞힐 수 있으니까요. 저는 이렇게 말하죠. "넌 주사를 꼭 맞아야 돼. 누군 좋아서 이러는 줄 알아?"

두 사람 모두 정말 힘들어 하고 있구나.

SW: 그러니까 두 사람 모두 그것을 싫어하는군요. Cam이 화난 것에 대응하시는 방법 중 하나가 소리 지르는 건데, 그 결과 상황이 더 나빠지고, 적어도 감정상태는 말이죠. 그래도 그렇게 해서 인슐린 주사를 맞힐 수는 있었네요[CR]. Cam의 당뇨를 관리하기 위해 또 어떤 것을 하시나요[OQ]?

부정적인 것에 초점을 맞추기보다 그녀가 잘하고 있는 것이 무엇인지 한번 말하게 해보자.

CT: 좋다고 하는 음식을 사려고 하죠. 하지만 그것도 이제는 Paul이 과자나 할로윈 사탕 같은 것을 자꾸 사 달라고 해서 Cam이 못 먹게 숨기느라 힘들어요. Cam이 먹어도 되는 음식은 키가 닿는 곳에 두고, 다른 것들은 높은 곳에 올려 두죠.

SW: Cam에게 좋은 음식만 먹이려고 애쓰시는군요. 또 다른 관리 방법이 있습니까[OQ]?

그녀가 당뇨관리를 위해 하고 있는 일들을 좀 더 이야기해 보게 하자.

CT: 밤에 일어나서 혈당을 재곤 하지요. 하지만 매일 하지는 못해요. 평생 매일 밤잠을 깨야 한다고 생각해 보세요. 그게 도대체 가능한 일인지. 그래서 일주일에 세 번 정도 일어나요. 그것도 정말 피곤해요. 저녁에 제대로 음식만 잘 먹으면 별 문제 없어요.

매일 밤 일어나서 혈당을 체크한다는 것은 정말 힘든 일이야. 더구나 도와 줄 사람도 하나도 없는데.

SW: 그러면 밤에 혈당 체크를 하는 것은 무엇 때문이죠[OQ]?

CT: Cam이 무엇을 먹었는지 다 알 수 없기 때문이지요. 그리고 혹시나 우리 둘 다 자는 동안 혼수상태에 빠지면… 그럼 안 되잖아요. 죽으면 안 되니까요.

SW: Cam에게 주사를 놓고, 좋은 음식을 먹이려 하고, 밤에는 혈당 체크를 하고[SR]. 또 하는 것이 있나요[OQ]?

요약하면서 긍정적인 대처방법들을 더 물어봐야겠다.

CT: 글쎄요. 산책도 하고, 축구하러 데리고 가기도 하고, 운동도 하고. 애라서 하루 종일 뛰어다녀요.

SW: 당뇨 관리를 위해서 그 많은 일을 혼자 다 하시는군요. 인슐린 상태를 체크하고 싸우면서까지 주사를 놓고, 당뇨에 적합한 음식을 사고 아이가 손 닿는 곳에 두고, 밤마다 아이를 잘 살피고, 산책도 하고, 여러 가지 운동도 시키고[SR-요약].

요약은 지금 잘하고 있는 것을 계속 더 해야겠다는 마음을 갖도록 북돋아 주겠지.

CT: 예. 그런 것들이죠. 듣기만 해도 벌써 지치네요.

그녀가 힘들다는 것을 인정하자.

SW: 어머님은 Cam을 잘 돌보고 좋은 엄마가 되기 위해 정말 애쓰시는군요[MIA]. 잘 하려고는 하는데 너무 힘에 부치시는 거지요[CR].

CT: 그래요. 정말 힘들어요.

SW: 여쭤 봐도 괜찮다면, Camden이 처음으로 당뇨 진단을 받았을 때, 의사 선생님이 부모지지모임에 대해 무슨 말씀을 하시던가요[OQ]?

그녀가 이미 알고 있는 것을 이끌어 내자.

CT: 글쎄. 잘 모르겠어요. 뭐라고 하기는 했을 텐데, 별로 중요하지 않다고 생각했어요. 그게 뭐 중요한가요? 지금 내 상황을 바꿔 줄 수가 있냐고요?

SW: 괜찮으시다면 지지모임에 대한 정보를 좀 드려도 될까요[MIA]? 어머님이 말씀하신 대부분의 것들은 당뇨병을 가진 부모들이 공통적으로 느끼는 것들이에요. 제가 만나는 분 중 많은 분들이 지지모임에 참여하여 도움을 많이 받고 있다고 하세요. 비슷한 문제를 가지고 있는 분들에게 도움을 얻을 수 있는 거예요. 예를 들면,

질문해도 좋을지 물어봄으로써 그녀의 자율성을 지지해 주자. 지지모임에 대한 정보를 주자.

	주사 놓으려고 할 때 울거나 도망가는 경우, 당뇨에 안 좋은 음식을 먹으려 할 경우 등 말이에요. 그분들이 어려운 문제들을 어떻게 해결해 나갔는지 이야기해 줄 수도 있고 어머님께서 좋은 방법을 나눌 수도 있고요. 이것은 부모교육과는 다른데, 부모들끼리 서로 정보를 나누고 이끌어 가는 모임이에요. 그 모임에 가면 혼자가 아니란 걸 알게 되지요[GI]. 어떻게 생각하세요[OQ]?	그녀가 언급했던 문제들을 사용하자. 그녀의 생각을 이끌어 내자.
CT:	그렇다면… 한번 가볼까요? 손해될 건 없을 것 같네요. 무료예요? 시간은 얼마나 걸리죠?	
SW:	(자세한 정보를 준다)	지지모임에 참여하면 혼자가 아니라는 것을 알게 되고 당뇨 관리에 관한 좋은 정보도 얻을 수 있을 거야. 가겠다고 마음을 여니 참 기쁘군. 관계형성이 잘되고 있는 것 같아.
CT:	좋아요. 한번 가보죠. 아마 좋은 조언도 얻을 수 있을지 모르고, 적어도 나를 이해하고 내가 겪고 있는 일들을 이해하는 사람들과 이야기해 볼 수 있으니까.	
SW:	그럼요. 다음 주에 만날 때는 모임에서 있었던 일을 들어 볼 수 있겠네요. 헤어지기 전에 한 가지만 더 물어볼게요. 어머님께서 이제는 "모든 것"을 다 하신다고 했는데 어떤 의미로 말씀하신 건지요[OQ]?	아이의 안전을 위해 그녀가 했던 말을 한번 더 확인해 보자.

CT: 혈당을 체크하고 있고 Cam이 아침과 저녁에 제대로 먹도록 하고 있지요. 다시는 이런 일이 없어야 하니까요. 이 모든 것을 다 하는 것이 힘들긴 하지만요.

SW: 하루에 Cam의 혈당 수치와 식사 체크를 수시로 하시는군요[CR].

CT: 쉽지는 않지만 하고 있어요. 지지모임에서 정신적인 도움을 받을 수도 있겠네요.

SW: 같은 처지에 있는 사람들과 이야기하는 것만으로도 많은 위안과 도움을 얻을 수 있지요[CR].

논 의

위의 예시에서 사회복지사는 Denise를 면접에 참여시키고 부모교육 프로그램이나 지지모임에 연계하려는 목표를 가지고 면접을 진행하였다. 또한 Cam의 안전을 위하여 그의 상황을 점검해야 할 필요도 있었다.

이 면접의 초점은 클라이언트를 면접에 참여시키기 위하여 공감을 표현하는 것이었다. 내면의 독백에서 나타난 것처럼, 사회복지사는 Denise에게 충고하고, 경고하고, 교육하고 싶은 마음이 계속 생긴다. 하지만 그렇게 하면 Denise와 자연스럽고 개방적인 의사소통이 이루어질 수 없을 뿐만 아니라, 충고나 협박 등은 Denise에게 저항을 일으키고 대화를 거부하게 만들 수 있었다. 그녀가 말하는 것을 반영하는 것이 쉽지는 않았지만, 사회복지사는 말을 "완화"시키

지도 않았고 그녀의 의견에 동의하지 않으면서 반영을 실천하였다. 또한 나란히 가기를 하면서 교정반사를 억제할 수 있었다. 사회복지사는 공감적 공명을 경험하였으며, 당뇨 관리가 엄마나 아이 모두에게 얼마나 힘든 일인지를 이해한다고 말할 수 있었다. 클라이언트가 당뇨 관리를 하는 데 있어서 잘하고 있는 면에 초점을 맞춤으로써, Denise는 자신의 생각과 말이 이해받음을 느끼고 자신이 겪고 있는 어려움들을 편하게 이야기하였다. 사회복지사가 경고나 충고를 하려고 했었더라면 하지 않았을 이야기들도 계속 털어놓았다.

사회복지사는 면접 중에 Denise가 원하는 대화를 할 수 있게 의제설정을 하도록 안내하면서 MI 면접의 방향을 잡아 나갔다. Denise는 처음에 약간 저항을 보였는데, 너무 많은 문제들 때문에 압도당하고 있었기 때문이다. 사회복지사는 혼자서 Cam을 돌봐야 하는 Denise의 상황과 그녀의 목표들을 반영해 주면서 함께 논의할 만한 주제를 제시하였다. Denise가 대화의 방향을 결정할 수 있도록 자율성을 지지하되, Cam의 안전문제에 관해서는 면접의 어느 부분에서 꼭 짚고 넘어가야 함을 알고 있었다. 그래서 Denise의 양가감정을 이해하며 들어 주고 그녀에게 필요한 지지를 제공해 주면서 면접에 참여시킨 후 마지막 부분에 그 문제를 다루었다. 그녀가 부모교육 프로그램이나 지지모임에 참여하면 질병에 대한 정보나 지식도 얻을 수 있을 뿐만 아니라, 아이들을 양육하는 그녀의 행동에도 많은 영향을 줄 수 있을 것이라고 생각했다. 사회복지사는 안전문제에 대한 이야기를 하기 위해 마지막 부분까지 기다렸는데, 그때가 Denise로서는 가장 편안하고 솔직하게 이야기할 수 있는 때였다.

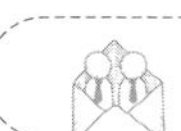

맺음말

반영적 경청은 MI 실천의 중요한 기술이며, 클라이언트를 대화에 참여시키고 그들의 생각이나 경험을 알려고 할 때, 질문을 하는 것보다 두세 배는 더 많이 사용되어야 한다(Miller & Rollnick, 2002). 그것은 클라이언트가 하려는 바로 그 이야기에 초점을 맞추게 되고, 우리가 알려고 하는 정보를 수집하거나 질문하기 위해 앞서 나가려는 생각을 막아 준다. 이 주제에 대한 경험적 연구결과는 없지만, 흥미롭게도 경험적인 예시들을 통하여 알려진 바로는, MI 정신을 실천하며 공감을 표현하는 것이 실제적으로 사회복지사들의 소진을 줄여 주는 것으로 나타났는데, 이는 클라이언트에게 더 이상 충고하거나 경고, 협박 등을 할 필요를 느끼지 못하기 때문이다. 물론 클라이언트가 한 행동의 영향이나 결과에 관해 이야기를 나누어야 할 때도 당연히 있지만, 그럴 때에도 MI에서는 그들의 자율성을 지지해 주는 방식으로 하기 때문에 사회복지사가 클라이언트를 반드시 변화시켜야 한다는 필요를 느끼지 않는 것이다. 공감 표현의 기술을 실천하면, 클라이언트의 이야기가 들어 주기 힘든 상황일지라도, "전문가"의 역할에서 벗어나 경청하는 사람의 역할 속으로 들어갈 수 있다.

Chapter 6

불일치감 만들기

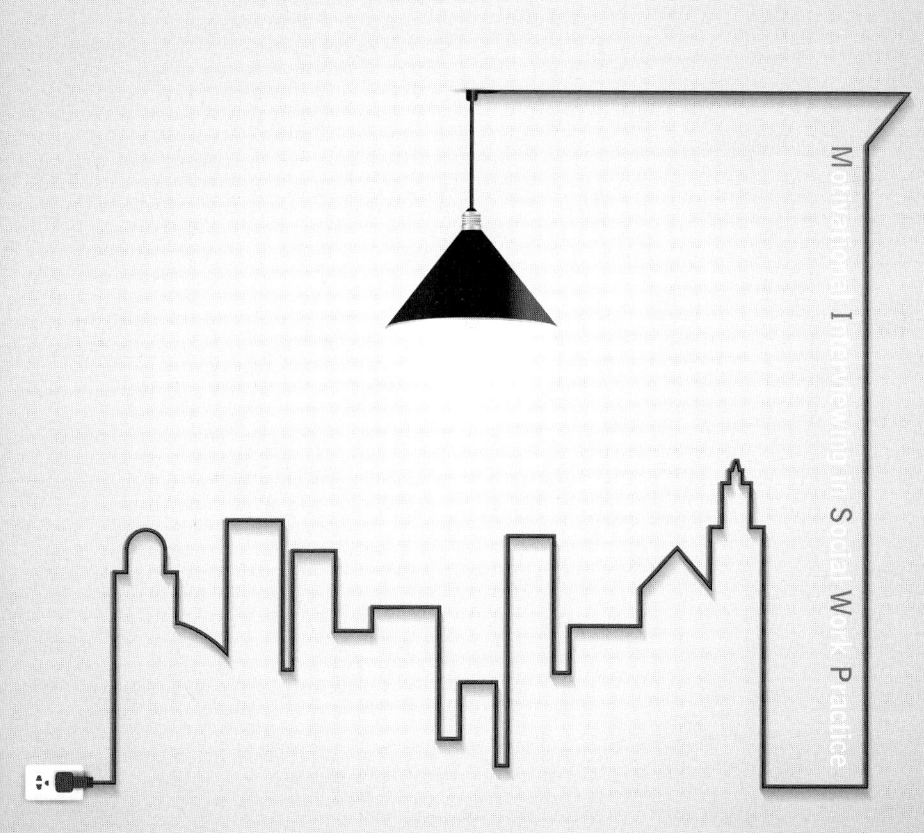

Chapter 6

불일치감 만들기

-집단상담에서 양가감정을 높이기 위한 MI 실천기술-

Melinda Hohman

시아버지가 건강 검진을 하러 병원에 가셨을 때 있었던 일이다. 의사는 혈압을 낮추려면 체중을 줄여야 한다고 권고하였다. 아버님은 체중을 얼마나 줄여야 할지를 물었고 의사는 10kg쯤 감량해야 한다고 하면서 식이요법을 알려 주었다. 그 말을 듣고서는, 본연의 굳은 의지를 가지고, 얼마 되지 않아 10kg 이상을 감량하셨다. 하지만 대부분의 경우, 당장 병의 결과가 나타나고 있는 경우라 할지라도, 의사의 이러한 짧은 충고 한마디를 따라 하는 사람은 그리 많지 않다(Tsai & Wadden, 2009). 4장에서 변화가 꼭 필요한 것은 알지만 그것을 실천할 자신이 없는 사람의 사례를 소개했었다. 시아버지의 경우는, 건강상의 이유 때문에 의사가 권고를 했고, 체중을 감량하는 것이 중요하다고 느꼈으며, 식습관을 바꿀 의지와 결단 또한 있었다. 6장에서는 클라이언트가 변화의 중요성을 크게 느끼지 못하는 경우를 생각해 보려 한다. 클라이언트가 변화의 필요성을 어렴풋이 느끼고는 있으나 변화를 실천하는 것을 그리 중요하게 생각

하지 않는 경우이다. 어떤 클라이언트에게 있어서는 변화라는 것이 아예 관심 밖에 있다.

클라이언트의 양가감정을 높이고 변화에 관심을 갖게 하기 위해, 우리는 '불일치감 만들기'라는 기술을 사용할 수 있다. 2장에서 언급한 바와 같이, 불일치감 만들기는 MI의 초기 개념이며 Festinger(1957)의 인지부조화이론이 그 토대가 된다. 이 이론에 따르면, 모든 인간은 어떤 가치나 목표, 동기를 가지고 있는데, '이상적 자아'와 '현재 자아'가 일치하지 않을 경우 불편함을 느끼게 된다. 그리고 둘 사이의 차이가 너무 커져서 불편함이 많아지면 변화를 시도할 준비가 된다. 변화에 대해 소리 내어 이야기하면, 과거에는 해 보지 않았던 방식으로 변화에 대해 생각해 보게 된다(자기지각이론; Bem, 1972). Miller와 Rollnick(2002)은 "MI에서는 변화대화를 이끌어 내는 것이 불일치감 만들기를 위한 주된 방법이다." (p. 83)라고 말하였다. 특히 다루고 있는 문제가 그리 심각하지 않은 경우, 변화대화를 이끌어 내는 것은 클라이언트의 양가감정을 증진시켜 주거나 바꾸어 줄 수 있다. 변화는 클라이언트 자신의 생각과 대화에서부터 비롯된다. 시아버지의 경우와 같이, 다른 사람의 충고에 의해서 변화가 일어나는 경우는 매우 드물다. 사람들은 차분히 생각을 해 보고, 자기 자신의 충고에 귀 기울일 필요가 있다. 우리가 이러한 것을 할 수 있도록 자율적이고 지지적인 방법으로 도울 수 있다면, 클라이언트는 변화의 의지를 더 많이 가질 수 있을 것이다.

그렇다면 클라이언트에게 있어 변화가 얼마나 중요한지 우리가 어떻게 알 수 있을까? 한 가지 방법은 직접 물어보는 것이다. 변화

척도 질문을 사용하여, "0점부터 10점 사이에서, 0은 '하나도 중요하지 않다' 10은 '매우 중요하다'라고 했을 때, 이것은 당신에게 얼마나 중요합니까?"라고 묻는다. 하지만 중요성에 관한 질문에 앞서, 클라이언트의 변화대화를 경청함으로써 그들의 관점을 알아볼 수도 있다. 2장에서 다루었듯이, '변화대화'란 바람, 능력, 이유, 필요(준비 언어), 결단, 행동 실천(결단 언어)(기억하기 쉽게 DARN-CaT) 등 클라이언트가 변화를 위해 언급하는 모든 것을 말한다(Amrhein, 2004; Amrhein, Miller, Yahne, Palmer, & Fulcher, 2003). 다음은 우리가 듣고자 하는 변화대화의 예이다.

- 변화의 바람(Desire)
  - "내 아들에게 더 좋은 부모가 되고 싶어요."
  - "상황이 좀 달라졌으면 좋겠어요."
- 변화의 능력(Ability)
  - "저는 할 수 있어요. 담배도 끊어 본 적이 있거든요."
  - "제가 무언가 해야겠다는 생각이 들면, 결심이 확고하죠."
- 변화의 이유(Reason)
  - "만약 내가 법정에 다시 오지 않으려면, 나는 보호관찰 기간을 잘 지켜야 하겠지요."
  - "학교에 매일 출석한다면 성적은 오르겠지요."
- 변화의 필요(Need)
  - "무엇인가 달라져야 할 필요가 있어요."
  - "직업이 있어야 할 것 같아요."
- 결단(Commitment)

- "내일 그 치료 프로그램을 하는 곳에 전화를 하겠어요."
- "다음 주에 병원에 가도록 해 보죠."
- "이번에는 제가 뭔가 다르게 행동하는 것을 보실 수 있을 거예요."

• 행동 실천(Taking steps)

- "이번 주에 세 군데나 취업 지원서를 냈어요."
- "마약에 관한 모든 물건은 다 내다 버렸어요."

유지대화에도 이에 상응하는 것들이 있다. 그것은 현 상태를 유지하려는 말들인데, 왜 변화할 수 없는지, 해서는 안 되는지, 그럴 필요가 없는지에 관한 것이거나 자신의 행동이 별로 문제될 것이 없다는 등의 내용이다.

변화대화가 '황금'인 이유

Miller와 Moyers(2006)는, 변화대화를 끌어내기 전에 클라이언트가 하는 변화대화를 놓치지 않고 잘 듣고 반응해 주는 것이 중요하다고 강조하였다. 나는 캘리포니아에 살고 있기 때문에, DARN-CaT 대화를 잘 듣는 것을 종종 사금을 채취하는 작업에 비유하기도 한다.[1] 변화대화에 주의를 기울이고 반응해 주는 것은 그것이 매

---

1) 역자주: 캘리포니아의 별칭이 황금의 주(Golden State)이다. 1848년에 아메리칸 강 지류에서 사금이 발견된 이후 각지의 사람들이 금을 채취하기 위해 모여 드는 골드러시가 일어났다.

우 중요하다는 것을 부각시키고 대화를 특정 방향으로 이끌고 나가기 위함이다. 대화에서 가는 모래 '부스러기'는 흘려보내고 '금 덩어리'에 초점을 맞추려는 것이다.

연구결과들도 변화대화가 '황금'과 같다는 생각을 뒷받침해 주고 있다. Miller와 Rose(2009)가 제시한 인과관계 모델에서도, 상담가의 공감과 MI 기술이 클라이언트 변화대화(준비 언어)의 예측요인으로 나타났다. 이것은 결단 언어로 이어지며, 결국에는 변화의 산물을 가져다준다. 결단 언어의 강도는("할 수 있지 않을까요?" 보다 "할 거예요") 특히 중요하다(Amrhein et al., 2003). 알코올 중독 클라이언트에 관한 연구에서, 유지대화는 계속적인 알코올 남용과 상관관계가 있었고, 변화대화는 알코올 사용 감소와 관계가 있는 것으로 나타났다(Apodaca & Longabaugh, 2009; Baer et al., 2008; Moyers, Martin, et al., 2007; Moyers et al., 2009; Vader, Walters, Prabhu, Houch & Field, 2010). 따라서 MI를 실천함에 있어서, 우리는 변화대화를 경청하는 것에 초점을 맞추며, 반영과 MI의 다른 기술을 활용하여 변화대화에 반응한다. MI에 부합되는 실천가의 행동은 변화대화를 더 많이 이끌어 낸다는 것이 밝혀졌다(Catley et al., 2006; Glynn & Moyers, 2010). "치료자들이 반영을 많이 할수록, 그에 대한 이야기를 더 많이 들을 수 있다."(Moyers et al., 2009, p. 1122)

변화대화를 이끌어 내기 위한 전략적 방법

변화대화에 반응하기

다음은 노인복지관에 다니는 한 할머니가 자녀와의 문제에 대해 사회복지사와 나눈 대화이다. 자녀들은 할머니가 운전을 그만두기를 원한다. 변화대화는 굵은 글씨체로 표시하였다.

> "우리 애들은 나더러 이제 운전은 그만해야 한다고 하는데, 나는 애들이 너무 과장해서 걱정한다고 생각해요. **나도 언젠가는 그만두어야겠다는 생각은 하지만**(필요), 30년 동안 사고 한번 없었다고요! **지난번에 주차장에서 후진해서 나오려다가 다른 차와 부딪칠 뻔해서 한번 혼이 난 적이 있긴 해요**(이유). 하지만 그런 일은 누구에게나 일어날 수 있는 일이죠. **후진해서 돌아 나올 때 전처럼 잘 보지를 못하는 거지**([무]능력). 그 후로 더 조심해서 운전하고 **밤에는 아예 운전대를 잡지도 않아요**(행동 실천). **다른 사람에게 피해 주기 정말 싫거든**(바람). 하지만 지금 운전을 그만두는 건 너무 빠르다고 생각해요. 그렇게 되면 외출할 때마다 아이들에게 항상 의지해야 하는데 나는 그러고 싶지 않거든요. **내 생각에 복지관의 노인전용차를 탈 수 있을 것 같아요**(능력). 애들이 신경 써 주는 것은 고맙지만, 아직은 운전을 그만두고 싶지 않아요."

변화대화를 들었을 때 어떻게 반응하느냐가 중요한데, 잘 반응하지 못하면 황금을 잃게 되기 때문이다. EARS(Elaboration, Affirmation, Reflection, Summary)를 사용하여 몇 가지 다른 방향으로 변화대화를 이끌어 갈 수 있다. 상세질문(E)은 "그것에 관해 좀 더 자세히 말해 주세요" "그때 또 무슨 일이 있었나요?" "왜 그렇게 하셨지요?"라고 할 수 있고, 인정하기(A), 반영하기(R), 요약하기(S)는 2장에서 설명하였다. 초보자들은 MI 기술을 정확하게 잘 사용했을 경우라도, 초점을 잘못 맞추어 클라이언트로 하여금 현재 상태를 계속 유지하려는 방향(유지대화)으로 대화를 이끌게 되기도 한다. 클라이언트가 유지대화와 변화대화 사이에서 방황하는 것처럼 우리가 "모래 부스러기"에 신경을 쓰게 되어 반응을 하다 보면 황금 덩어리를 놓치게 되기 쉽다.

클라이언트에게서 어떤 대답이 나올지를 미리 아는 것은 불가능하지만, 무엇을 강조하느냐에 따라 변화대화 또는 유지대화가 더 많이 이루어질 수 있다는 점을 생각해야 한다. 변화대화가 많아지면 실제의 행동변화도 일어난다는 것을 꼭 기억하기 바란다. 다음의 예는, 위에서 언급했던 클라이언트의 대화에 EARS를 사용하여 반응함으로써 유지대화 혹은 변화대화를 이끌어 낼 수 있음을 보여 주는 것이다.

E(상세질문): "왜 자녀들이 옳지 않다고 생각하세요?"(→유지대화)

"밤에 운전을 하지 않게 된 이유는 무엇인가요?"(→변화대화)

"자녀들이 이런 문제를 제기하게 된 이유는 무엇일까요?"(→변화대화)

A(인정하기): "선생님은 독립적인 삶을 매우 중요하게 생각하시는 군요."(→유지대화)
"접촉사고라도 나서 누군가를 다치게 하고 싶진 않으신 거군요."(→변화대화)

R(반영하기): "자녀들이 이것을 자꾸 문제 삼으니 상당히 당황스러우시겠어요."(→유지대화)
"자녀들이 어머니의 안전에 매우 관심이 많은 것 같아요." (→변화대화)

S(요약하기):"자녀들은 이제 운전을 그만 하셔야 한다고 하고, 선생님은 그렇지 않다고 생각하시죠. 사고가 날 뻔한 적도 있었지만 그것은 운전기술과는 상관없는 우연한 일이었고요. 선생님은 아직은 운전을 계속해도 된다고 생각하시죠."(→유지대화)
"자녀들은 선생님이 운전을 그만두시기를 원하지요. 상당히 당황스럽긴 하지만, 그렇다고 조금이라도 다른 사람을 다치게 하고 싶지는 않으시죠. 선생님이 우려하시는 것은 자녀들에게 의지하게 되는 것인데요. 자녀들이 그러는 것이 다름 아닌 선생님의 안전 때문이라는 것 또한 너무나 잘 알고 계시죠."(→변화대화; 클라이언트의 양가감정 설명)

위의 예문은 클라이언트의 변화대화 또는 유지대화에 대한 EARS

반응을 보여 준 것이다. 유지대화가 더욱 지속되면 우리는 잘못된 부분을 반영하거나 질문했음을 알 수 있게 된다. 앞에 제시된 진술이나 질문 중 어떤 것들은 자녀들의 생각이 얼마나 바보 같은 생각인지, 그들의 생각이 얼마나 틀린 것인지를 더 이야기하게 만들기도 한다. 또 다른 질문은 다른 사람들을 다치게 하고 싶어 하지 않는 클라이언트의 이유나 바람을 통해 변화대화를 이끌어 내기도 한다. 유지대화를 반영하는 것은, 저항과 함께 구르기 위해, 그리고 클라이언트와의 관계형성을 위해 전략적으로 이루어질 수 있는데, 이에 대해서는 7장에 기술되어 있다. 하지만 MI 실천은, 특히 클라이언트가 이미 우리에게 조금이라도 '황금'을 제공했을 때에는, 될 수 있는 한 대화를 앞으로 많이 진척시키려고 한다.

변화대화 이끌어 내기

다른 클라이언트의 예를 보자. 30대 초반의 남자로 음주운전으로 기소되어, 음주운전 치료 프로그램에서 집단상담을 받아야 한다. 그가 개인면접 시간에 상담가를 만나서 했던 이야기이다.

> "내가 여기 집단 프로그램에 몇 번 참여했지만, 나는 정말이지 여기 온 사람들하고는 다릅니다. 그 사람들은 음주문제가 많은 사람들이지요. 나는 음주운전에 대해 중요한 교훈을 배웠습니다(결단, 행동 실천). 하지만 음주에 문제가 있고 AA(단주모임)에 가야 하고, 술을 끊어야 한다는 모든 이야기들이 나한테는 맞지 않습니다. 나는 술 마시기를 즐기고, 충분히 스스로 통제할 수 있습니다. 언

제 그만 먹어야 할지도 알고 있고요, 저에게 아무 문제가 되고 있지 않습니다. 저에게는 좋은 집과 직업이 있고 여자 친구도 있습니다. 여자 친구는 내가 여기까지 오게 된 것이 말도 안 되는 일이라고 합니다. 당신은 훌륭한 상담가이지만, 내가 여기 있는 건 웃긴 일입니다. 난 아무 문제가 없거든요."

여기 있는 클라이언트는 자신의 문제행동에 대해 양가감정이 전혀 없다. 이와 같은 상황에서는 어떻게 EARS를 사용할 수 있을까? 우리가 반영을 하게 되면, 결과적으로 유지대화를 반영하는 것밖에 할 수 없게 된다. 이 경우, 앞의 할머니 클라이언트와 달리 염려하는 마음이 조금도 없기 때문이다. 이 클라이언트는 술을 마시는 것에 대해 전혀 걱정하지 않고 있으므로 변화의 필요성을 하나도 느끼지 못하고 있다. 이 상황에서 EARS 활용은 문제가 되는가?

이와 같은 시나리오는 법원명령에 의해 강제적으로 교육을 받아야 하는 상황에서 흔히 만나게 되는 클라이언트와의 상담이다. 변화란 것이 스스로의 생각에서 비롯된 것이 아니라 다른 사람에 의해 억지로 강요되는 상황이다. 이러한 상황에서 우리 사회복지사가 수행해야 할 과업이 몇 가지 있다. 하나는, 클라이언트가 보이는 "저항"(밀어내기: "나는 아무런 문제가 없으니 그냥 내버려두세요.")의 아래에 양가감정이 존재한다고 추정하는 것이다(Miller & Rollnick, 2002). 모든 유지대화는 자신의 자율성이 침해당할 위험이 있을 때 나타나는 것이다. 인간중심이론에 따르면 인간은 건강과 긍정적인 성장을 향해 나아가는 존재이므로(Rogers, 1959), 이와 배치되는 상황에 부딪히면 클라이언트는 잠시 멈추게 된다. 적어도 생각의 어던가에 있어서만이라도 말이다. 우리는 클라이언트로 하여금 이 같은 저항을 넘어서 그 밑에 숨어 있는 관심을 끌어낼 수 있는 열린 환경을 만들어 줄 필요가 있다. EARS를 실천하는 것 외에도, 유지대화를 잘 다루어 가면서 7장에서 소개될 저항과 함께 구르기 전략을 사용하여 클라이언트가 안전감을 느낄 수 있는 분위기를 제공해 줄 수 있다. 변화에 대한 압박감을 덜 받을수록, 클라이언트는 문제가 되고 있는 자신의 행동을 다시 점검해 보려는 의지를 갖게 된다(Wagner & Ingersoll, 2012). 변화대화 이끌어 내기 전략은, 일단 클라이언트와의 관계가 형성되고 관심을 탐색할 만큼 안전하다고 느낄 수 있는 단계까지 갔을 때에 유용하다.

변화대화를 이끌어 내는 데는 몇 가지 다른 전략들도 있는데 그 중 하나가 클라이언트로 하여금 좀 더 많은 이야기와 설명을 하게 만드는 '상세질문' 전략이다. 그 외에도 행동변화를 했을 때 어떻게 될 것 같은지 내다보게 하거나, 그 행동이 문제가 되지 않았던 때를 회상하며 이야기하게 할 수도 있다. 또한 변화를 한다면 무엇이 가장 좋을지에 대해 질문할 수도 있다. 이 세 가지 방법들은 모두 클라이언트가 자신의 삶이 어떻게 달라지고 좋아질 수 있을지를 상상해 볼 수 있게 해 준다(Miller & Rollnick, 2002; Rosengren, 2009). 다음의 예들은 특히 양가감정을 거의 느끼고 있지 않는 클라이언트와 상담할 때 변화대화를 이끌어 내는 방법들이다. 변화척도에 대해서는 앞에서 이미 알아보았지만, 목표, 가치, 행동의 중요성을 사정할 때 변화척도가 어떻게 사용될 수 있는지 살펴보기 위해 여기에 다시 제시하였다.

변화척도

4장의 변화척도 예시에서 사회복지사는 변화의 중요도와 함께 변화에 대한 클라이언트의 자신감에 대하여 질문하였다. 다시 한 번 설명하면, 변화척도란 "0부터 10까지 중 '전혀 중요하지 않다'를 0, '매우 중요하다'를 10이라고 하면, 이것이 선생님에게 얼마나 중요합니까?"라고 질문하는 것이다. 그 다음 바로 변화대화를 이끌 수 있는 질문이 뒤따른다. "왜 __(더 낮은 숫자)가 아니고 __입니까? (더 낮은 숫자)에서 __(조금 더 높은 숫자)로 가기 위해선 무엇이 필요하다고 생각하십니까?" 이 질문에 대한 대답은 대부분의 경우 변화대화를 할 수 있도록 해 준다. 클라이언트의 자신감에 대해 똑같은 질문을 하는 것 또한 변화대화(능력)를 가능하게 만들어 준다(Miller & Rollnick, 2002). 클라이언트가 대답한 내용을 요약하여 들려주는 것은, 지금까지 함께한 대화를 정리할 수 있게 해 주고, 클라이언트로 하여금 자신의 목소리를 크게 들을 수 있는 기회를 주는 것이다.

종종 클라이언트의 가치나 동기요인에 대한 대화를 하는 가운데 변화척도에 사용할 표적행동을 발견할 수 있다. 예를 들면, 할머니 클라이언트의 경우, 쟁점은 그녀가 운전면허를 포기하느냐 마느냐에 관한 것인데, 변화척도를 통해 다른 사람들을 위험하게 하지 않는 것이 그녀에게 얼마나 중요한지 또는 독립적으로 산다는 것이 그녀에게 얼마나 중요한지를 물어볼 수 있다. 아마도 이 두 가지 모두가 중요하다고 할 것이다. 그렇다면 도로에서 안전하게 운전할 수 있다는 자신감 또는 면허 없이도 독립적인 생활을 할 수 있는 자신감 등을 생각해 보도록 할 수 있을 것이다.

음주운전 클라이언트의 경우는, 그의 음주에 변화를 주는 것을

1 또는 2 정도로 거의 중요하게 생각하고 있지 않을 것이다. 무슨 일이 생기면 그것을 중요하게 생각하게 될 것인지를 물어볼 때, 그는 아마 또 한 번 음주운전에 걸린다든지, 건강에 문제가 생긴다든지, 술 때문에 여자 친구와 헤어진다면 변화가 필요할 것이라고 대답할 것이다. 그 다음은 그의 자신감에 대해 알아볼 수 있는데, '만약에 당신의 음주 습관을 바꾸려 한다면, 당신이 변화할 수 있는 능력에 대해 몇 점을 주겠느냐'고 물어본다면, 그는 그것을 문제로 보지 않고 있기 때문에 아마도 변화에 대해 자신감이 매우 높을 것이다. 상담가는 이 모든 것을 요약하여 그에게 다시 들려 줄 수 있다.

> "지금 선생님께서는 음주 습관 변화의 중요성에 대해 매우 낮은 점수를 주셨습니다. 하지만 다시 음주단속에 걸린다거나, 건강에 문제가 생긴다거나, 여자 친구가 그것 때문에 화를 낸다면 조금 더 중요하게 생각할 수도 있다고 말씀하셨습니다. 그리고 의지만으로 담배를 끊은 경험이 있기 때문에 음주 습관을 바꾸기로 마음만 먹으면 충분히 할 수 있다는 자신감도 가지고 있습니다."

양가감정이 없거나 거의 느끼지 못하고 있는 클라이언트에 있어서는, 이와 같은 대화가 양가감정을 조금이라도 생기게 하는 데 도움을 줄 수 있을 것이다.

결정저울

결정저울은 구조화된 연습으로서 행동을 변화하는 것과 변화하지 않는 것의 장단점을 가늠해 보는 것이다(Miller, 2004; Miller &

Rollnick, 2002). 4개의 사각형을 그려 놓고 그 안에 클라이언트가 생각하는 것을 적는 것인데, 할머니 클라이언트의 경우, "운전을 계속하는 것의 좋은 점은 무엇인가요?" "운전을 계속하는 것의 나쁜 점은 무엇인가요?" "운전을 계속하지 않는 것의 나쁜 점은 무엇인가요?" "운전을 계속하지 않는 것의 좋은 점은 무엇인가요?"라고 물어볼 수 있다. 그런 다음 사회복지사는 클라이언트의 대답을 요약하여 반영해 주되, 사이사이에 "그리고"를 넣어 주는 것이다. 이것은 클라이언트가 가지고 있는 양가감정의 모든 부분들을 점검해 볼 수 있는 기회를 준다. 면접의 방향성이 있다면, 클라이언트가 마지막으로 들으면 좋을 것 같은 변화대화로 요약을 마무리하는 것이 좋다. 클라이언트는 자신의 언어로 된 이야기를 큰 소리로 듣게 되는 것이다.

최근 몇 년간 MI 실천에서는 결정저울을 잘 사용하지 않는 경향이 있는데, Miller와 Rollnick(2009)에 따르면 이 도구를 사용했을 때 "유지대화를 찾아내려는 경향"(p. 133)이 있기 때문이다. 이 두 학자가 주장하기는, 변화대화에 초점을 맞추는 것이 바람직하며, 될 수 있는 한 많은 변화대화를 할 수 있게끔 선별적으로 강화해야 한다고 했는데, 여러 연구에서 보면 변화대화를 통해 진정한 행동의 변화가 일어났기 때문이다. 결정저울은 평형이 이루어져 있을 때나 "의도적으로 비지시적인" 대화를 이끌어 갈 때 사용하는 것이 가장 좋다(Miller & Rollnick, 2002, p. 96). 할머니 클라이언트의 경우, 사회복지사는 클라이언트가 위험한 운전자라고 생각할 만한 근거가 없을 수도 있다. 이때 결정저울 활용의 목표는 클라이언트 스스로 어떤 것이 가장 좋은 선택인지를 결정할 수 있도록 돕는 것이다.

가치 탐색

사회복지 교육은 통상 전문직으로서의 가치와 윤리를 강조하고 있으며, NASW(전미사회복지협회)에서 강조하고 있는 이 가치와 윤리를 우리는 익히 잘 알고 있다. 가치란, "좋고 바람직한 것"으로 정의되며(Dolgoff, Loewenberg, & Harrington, 2005, p. 18), "경험에 대한 선호나 행동상의 이상적인 지향"을 의미하기도 한다(Wagner & Sanchez, 2002, p. 285). 우리는 사회복지사로서 서로 비슷한 가치를 가지고 있고 또 그것이 무엇인지 알고 있지만, 사람에 따라서 다양한 가치가 존재할 수 있다. 다만 하던 일을 잠시 멈추고 우리가 추구하는 가치를 생각해 보며 그러한 가치에 따라서 잘 지내고 있는가 점검할 여유가 별로 없을 뿐이다. 그럴 수 있다면, 그것은 변화의 원동력이 될 것이다(Wagner & Sanchez, 2002).

최근 『로스앤젤레스 타임즈(Los Angeles Times)』와의 면담에서 작가이며 치유자인 Deepak Chopra는 새해의 결심에 대한 질문을 받았는데 그의 대답은 다음과 같다.

> 모든 사람이 해야 한다고 생각하지는 않지만, 하루에 한 번 아니 이틀이나 일주일에 한 번이라도 5분에서 10분 정도 명상의 시간을 갖고 자기 자신에게 단순한 질문을 하는 것이 필요하다고 생각합니다. '나는 누구인가?' '나는 무엇을 원하는가?' '내 삶의 목적은 무엇인가?' '내가 이웃과 사회에 공헌할 것이 있는가?' '나는 어떤 관계를 맺기를 원하는가?' '내가 생각하는 행복이란 무엇인가?' '나는 어떻게 그것을 얻을 수 있는가?' 이런 질문에 대한 답을 알아야 한다는 것이 아닙니다. 그런데 이런 종류의 자기성찰을

> 하다 보면 흥미롭게도 해답을 향해 가까워지게 되고 행동이 변화됩니다(Lacher, 2010, p. D3에서).

Miller, C'de Baca, Matthews, 그리고 Wilbourne(2001)이 개발한 가치카드 분류(VCS) 연습은 Chopra가 말한 것과 같은 방법으로 클라이언트 자신의 가치를 생각해 볼 수 있도록 도와주는 기법이다. 양가감정이 없거나 거의 느끼지 못하고 있는 클라이언트에게 유용한 방법인데, 처음부터 변화되어야 할 행동에 초점을 맞추기보다 클라이언트가 무엇을 중요하게 생각하고 있는지에 초점을 두기 때문이다. 가치를 분석하고 클라이언트의 행동이 그 가치로부터 얼마나 멀어져 있는지를 알아보는 것은 불일치감을 만드는 데 도움이 된다.

가치카드 분류 연습은 casaa.unm.edu/inst/Personal%20Values%20Card%20Sort.pdf에서 자세한 사용법과 설명을 볼 수 있다. 83개의 작은 카드에는 수용, 성취, 연민, 흥분, 명성, 우정, 건강, 친분, 목적, 자기수용, 재산 등이 쓰여 있다. 이 카드를 사용하는 방법이 여러 가지 있는데 그중 하나는 클라이언트에게 이 카드를 '전혀 중요하지 않음' '중요하지 않음' '중요할 수도 있고 중요하지 않을 수도 있음' '어느 정도 중요함' '중요함'으로 분류해 보게 하는 것이다. '중요함'에 해당되는 카드는 10개를 넘지 못하도록 한다. 그런 다음 클라이언트가 가장 중요하다고 생각하는 가치부터 시작하여 왜 이 가치가 중요한지에 관해 이야기를 나눈다. 이 가치에 맞는 삶을 살고 있는지에 대해 많은 생각을 할 수 있도록 대화를 이끌어 간다. 만약 그렇게 살고 있지 못하다면 방해되는 것은 무엇이고 그 가치와 변화되어야 할 행동과는 어떤 관련이 있을지를 생각해 보고 이야기하게 한다(Rosengren, 2009). 음주운전 클라이언트의 경우, 그가 선택한 가치가 음주에 어떤 영향을 주는지 물어볼 수 있으며, 우리의 역할은 대화 중 반영과 요약을 해 주는 것이다.

집단에서의 MI

다음에 나올 불일치감 만들기의 예는 집단에서 이루어지는 것이기 때문에, 집단 현장에서 이루어지는 MI의 전체적인 개요를 간단하게 알아보는 것이 필요하겠다. 지난 10여 년간 집단에서의 MI는 좋은 결과를 가져왔다. 집단치료가 물질남용 치료 분야에서 워낙 많이 이루어지고 있기 때문에 대부분 알코올이나 약물중독과 관련된 청소년, 대학생, 성인을 대상으로 한 연구들이지만, 다른 분야에서도 역시 활용되었다. 집단 MI 또는 GMI는 특정한 주제를 가지고 수행하는 여러 가지 활동들로 구조화되어 연구에 따라 1회기에서 2, 4, 10회기까지 제공될 수 있다(Engle, Macgowen, Wagner, & Amrheim 2010; Foote et al., 1999; Ingersoll, Wagner, & Gharib, 2002; LaChance, Ewing, Bryan, & Hutchison, 2009; Lincourt, Kuettel, & Bombardier, 2002; Santa Ana, Wulfert, & Nietert, 2007; Velasquez, Maurer, Crouch, & DiClemente, 2001). 또한 MI 집단은 구조화되어 있지 않고 매뉴얼화되지 않을 때 과정중심으로 진행될 수도 있다 (Wagner & Ingersoll, 2012).

기존의 물질남용 치료가 직면의 방법을 써 왔기 때문에 집단 MI

에 참가하는 클라이언트는 GMI 개입 또한 그와 비슷할 것이라고 생각한다. 집단과정에 집중하는 동시에 다른 방식의 상호작용을 이끌어 내는 것은 어려우므로 집단치료와 MI 두 가지 모두를 잘 알고 있어야 이 둘을 효과적으로 잘 결합할 수 있다(Wagner & Ingersoll, 2012). 집단 리더의 첫 번째 임무 중 하나는, GMI는 클라이언트가 기대하고 있는 것과는 다르다는 것을 설명하고, MI 정신인 협동정신, 공감, 자율성 지지에 대하여 강조하는 것이다. 이것을 실행하는 방법은 MI 상호작용을 시연해 보이거나, 집단 구성원들 사이에서 나타나는 부정적, 직면적인 말이나 성급한 조언 등을 재구조화하거나 초점을 바꿈으로써 이루어진다(Ingersoll et al., 2002; Velasquez, Stephens, & Ingersoll, 2006). 또한 집단 구성원들에게 반영적 경청을 어떻게 하는 것인지 가르쳐 줌으로써 앞으로의 집단과정에 MI를 잘 통합할 수 있게 할 수도 있다(Rose & Chang, 2010; Velasquez et al., 2006).

공감은 GMI에서 매우 중요한 요소이다. 선택적인 반영적 경청은 공감을 보여 주면서 동시에 집단에서 일어나는 변화대화를 격려하는 역할을 한다. 클라이언트가 갈등하고 있는 양가감정과 유지대화를 인정하는 것도 중요하지만, GMI 실천가는 과거에 얽매이기보다는 앞으로 진행시켜 나아가기 위해 긍정적인 면에 초점을 둔다. 앞에서도 언급했듯이, 불일치감 만들기는 낙관주의적 관점을 가지고 집단 구성원으로 하여금 삶을 향상시키고 원하는 가치와 목표에 가까운 삶을 살 수 있도록 하기 위한 것이다. 그것은 그들이 꿈꾸는 미래의 가능성을 한번 '맛보는' 것일 수도 있다(Wagner & Ingersoll, 2012).

집단에서 불일치감 만들기: 예시와 대화

앞에서 소개된 음주운전 클라이언트는 음주운전 프로그램에 등록된 사람들의 전형적인 모습이다. 대부분이 직업은 있되 결혼하지 않은 젊은 남자이다. 그들의 음주관련 문제는 치료 프로그램에 참여하는 일반적인 알코올, 약물 중독자들만큼 심하지 않을 수 있으나, 적어도 50~90%는 알코올 남용 장애 진단을 받을 수 있는 정도의 사람들이다(Cavaiolo & Wuth, 2002; Lapham et al., 2001). 대부분의 사람들은 상담 프로그램에 참여해야 하는데, 프로그램에는 교육, 인증된 커리큘럼에 기반한 집단지도, 개별상담뿐 아니라 지역사회의 단주모임Alcoholics Anonymous 참여까지 포함되는 경우가 많다. 음주운전자 교육 프로그램에 참여하는 많은 사람들이 다시는 술 마시고 운전하지 않으리라는 굳은 결심을 하지만, 음주습관을 바꾸어야 할 필요를 느끼는 사람은 별로 없다. 그들은 음주운전만 하지 않으면 별 문제가 없다고 생각한다. 음주운전 프로그램의 목표는 앞으로 음주운전을 하지 않도록 하려는 것과 함께 술에 관련된 모든 문제를 줄이려는 것으로, 술이 클라이언트 삶의 모든 영역에 끼치는 영향을 살펴보는 것을 강조한다(Cavaiolo & Wuth, 2002). 다음은 10명의 음주운전 클라이언트 집단에게 가치카드 분류 연습을 실시하는 사회복지사의 사례이다.

- 정보 제공: GI giving information
- 단순 반영: SR simple reflection
- 복합 반영: CR complex reflection
- 개방형 질문: OQ open-ended question
- 폐쇄형 질문: CQ closed-ended question
- MI 정신 일치: MIA MI adherent
  - 인정하기 affirming
  - 허락 구하기 asking permission
  - 개인 통제력 강조하기 emphasizing personal control
  - 지지하기 support

사회복지사: (출석 확인과 시작멘트를 한 후) 오늘 우리는 가치에 대해서, 우리가 정말로 중요하다고 생각하는 것들에 대해 생각해 보려고 합니다. 제가 지금부터 여러분 각자에게 다양한 가치들이 적혀 있는 카드묶음을 드릴 텐데요. 그중에는 여러분이 생각하는 가치를 적어 넣을 수 있는 빈 카드도 2장 있습니다. (카드를 나눠 준다.) 쭉 읽어 보신 후 다섯 종류로 분류해서 쌓아 보세요[GI-요청](설명을 해 준다.)

(집단 구성원들은 카드를 분류하기 시작한다. 어떤 사람들은 무릎 위에 놓고, 또 다른 사람들은 바닥에 카드더미를 쌓는다. 이 작업을 하는 동안 교실 안은 왕성한 에너지로 넘친다.)

클라이언트 1: 와~ 굉장히 많네요. 어떻게 이 많은 것을 다 결정하죠?

클라이언트 2: 모든 것이 다 중요하면 어쩌죠?

사회복지사: 너무 많아서 좀 당황스럽지요[CR]?

(분류가 다 끝난 후)

사회복지사: 다음 두 번째 단계는 좀 더 어려운데요. '가장 중요함' 카드 더미에서 제일 중요하다고 생각되는 카드부터 순서대로 10장의 카드를 골라 보세요[GI].

(집단 구성원들이 분류를 계속하면서 새로운 카드 더미들을 만든다.)

클라이언트 3: 이건 처음에 한 것보다 더 어려운데요!

사회복지사: 모두 다 하셨나요? 그럼 가장 중요하다고 생각하시는 10장의 카드를 잡으세요. 그리고 원하시는 분부터[MIA] 다른 분들께 그 카드를 소개해 주세요. 자신이 중요하다고 생각하는 가치는 무엇이며, 각각의 가치들이 자신에게 어떤 의미가 있는지 말해 주세요[OQ].

클라이언트 1: 제가 먼저 해 보겠습니다. 저는 '가족'을 선택했습니다. 저에겐 아내와 3명의 아이가 있는데 그들은 제 모든 것입니다. 저는 '건강'도 택했습니다. 건강을 잃으면 아무것도 할 수 없기 때문입니다. '독립'을 선택한 이유는, 누군가가 저에게 이거 해라 저거 해라 시키는 것을 싫어할뿐더러 일하는 데 있어서 다른 사람에게 의지하는 것을 원치 않기 때문입니다. 저의 가족은 제가 돌보고 싶습니다. 그리고 '성취'를 뽑은 이

유는 저에게 있어서 성공과 독립적으로 사는 것은 매우 중요하니까요. '수용'은 나 자신과 다른 사람들을 받아들이는 것으로 저에겐 매우 중요한 것이죠.

사회복지사: 감사합니다. 정말 잘하셨습니다[MIA]. 또 얘기해 주실 분 안 계세요[OQ]?

클라이언트 4: 저는 좀 다른 것들을 선택했습니다. 하지만 클라이언트 1의 의견에도 동의합니다. 그것들은 정말로 중요한 것들이죠. 그중에 선택을 해야 하니 참 힘들었습니다! 저도 '가족'을 선택했습니다. 저는 형제들과 자주 어울려 다니는데, 정말 저의 가장 좋은 친구들입니다. 저는 '여가생활'도 선택했는데 우리는 모두 강가에 놀러 가거나 스키를 타러 가는 것을 좋아합니다. 저는 형제들과 함께 모여서 노는 시간이 제일 즐겁습니다. 건강한 몸을 유지하기 위한 '신체단련'도 매우 중요하다고 생각합니다. 저는 '재산'도 선택했는데, 돈을 원하지 않는 사람이 어디 있겠습니까? 돈 걱정 없이 살 수 있다면 정말 좋겠죠. '유머'를 선택한 이유는 모든 사람들이 유머감각 있는 사람을 좋아하기 때문입니다.

(다른 사람들도 자신의 의견을 나눈다.)

사회복지사: 이렇게 많은 분들이 자신의 생각을 나누어 주셔서 정말 감사합니다[MIA]. 저와 더불어 여기 계신 모든 분들 다 서로에 대해 새로운 것들을 알아 가는 좋은 시간이었습니다[GI].

클라이언트 5: 저는 저 자신에 대해서도 지금까지 깨닫지 못하고 있었던 것을 알게 되었습니다.

사회복지사: 무엇을 알게 되었나요[OQ]?

클라이언트 5: 저는 '안정감'을 선택했는데 그전에는 한 번도 생각해 보지 않았던 것입니다. 하지만 카드를 보다 보니까 저에게 매우 중요한 것이란 생각이 들었습니다. 아마도 제가 변화를 싫어하기 때문일 겁니다. 저는 앞으로의 제 삶이 오늘 같기를 바랍니다. 저는 직장도 있고 살 집도 있으며 무엇을 먹을지 염려할 필요도 없습니다. 말하다 보니 내 얘기가 아니라 우리 아버지 얘기를 하는 것 같네요. 하지만 지금 여기 있는 것은 접니다.

사회복지사: 그런 이야기를 나누어 주셔서 감사합니다[MIA]. 선생님도 알지 못했던 속 깊은 곳에 있었던 무언가를 발견하셨군요[CR]. 단지 카드를 훑어보고 선택하는 것만으로 사물을 다른 관점에서 바라보게 되니 참 신기한 일이죠[GI].

클라이언트 1: 예. 정말 클라이언트 5 선생님이 그러신 줄은 누가 상상이나 했겠어요? 매일 밖에서 파티 같은 것만 즐기는 술고래처럼 행동하셨잖아요.

클라이언트 5: 그래도 술이 좋기는 좋아요! 술집이 여전히 존재하는 한! '안정감'을 추구하면서도 여전히 파티를 즐기다니, 참 웃긴 일이죠?

사회복지사: 아, 그럼 그런 질문을 하셨으니, 여러분 모두 다시 '가장 중요함'으로 분류한 카드 더미로 돌아가서 여러분이 선택한 가치들과 술을 마시는 것이 서로 양립할 수 있는지를 한번

알아보기로 해요. 그 가치대로 살아가는 데 있어서 술을 마시는 것이 어떤 영향을 끼치나요[OQ]?

클라이언트 2: 다시 처음으로 돌아가서 가치 하나하나를 설명하라는 말씀인가요?

사회복지사: 예[GI], 그러면 좋겠어요[MIA].

클라이언트 4: 음. '가족'에 대해 생각해 보면, 저는 술을 마실 때 가족들과 잘 어울리는 편이죠. 형제들 모두 술 마시는 걸 좋아하니까요. 강가에 놀러 갈 때나 축구 경기를 보러 갈 때 우리는 늘 마셔요. 제가 음주운전으로 걸려서 단주모임에 나가야 한다고 하니까 형제들이 막 웃었어요. 그러면서 "좋은 시간 보내라"고 농담조로 얘기했죠. 그런데 저의 아버지가 저보다 조금 많은 나이에 중풍으로 돌아가셨어요. 알코올중독이셨던 것 같아요. 가끔 우리가 언제까지 이렇게 술을 마실 수 있을까 생각하곤 해요. '여가생활'은 우리 모두가 함께하는 재미죠. 저는 수상 스키 타는 것을 참 좋아해요. 하지만 잔뜩 취했을 땐 안 되겠죠! '신체단련' 면에서 보면, 맥주를 많이 먹으면 당연히 배가 나와서 좋은 몸매를 유지할 수가 없죠! '재산'은 많이 갖고 싶긴 하지만, 돈 모으는 데 그리 재주가 있는 것 같지는 않아요.

클라이언트 1: 일주일에 술 마시는 데 드는 비용이 얼마나 되나요?

클라이언트 4: 100달러 이상 드는 것 같아요. 정확히는 모르겠어요. 아마도 술을 줄이면 돈이 좀 모아지겠죠. 제가 마지막으로 꼽은 것은 '유머'인데, 저의 술 취한 모습을 보면 사람들이 재미있어 해요. 그래서 그런 면에서만 보면 술을 마심으로

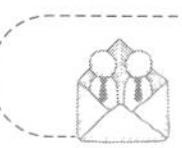

써 제가 사람들과 더 잘 사귀고 재미있는 사람이 되는 것 같아요.

사회복지사: 한편으로는 술이 가족들과 더 가깝게 만들어 주고 재미있는 사람이 되게 하지만, 다른 한편으로는 선생님과 형제들의 건강을 해칠까 봐 염려가 되시는군요. 또한 술이 칼로리가 높아서 살이 찌면 야외운동을 하기 힘들어지는 것도 문제고요. 그리고 돈도 많이 들고요[CR-양면 반영].

클라이언트 4: 그런 식으로 생각해 본 것은 처음인 것 같아요. 하지만 형제들과 같이 있으면서 술을 마시지 않는다는 것은 상상도 못해 봤어요. 저한테 무슨 큰 일이 생긴 줄 알 거예요.

클라이언트 3: 형제들에게 아버지처럼 일찍 세상을 뜨고 싶지 않다고 말하면 아마 이해해 줄지도 모르죠. 형제분들도 술을 줄일지도 몰라요.

클라이언트 4: 글쎄요…

사회복지사: 클라이언트 3께서 도와주시려고 좋은 해결방안을 생각해 주셨네요[SR]. 오직 선생님(클라이언트 4)만이 형제들에게 무슨 말을 할 것인지 말 것인지, 본인의 음주습관을 바꿀 것인지 말 것인지를 결정하실 수 있습니다. 그리고 만약 그렇게 하기로 결정하셨다면, 어떤 방법이 가장 좋을지를 결정하는 것도 선생님이죠[MIA-자율성 지지하기].

클라이언트 4: 예(클라이언트 3에게). 조언해 주셔서 감사합니다.

클라이언트 1: 다음으로 제가 해 보죠. 저에겐 '가족'이 중요한데, 아내는 제가 음주운전에 걸린 것 때문에 화가 많이 났어요. 제가 술 마시고 집에 돌아오면 항상 화를 내죠. 애들도 마찬

가지로 싫어해요. 보통 저는 금방 잠이 들어 버리고 가족들은 저만 의자 위에 남겨두고 각각 자기 방에 자러 가죠. '건강'을 생각해 보면, 음주가 건강에 좋지 않다고들 하지만 아직까지 저에게는 열량이 좀 많은 것을 빼면 그다지 건강에 나쁜 영향을 끼치지는 않는 것 같아요. '독립'의 면에서도, 저는 개인 사업을 하니까 독립적인 셈이지요. 일할 때는 술을 마시지 않아요. 가끔 숙취가 있을 때도 있지만 직원들이 눈치챌 정도는 아니에요. '성취'의 면에서도, 어렸을 때 가난했기 때문에 돈 문제로 어려워지지 않게 하고 싶죠. 술을 마시는 것이 돈이 많이 드는 것은 사실이지만 그래도 전 항상 회사 일을 최우선으로 생각하고 최선을 다해 열심히 일하고 있어요. '수용' 이라는 가치를 생각해 보면, 솔직히 말해 이번 음주운전에 대해서 저 자신을 받아들이는 것이 쉽진 않았습니다. 제가 술을 많이 먹으면, 저를 받아들이기 어려워지는 것은 사실입니다.

클라이언트 5: 저는 제가 놀랍게도 '안정감'을 선택했다고 말씀드렸습니다. 예, 확실히 술은 저의 안정감에 영향을 끼칩니다. 특히 구치소에서 하룻밤을 지낼 때는 더 하죠. 저의 나머지 가치들은 여러분들 것과 비슷합니다. 가족, 일, 건강입니다. 저에게 술 때문에 문제가 있다고 생각하진 않았었지만, 가치카드 분류 연습을 통해 여러 측면에서 음주를 바라볼 수 있게 되었습니다. 여자 친구는 저에게 중요합니다. 그런데 제가 다시 한 번 음주운전을 하면 헤어지겠다고 협박을 했습니다. 그녀는 "술꾼"과는 같이 있고 싶지 않다고, 그건 전에 사귀었던 남자 친구로 족하다고 했습니다.

사회복지사: '안정감'은 그녀에게도 중요하군요. 그녀는 자신이 믿고 의지할 수 있는 사람을 원하고 있네요[CR].

클라이언트 5: 예, 그런 것 같습니다.

사회복지사: 이제, 우리가 여기서 나온 얘기를 들으면서 생각해 보아야 할 것은, 우리가 우리 자신이 누구인지를 나타낼 수 있는 이렇게 훌륭한 가치들을 가지고 있음에도 불구하고 술을 마심으로써 그렇게 살아가는 것에 방해를 받는 일이 많이 생긴다는 것입니다. 우리가 품고 있는 가치들을 생각해 보는 것은 우리로 하여금 자기 자신을 돌아보게 하고 삶에서 우리가 어느 위치에 서 있나를 생각해 보게 합니다. 술을 마시는 것이 어떤 가치를 추구하는 데 도움이 될 때도 있지만 많은 경우에 문제를 야기하기도 합니다[CR-요약].

클라이언트 5: 예. 저도 이 모든 가치에 대해 한번 생각해 봐야겠어요. 아마도 술을 줄이게 될 수밖에 없을 것 같네요.

논 의

이 집단 프로그램에서 사회복지사가 해야 할 과업이 몇 가지 있었다. 먼저 클라이언트를 위해 가치카드 분류 연습을 구성하는 것이었다. 사회복지사는 MI 정신을 보여 주고, MI 기술들을 사용하는 동시에 집단과정에도 주의를 기울여야 했다. 집단 구성원 중에 누군가가 다른 구성원을 향해 청하지도 않는 충고를 하려 할 때 바로 바로 개입하여 클라이언트에게 자신의 음주에 관한 결정은 스스

로에게 달려 있음을 상기시켰다. 또한 개개인의 구성원들이 이야기 하는 것들을 종합하여 하나의 공통된 주제를 도출해 내는 일도 담당하여야 했다(Velasquez et al., 2006). 개별 상담과 달리, 집단 프로그램은 구성원 모두가 자신의 생각이나 관심을 심층적으로 나타낼 수가 없다. 집단은 다른 구성원들의 이야기를 잘 듣고 그것을 통하여 서로 배우며 토론한 것들에 대해 생각해 보게끔 해 주는 것이다(Wagner & Ingersoll, 2012).

가치카드 분류 연습은, 특히 클라이언트가 양가감정을 가지고 있을 때 변화되어야 할 행동에 대해 이야기할 기회를 제공한다. 6장의 첫 부분에 나왔던 음주운전 클라이언트는 이 집단 프로그램에서 클라이언트 5에 해당한다. 그는 '안정감'이라는 카드를 선택하고 본인도 놀랐다는 이야기를 하기 전까지는 이 집단에서 비교적 조용한 편이었다. 그는 자신에 대해 새로운 것을 알게 되었다. 술을 마시는 것이 가치에 어떤 영향을 주는지에 대한 토의가 진행되면서 그는 자신을 돌아보게 되고 그의 음주를 다른 관점에서 바라볼 수 있게 되었다. 사회복지사의 말을 통해서가 아니라 본인 스스로의 통찰에 기반했기 때문에, 그는 술이 자기 삶에 미치는 영향을 보다 열린 마음으로 바라볼 수 있었다. 그는 자신의 이야기를 필요성에 대한 변화대화로 끝맺었다. "아마 저의 음주에 대해 어떤 조치를 취해야 할 것 같네요." 후속 모임에서는 술을 줄이거나 끊는 전략을 다루는 것도 좋을 것이다. 이 연습을 해 본 다음이기 때문에, 그때에는 그가 더욱더 자신을 열고 대화에 참여할 것이다.

맺음말

양가감정은 생기기도 하고 없어지기도 한다(Miller & Rollnick, 2002). 우리 모두는 무언가를 함에 있어 의욕이 넘칠 때가 있는 반면, 그렇지 못할 때가 있다. 시아버지의 경우에서 보듯이, 무언가가 우리에게 정말 중요하다고 생각될 때, 자신감을 가지고 있으면 그것을 이루기 위해 앞으로 나아갈 수 있다. 클라이언트의 변화대화에 초점을 맞추다 보면 변화하는 쪽으로 상황을 이끌 수 있게 된다. 연구의 결과들이 이것의 중요성을 입증해 주고 있으며, 클라이언트가 사용하는 언어를 다시 잘 다듬어 표현할 수 있는 실천가의 역할도 중요한 것으로 나타났다. MI 기술들과 구조화된 훈련들을 잘 사용함으로써 이런 실천을 하는 데에 도움을 얻을 수 있을 것이다.

Chapter 7

저항과 함께 구르기

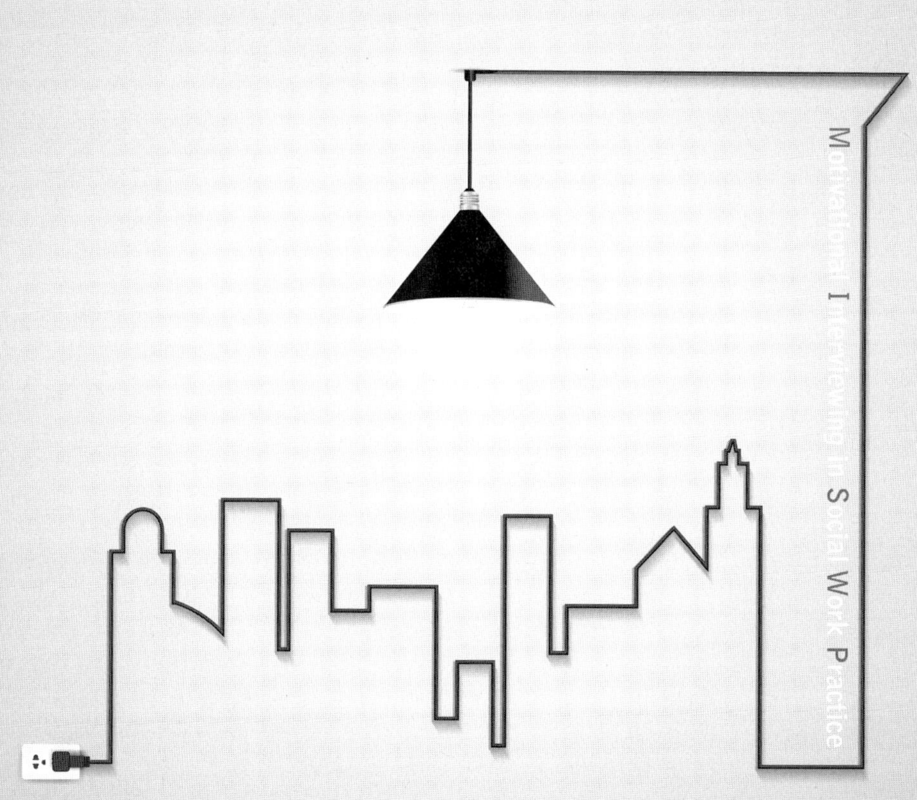

Chapter 7

저항과 함께 구르기

- 청소년과 MI-

Melinda Hohman, Elizabeth Barnett, Audrey M. Shillington

클라이언트가 서비스를 받는 것을 늘 좋아하는 것은 아니다. 그리고 사회복지사는 이런 클라이언트와 함께 일하는 것에 익숙하다. MI 훈련가들이 상대하는 훈련생들은 때로 고용주에 의해 "강제로" 강좌를 듣게 된 사람들도 있고, 그런 사람들은 신문을 꺼내서 읽거나 훈련강좌 중에 휴대폰을 보는 등의 행동을 보임으로써 그러한 상황에 대한 자신들의 생각을 표현하는 데 주저함이 없다. 내가 만난 한 경영학 전공 학부생은 "사람들과 잘 지내는 방법을 배울 필요가 있으니" 내가 강의하는 인간행동 강의를 들으라는 권유를 받았다고 하였다. 이런 사람들이 가진 공통점은 자율성을 상실했다는 것이다. 다른 사람에 의해서, 혹은 일부 클라이언트의 경우처럼 자신의 통제를 벗어난 상황에 의해서 무언가를 하도록 강요받았다는 것이다. 자기결정이론에서 우리가 배웠듯이, 인간은 자율성의 욕구를 가진다. 사회복지실천의 용어로 말하자면 클라이언트는 자기결정의 욕구를 가진다. 그런데 심리적 저항이론에 의하면 자율성이나

자기결정권이 위협 당했을 때 인간은 자신의 자율성을 주장하기 위하여 반응 혹은 "밀어내기push back"를 하게 된다(Brehm & Brehm, 1981). 이러한 "밀어내기"를 MI에서는 저항이라고 부른다.

Miller와 Rollnick(1999)이 저항을 표현하는 방식은 우리가 사회복지학에서 배운 것과 약간 다르다. 저항의 고전적 정의는 심리역동적 관점에서 나왔는데, 저항이란 클라이언트의 내면에 있는 것으로서, 개인의 성장이나 변화에 대한 장애물로 작용하게 된다는 것이다(Hepworth et al., 2010). 따라서 심리치료자의 과업은 해석을 통해, 혹은 전통적인 물질남용 치료에서처럼 클라이언트에게 자신의 "부정denial"을 직면시킴으로써 이 장애물을 극복하도록 하는 것이다(Glabbard, Beck, & Holmes, 2005). 이러한 관점에서 보면 사람들이 저항을 경험하는 것은 자신을 성찰하는 것이 고통스럽기 때문이며, 그래서 클라이언트가 자신의 억압된 생각이나 치료과정에서 제공되는 성찰을 숨기려는 반응을 보이게 된다는 것이다. 저항은 클라이언트의 문제로 인식되며 이러한 관점은 특히 사회복지학도들이 자신의 클라이언트가 경험하는 "전이"에 대해 논의하는 것을 들을 때 더욱 명백하게 드러난다. 클라이언트가 논쟁적으로 또는 수동적으로 반응할 때면 학생들은 클라이언트가 내면적으로 경험하는 무엇인가로 인해 이러한 반응이 일어난다고 본다. 그런데 그런 행동들을 MI의 시각을 통해서 보면 매우 다르게 볼 수 있다.

좀 더 클라이언트 중심적인 시각을 취하면서 Miller와 Rollnick (2002, p. 98)은 저항을 "관찰 가능한 클라이언트 행동"으로서 "상담과정상의 불협화음을 나타내는 중요한 신호"로 묘사한다. 저항이나 부정은 클라이언트 내면의 특성이 아니라 클라이언트와 사회복지사 간의 상호작용적 의사소통에 대한 반응인 것이다. 저항적 행동이 관찰되면, 사회복지사로서 우리가 해야 할 일은 일단 멈추고 상호작용에서 방금 일어난 것이 무엇인지 성찰한 후, 다른 방식으로 의사소통을 하면서 과정을 진행하는 것이다. 이것을 **저항과 함께 구르기**라고 부르며 이러한 "구르기"의 전략은 다음에서 제시되는 바와 같다.

MI 내에서 클라이언트의 이야기를 이해하기 위한 연구가 진전됨에 따라 Miller와 Rollnick(1999)이 이전에 저항이라고 명명했던 개념에 대해 약간 차별화할 필요가 생겼다. 그리하여 현재의 상황을 유지하려고 하는 클라이언트의 말을 저항을 나타내는 행동들과 좀 더 잘 구별하기 위하여 **유지대화**sustain talk라는 용어를 채택하게 되었다. 클라이언트가 변화에 대한 염려를 이야기하고 싶은 것은 정상적인데, 이러한 유형의 이야기를 "저항"이라고 명명하는 것은 이런 종류의 의사소통을 병리적으로 바라보게 한다는 우려가 있었다(Miller, Moyers, Amrhein, & Rollnick, 2006). 저항의 신호는 주로 상호작용에서의 불협화음dissonance을 나타내기 위한 클라이언트의 행동으로 나타난다. 그러한 행동에는 언쟁이나 말의 중단, 주제 바꾸기, 사회복지사가 하는 말에 대한 무시 등이 포함된다. 어떤 클라이언트는 아예 말하는 것 자체를 거부하거나, 대화 전체를 장악해 버리기도 한다(Rosengren, 2009).

클라이언트로 하여금 저항하게 만드는 것은 무엇일까? 어떤 경우에는 상호작용의 맥락 자체가 처음부터 저항하고 싶은 클라이언트를 만들어 내곤 한다. 명령에 의해서 워크숍에 참석하게 된 훈련생의 경우, 훈련이 시간 낭비가 될 것이며 자신이 이미 알고 있고

또 하고 있는 것들을 배우게 될 것이라고 믿거나, 혹은 MI라고 하는 것이 또 하나의 지나가는 유행일 뿐이라고 생각할 수 있다. 명령에 의한 비자발적 클라이언트는 사회복지사를 대할 때 불신이나 경계심을 가지며, 가족을 보호하기 위해서 사회복지사가 하는 모든 말을 반박할 준비를 하고 오기도 한다. 사회적 소수자 계층에 속하는 클라이언트는 인종, 민족, 연령 혹은 계층의 차이로 인해 면접에 임할 때 조심스러운 마음가짐을 가지게 된다(Woller, Buboltz, & Loveland, 2007). 중증 정신질환을 가진 클라이언트는 판단의 대상이 되거나 약물복용을 강요받게 될까 봐 두려워할 수 있다. 청소년은 자율성이라는 정상적인 발달과업을 수행하고 있기 때문에 권위를 가진 어른이 하는 말은 무슨 말이든 의심한다(Naar-King & Suarez, 2011). 이 모든 상황들은 저항적인 훈련생/클라이언트를 우리에게 선사하는데, 이들은 우리를 만날 때 자신의 자율성이 위협받는 데 대한 정상적 반응을 보이는 것이다. 이런 저항에 대해 우리가 어떻게 반응하는지가 이후의 상호작용의 기초를 닦는 것이다.

나는 최근에 초등학교 교사로 일하는 친구와 이야기를 나누면서, 워크숍에서 나를 힘들게 했던 훈련생에 대해 이야기하였다. 친구는 "그 훈련생에게 싫으면 그냥 나가도 된다고 얘기하지 그랬어? 나는 그렇게 하는데. 버릇없는 아이들은 교장실로 보내거든." 하고 말했다. 그래서 나는 그렇게 하면 MI 훈련에서 보여 주려고 하는 바와 정면으로 배치된다는 것을 설명해 주었다. 불행히도, 우리 중 많은 사람들이 저항을 저항으로 정면으로 받아치는 것을 의사소통의 "기본설정default"으로 하고 있다. 어떤 경우에는 의도하지 않게 논쟁 혹은 진단명 붙이기labeling와 같은 의사소통의 함정에 빠지기도 한다

(Gaume, Bertholet, Faouzi, Gmel, & Daeppen, 2010).

Miller와 Rollnick(1999)은 의사소통을 어렵게 하고 최악의 경우 클라이언트의 저항을 만들어 내거나 증가시키는 "의사소통의 함정"에 대해 논의하였다.

질문-대답 패턴 함정

3장에서 이미 클라이언트에게 연속적으로 질문을 하게 되는 질문-대답 패턴 함정question-answer trap에 대하여 논의한 바 있다. 이러한 과정에 휘말리게 되면 클라이언트는 겉으로 저항을 보이지는 않지만 그 반대로 공공연하게 수동적인 태도를 취하며 정보제공을 최소화하고 대화에 잘 참여하지 않을 수 있다.

비난하기 함정

비난하기 함정blaming trap은 위의 이야기에서 묘사된 내용이라고 할 수 있다. 즉, 훈련생/클라이언트와의 관계가 잘 성립되지 않을 때 그것을 그들의 탓이라고 치부하는 것이다. 내가 중독 분야에서 일하던 시절, 거주시설에서는 "저항적" 클라이언트들을 퇴소시키곤 했었다. 그들이 먼저 "밖에 나가서 바닥을 쳐야" 동기화된다는 생각이 일반적이었기 때문이다. 동기 부족이나 "부정"의 상태로 남아 있는 것에 대한 비난은 철저히 클라이언트에게 돌아갔다. 우리는 클라이언트가 잘할 때만 우리 책임으로 받아들였던 것이다!

전문가 함정

사회복지 전문가들이 저항적 행동을 보이는 클라이언트에 대

해 행하는 일들 중 상당수는 비생산적일 때가 많다(Forrester et al., 2008). **전문가 함정**expert trap은 **교정반사**righting reflex의 또 다른 형태이다. 사회복지사들은 클라이언트에게 무엇을 해야 하는지, 클라이언트 자신을 위해 무엇이 가장 좋은지를 말해 주고 싶어 한다. 클라이언트의 삶을 개선시키는 다양한 방법에 대하여 수많은 아이디어를 가지고 있는 것이다.

진단명 붙이기 함정

클라이언트가 사회복지사의 이러한 아이디어를 무시하거나, 그런 아이디어가 효과가 없을 것이라고 생각하는 이유를 말하면 사회복지사들은 놀라게 된다. 사회복지사들은 "전 그저 도와드리려고 한 것뿐입니다."라고 말하며 **수치함정**[1]shaming trap에 빠지기도 한다. 이것은 **진단명 붙이기 함정**labeling trap의 일종으로서, 특정 클라이언트나 특정 행동에 대하여 "저항적" "부인하는" "약물중독" 혹은 "무능한 어머니"와 같은 낙인을 부여하는 것이다. 경고나 위협이 나타나기도 하는데, 즉 클라이언트에게 특정한 변화 유도를 설득하지 못했을 때, 그러한 변화가 일어나지 않으면 무슨 일이 일어날지 이야기해 주는 것이다.

한쪽 편에 서기 함정

사회복지사는 변화를 옹호하는 논쟁을 하거나 다른 관련 당사자

---

1) 역자주: 클라이언트에게 수치감을 주는 함정. 즉, 도움을 주려는 사회복지사의 의도를 잘 받아들이지 못하는 클라이언트로 낙인찍음으로써 사회복지사의 제안이 받아들여지지 않은 이유를 클라이언트에게 두려고 하는 의사소통의 함정을 의미함.

들과 동의함으로써 한쪽 편에 서기 함정taking sides trap에 빠지기도 한다. 이것의 한 예를 들어 보자면, "자, 봐라. 부모님께서 너에 대해 걱정하고 너를 위해 가장 좋은 것만을 바라고 계신다는 것을 모르겠니?"라고 하는 것과 같은 것이다.

조급하게 초점 맞추기 함정

마지막으로, 조급하게 초점 맞추기 함정premature focus trap은 우리가 클라이언트보다 앞서 나가는 것을 말하는데, 그들의 양가감정을 충분히 탐색하지 않은 채 변화과정으로 나아가는 것을 의미한다. 이렇게 되면 클라이언트는 논의에서 주저하거나 왜 그들이 변화를 할 수 없거나, 하지 않을 것인지, 혹은 하지 말아야 하는지에 대하여 설명하기 위해 상당한 양의 유지대화를 활용하게 된다.

요약하자면, 클라이언트가 사회복지사를 찾아올 때에는 유지대화를 위한 준비를 하고 오거나, 혹은 면접의 맥락에 기초한 저항적 행동을 보일 수 있다. 사회복지사는 대화에 대한 통제력을 유지하려다가 의사소통의 함정에 빠질 수 있는데, 대개 이런 방법들은 실패하게 되어 있다. 유지대화를 많이 듣게 되거나 저항적 행동을 관찰할 때마다, 클라이언트는 자신과 의사소통을 제대로 못하고 있다는 신호를 우리에게 보내는 것임을 상기해야 한다. 즉, 사회복지사가 하려고 하는 것이 무엇이든, 그것이 자신의 자율성을 위협하고 있으므로 클라이언트는 "밀어내기"를 하고 있는 것이다.

저항과 함께 구르기 전략

MI 훈련가들은 암기법을 매우 좋아하는데, 어떤 훈련가가 저항과 함께 구르기 전략을 '슬픈(SAD)'과 '겁에 질린(SCARED)'으로 기억하는 기발한 방법을 고안하였다. 저항적으로 행동하는 클라이언트들이 진짜로 슬프거나 겁에 질렸는지는 알 수 없지만, 이 아이디어는 클라이언트가 현재 어떤 경험을 겪고 있는지 우리가 기억할 수 있도록 도와준다. 슬픈(SAD)은 단순 반영Simple reflections, 확대 반영Amplified reflections, 그리고 양면 반영Double-sided reflections을 의미하는 것이다. 저항과 함께 구르기의 이러한 방법들에 대해 먼저 살펴보자.

단순 반영

때로 어떤 상호작용의 맥락에서 저항이란 커다란 돛단배가 특정 방향으로 매우 빠르게 떠내려가는 것처럼 느껴질 때가 있다. 배가 움직이면서 가속도가 붙는 것처럼, 면접에서 대화가 명백하게 경로를 이탈했음을 사회복지사가 느끼는 것이다. 특히 분노한 클라이언트가 당면한 문제를 논의하기보다 사회복지사에게 호통을 치는 데 관심을 갖는 경우 더욱더 그러하다. 이때 단순 반영은 사회복지사로 하여금 논쟁에 휘말리지 않게 해 주면서 동시에 경청을 하고 있음을 클라이언트에게 알려 주는 좋은 방법이다. 말하자면 반영은 "돛에서 바람을 앗아 감으로써 맥이 빠지게" 하는 방법으로, 그 결과 돛단배는 물에서 정지하게 된다. 즉, 이런 종류의 (부정적인) 의사소통을 지속하는 힘이 소멸되는 것이다. MI 훈련가인 John Martin은는 말하기를, "의심이 들면, 반영하라."고 하였다. 반영하기는 에너지의 부정적 흐름을 멈추게 하고 생각을 추스를 시간을 줌으로써 사회복지사가 직면한 저항을 어떻게 하면 가장 잘 다룰 수 있을지 생각하게 도와준다.

단순 반영을 활용하면 저항이 어디에서 오는 것인지 판별하고 동시에 클라이언트가 무엇을 말하고자 하는지 이해하는 데 도움이 된다. 어쩌면 우리가 무심코 전문가로서의 결론을 내려 버렸거나, 혹은 클라이언트가 도약할 준비가 되기도 전에 특정 주제를 꺼냈거나, 여러 개의 주제를 연결함으로써 성급한 초점을 만들어 냈을지도 모른다. 면접의 맥락에서 기인하는 저항의 경우, 단순 반영을 사용함으로써 클라이언트에게 우리가 그들을 판단하거나 우리의 주장을 강요하지 않을 것이며, 그들을 따라 움직일 것이라는 신호를 전달할 수 있다.

확대 반영

확대 반영은 클라이언트가 말하는 것을 듣고 그것을 과장하는 것으로서, 때로 클라이언트의 "밀어내기"를 감소시키는 데 도움을 준다. 다음에 제시된 청소년 클라이언트와 학교사회복지사의 대화는 확대 반영의 예를 보여 준다.

> 클라이언트: 내가 뭣하러 선생님과 얘기해야 하냐고요…. 어차피 선생님은 내 삶이 어떤지 전혀 모르시잖아요!
>
> 사회복지사: 그래, 네가 지금 겪고 있는 상황을 정말로 이해할 사람은 이 세상에 단 한 명도 없을 거야[확대 반영].

클라이언트: 아니. 그렇게까지 나쁜 건 아니예요. 나도 친구가 있거든요….

사회복지사: 친구들과 이야기하는 게 너한테 정말 도움이 많이 되는가 보구나[확대 반영].

클라이언트: 글쎄요. 우리가 그렇게 이야기를 많이 하는 건 아니지만, 그렇지만 내 문제를 사회복지사랑 이야기하는 건 싫어요.

사회복지사: 그러니까 넌, 한편으로는 너 혼자 모든 일을 처리하고 있으면서, 또 한편으로는 믿을 수 있는 사람이 있다면 그 사람한테 너에게 일어나고 있는 일들을 이야기했으면 좋겠다는 생각도 있는 거네[양면 반영].

양면 반영

양면 반영이란 클라이언트가 때로 의식하지 못하는 양가감정을 반영해 주는 것을 말한다. 양면 반영을 활용함으로써 양가감정의 양쪽 측면을 연결할 수 있게 되며, 6장에서 언급했듯이 이는 불일치감을 만들어 내는 데 도움이 된다. 클라이언트가 기억했으면 하는 부분을 반영의 마지막 부분에 넣으면 대화의 방향을 유지하는 데에 도움이 된다. 위의 대화에서, 사회복지사는 자신이 당면하고 있는 문제를 처리함에 있어 너무 고립되지 않았으면 하는 클라이언트의 바람에 마지막 강조점을 두었다.

겁에 질린(SCARED) 기억법은 초점 바꾸기Shifting focus, 나란히 가기Coming alongside, 방향 틀어 동의하기Agreement with a twist, 재구조화하기Reframing, 개인 통제력 강조하기Emphasizing personal control, 그리고 감정

노출하기Disclosing feelings의 첫 글자를 딴 것이다.

초점 바꾸기

초점 바꾸기 방법은 주제를 바꾸거나 대화를 다른 방향으로 돌리는 것을 말한다. 예컨대, 앞에서 제시한 예에서 사회복지사는 "당신은 당신이 믿는 사람들에게 무엇을 바라나요?"라고 물어볼 수 있다. 이렇게 되면 '사회복지사는 자신을 이해할 수 없다.'는 클라이언트의 주장으로부터 대화의 방향이 멀어지게 된다. 때로는 보다 노골적인 방법으로 초점을 바꿀 수도 있는데, 이때에도 클라이언트를 존중하는 방식으로 해야 한다. "이래서는 아무래도 합의가 어려울 것 같군요. 다른 주제로 넘어가도 괜찮을까요?"

나란히 가기

나란히 가기는 클라이언트와 시각을 함께하기 위해 사용되는 전략으로서, 왜 변화할 수가 없는지 혹은 지금은 변화할 시점이 아니라든지 하는 유지대화를 많이 듣게 되는 경우에 사용한다. 이 전략에 대해 내가(Melinda Hohman) 가장 즐겨 드는 예는 MI 특강을 하러 갔을 때 어떤 사회복지학과 대학원생과 했던 역할연기에서 나온 것이다. 그 학생은 자신이 "너무 게으르다."는 점이 문제라고 말했다. 그 학생의 게으름에 대해 논의하는 과정에서, 학생은 왜 그것이 문제인지 이야기한 다음, 자신이 왜 변화할 수 없는지에 대한 온갖 이유들을 이야기하였다. 그래서 그 학생에게 "어쩌면 지금은 이걸 변화시킬 시점이 아닐지도 모르겠습니다. 이미 대학원생으로서 해야 할 일들이 너무나 많은데, 이런 것까지 걱정할 틈이 없겠

죠."라고 말했다. 그러자 학생은 내가 제정신이 아닌 양 쳐다보더니 자신이 변화를 할 수 있는 여러 가지 방법들에 대하여 이야기하기 시작했던 것이다. 항상 이렇게 극적인 효과를 가져오는 것은 아니지만, 나란히 가기는 단연코 대화의 계기를 바꾸게 한다. Miller와 Rollnick(2002)은 이 방법을 사용할 때 저항이나 유지대화를 감소시키는지를 확인하면서 잘 판단해서 사용해야 한다고 하였다. 만약 클라이언트의 유지대화가 계속된다면, 다른 전략이 더 나을 수도 있다는 것이다.

방향 틀어 동의하기

방향 틀어 동의하기는 재구성이 달려 있는(이 점이 색다른 점이다) 동의 혹은 반영(단순 반영이든 복합 반영이든)을 말한다(Miller & Rollnick, 2002; Rosengren, 2009). 이 방법은 클라이언트를 지지할 수 있게 해 주며 대화를 다른 방향으로 이끌어 가도록 도와준다. 위의 예시에서, 청소년과의 대화를 계속하면서 사회복지사는 "너는 누구하고 이야기할지에 대해 신중하구나. 그리고 필요할 때는 믿을 수 있는 사람에게 마음을 여는 것이 도움이 된다는 것도 아는구나."라고 응답했다. 앞부분은 동의(반영)이고 뒷부분은 방향을 틀어 준 부분이다. 클라이언트가 이런 말을 하지는 않았지만 그런 내용이 내포되어 있었던 것이다. 이러한 방향 틀어 주기로 인해 대화는 클라이언트가 과거에 사람들과 이야기하는 것이 어떻게 도움이 되었었는지를 발견한 경험에 관하여 이야기하는 방향으로 나아가게 된다.

재구조화하기

재구조화하기는 저항과 함께 구르기의 한 방법으로서 사회복지사에게 익숙한 방법이다. 이 방법은 클라이언트가 말한 무엇인가를 가지고 다른 방식으로 "구성"하는 것으로, 클라이언트로 하여금 상황을 다른 관점이나 방식으로 바라볼 수 있게 해 준다(Miller & Rollnick, 2002). 클라이언트가 사회복지사를 신뢰하지 못하겠다는 진술에 대해서 "낯선 사람을 잘 알게 될 때까지 신뢰하지 않는 것은 자신을 보호하는 논리적인 방법이죠."라고 재구조화할 수 있을 것이다. 이렇게 하면 클라이언트의 행동을 "정상적"인 것으로 간주하면서 사회복지사를 잘 알게 되면 좀 더 신뢰할 수 있을 것이라는 의미를 함께 내포하게 된다.

개인 통제력 강조하기

클라이언트가 자율성을 위협받는다고 느낄 때 저항한다는 것을 알게 되면, 왜 개인 통제력 강조하기가 저항과 함께 구르는 효과적인 전략인지가 명백해진다. "언제 누군가를 신뢰할 수 있는지에 대한 결정은 오직 당신만이 할 수 있습니다." 혹은 "변화에 대한 결정은 전적으로 당신에게 달려 있습니다. 당신만이 그 선택을 할 수 있는 것이지요."와 같은 말은 우리가 클라이언트에게 변화가 정말로 그들에게 달려 있음을 인정해 주는 방법 중 하나이다. 비자발적인 상황에서도 궁극적인 결정권은 클라이언트에게 있는 것이다(Miller & Rollnick, 2002).

감정 노출하기

개인적 감정 노출하기는 자주 쓰이는 전략은 아니지만 적절한 상황에서 유용하게 쓰일 수 있다. 의사소통의 함정에 빠졌음을 인정하는 것도 이 전략의 한 예가 될 수 있다. "제가 너무 앞서서 기분을 상하게 해 드린 것 죄송합니다. 괜찮으시다면 다시 조금 되돌아가 보죠." 이 전략은 클라이언트가 스스로를 위험에 처하도록 하는 결정을 내릴 때에도 사용될 수 있다. "안전하지 못한 성행위를 하고 있다니 정말 걱정이 됩니다." 통상 사회복지사는 자신의 감정을 클라이언트와 공유하지 않지만, 때로 이러한 감정 공유가 적절할 때가 있다(Rosengren, 2009).

청소년 분야에서의 MI

청소년들은 본성적으로 권위에 대하여 도전하고 의문을 제기하기 때문에, 저항과 함께 구르기 기술들은 청소년을 대상으로 한 사회복지실천에서 특히 유용하다. 많은 선행연구에서 청소년에 대한 MI의 효과성이 보고되면서 청소년에게 활용하기에 적절한 방법으로 결론이 내려졌다. 이러한 결론은 Blos의 발달이론(Blos, 1966)에 기초하고 있는데, 이 이론에서는 청소년기를 분리와 개별화의 시기로 규정하고 이 시기에는 남에게 의지하지 않고 스스로 선택을 하는 것이 무엇보다 중요하다고 하였다. 청소년에 대한 MI의 적용을 지지하는 또 다른 증거들도 있다. 선행연구에 의하면 MI는 변화동기가 가장 낮은 사람들에게 가장 효과적(Brown & Lourie, 2001;

Miller & Rose, 2009)일 뿐 아니라 치료적 개입을 원하지 않는 사람들에게 접근하는 데에도 성공적이었다(Miller & Sovereign, 1989). 흔히 청소년들은 의사나 학교관계자, 청소년 교정 전문가 혹은 가족들에 의해 상담이나 치료를 받도록 강요당하는 경우가 많기 때문에 치료를 원하지 않는 사람 혹은 변화 동기가 형성되지 않은 사람으로 분류될 때가 많다. 청소년기는 또한 심리적 저항이 가장 높은 시기로도 알려져 있다(Hong, Giannakopoulos, Laing, & Williams, 1994). 따라서 청소년과 함께 일함에 있어 성공을 거두기 위해서는 비직면적 접근이 절대적으로 필요하다(Hohman & Kleinpeter, 2009; Naar-King & Suarez, 2011).

청소년에 대한 MI 개입에서는 다음과 같은 행동에 초점을 두었다.

- 고위험 성행위(Brown & Lourie, 2001; Cowley, Farley, & Beamis, 2002; Naar-King et al., 2006)
- 알코올 문제 (Miller, Turner, & Marlatt, 2001; Monti, Colby, & O'Leary, 2001)
- 약물사용(Baer et al., 2007; Martin & Copeland, 2008; McCambridge, Slym, & Strang, 2008; Peterson, Baer, Wells, Ginzler, & Garrett, 2006; Stephens et al., 2004; Swan et al., 2008; Walker, Roffman, Stephens-Wakana, & Berghuis, 2006; Winters & Leitten, 2007; Winters, Leitten, Wagner, & Tevyaw, 2007)
- 흡연(Colby et al., 1998, 2005; Helstrom, Hutchison, & Bryan, 2007; Kelly & Lapworth, 2006; Vaughan, Levy, & Knight, 2003; Woodruff, Edwards, Conway, & Elliott, 2001)

- 섭식장애(Dunn, Neighbors, & Larimer, 2006)
- 우울(Brody, 2009)
- 학교 출석(Atkinson & Woods, 2003; Enea & Dafinoiu, 2009; Rutschman, 2010)

학교현장에서도 알코올과 약물 사용에 대한 개입에서 MI가 성공적으로 활용되었다(Kaplan, Engle, Austin, & Wagner, 2011). Winters와 Leitten(2007)의 연구에 의하면 약물사용자로 확인된 학생들 중 혼자 혹은 부모와 함께 MI를 받은 집단이 사정만 받은 통제집단에 비하여 불법약물 사용일수, 음주나 폭음뿐 아니라 약물관련 결과 등에서 향상되었다. 이러한 향상된 결과는 6개월 추수조사에서 발견되었다. Grenard와 동료들(2007)은 대안고등학교에서 MI를 활용하여 약물중독에 개입하였다. 이 연구에 의하면 학생들은 자신들의 약물사용에 대해 기꺼이 논의하려고 하였으며 개입은 약물사용에 대한 그들의 변화 준비 정도에 영향을 미친 것으로 밝혀졌다. 또 다른 고등학교 기반의 연구에서는 MI를 활용하여 학교 무단결석을 감소시키는 데 초점을 두었는데, 연구자들은 치료집단에서 무단결석률이 61% 감소하였다고 보고하였다(Enea & Dafinoiu, 2009).

청소년과의 MI: 예시와 대화

고등학교 중도 탈락은 미국 사회의 중대한 문제이다. 해마다 고등학교를 중퇴하는 학생들이 100만 명 이상이 되며, 이들 중 대다

수는 소수인종 학생들이다(Nowicki, Duke, Sisney, Strickler, & Tyler, 2004). 고등학교 중퇴에 따른 사회적 비용에는 시간에 따른 임금의 손실로 계산되는 학생 개인의 직접적 비용과, 건강보험이 적용되지 않음으로써 발생하는 의료적 비용, 그리고 범죄 관련 비용 같은 것들이 포함된다(Alliance for Excellent Education, 2008). 다음에 제시된 사례는 학교 결석에 대한 MI 개입의 예를 보여 준다.

Robert Martinez는 학교사회복지사로서, 경제적 변화를 겪고 있는 지역사회 내에서 일하고 있다. 학교 교육청에서는 지난 몇 년 동안 고등학교 중도 탈락률이 높아진 것에 대하여 우려하고 있으며, 이러한 우려로 인해 Martinez는 질병 이외의 사유로 5일 이상 학교를 결석한 학생들에게 MI 개입을 하는 파일럿 프로그램을 진행하게 되었다. 희망컨대, 이러한 학생들이 더 많이 결석하기 전에 조기 개입을 함으로써 향후의 중도 탈락 결정에 긍정적 영향을 미치고자 하는 것이다. 교사나 상담가들이 결석이 많거나 다른 중도 탈락 위험요인이 있는 학생들을 의뢰하면, Martinez는 학생들이 다시 학교에 참여하도록 하는 목표를 가지고 MI를 활용하게 된다.

Shawn은 15세의 흑인 소년으로서 10학년(고1)에 재학 중이다. 현재 5일간 학교에 결석하였고 교사들에 의하면 학교에 와 있을 때에도 수업에 흥미가 없는 듯 보인다고 한다. 숙제를 잊어버리는 경우가 잦지만 시험을 잘 보기 때문에 성적은 대체로 B와 C가 많다. Shawn은 수업시간에 자서 문제가 된 적이 세 번 있었다. 교감선생님은 학교를 5일 빠졌기 때문에 복귀하기 전에 Martinez와 만나야 한다고 말했다.

다시 한 번 우리는 다음의 부호를 이용하여 대화를 코딩하며 저

항과 함께 구르기 전략들을 표기하고자 한다.

- 정보 제공: GI giving information
- 단순 반영: SR simple reflection
- 복합 반영: CR complex reflection
- 개방형 질문: OQ open-ended question
- 폐쇄형 질문: CQ closed-ended question
- MI 정신 일치: MIA MI adherent
  - 인정하기 affirming
  - 허락 구하기 asking permission
  - 개인 통제력 강조하기 emphasizing personal control
  - 지지하기 support

사회복지사: 안녕, Shawn. 나는 Martinez 선생님이고, 우리 학교의 사회복지사야.

클라이언트: 네. 제가 학교로 돌아오기 전에 선생님한테 와서 얘기해야 한다고 들었어요.

사회복지사: 모르는 사람한테 가서 얘기를 해야 하다니, 네가 오늘 학교 오기 전에 생각지 못한 일이었겠구나[CR].

클라이언트: 네. 웃긴 일이죠. 내가 벌써 알고 있는 것 말고 대체 선생님이 저한테 무슨 말을 하시겠어요?

사회복지사: 이건 진짜 시간 낭비일 수도 있겠지[CR-확대 반영].

클라이언트: 아, 몰라요.

사회복지사: 내가 너한테 학교를 다녀야 한다고 설교할 거라고 생각하는구나[CR-나란히 가기].

클라이언트: 물론이죠. 그게 선생님 일이잖아요, 아니에요?

사회복지사: 학교와 관련해서 너한테 좋은 것이 무엇인지를 결정할 수 있는 사람은 너밖에 없단다[MIA-개인 통제력 강조하기].

클라이언트: 선생님 말이 맞아요. 어른들은 늘 나한테 뭘 시키려고 하는데, 난 그냥 다 무시해 버리죠.

사회복지사: 너한테 좋은 게 무엇인지 너 자신이 잘 결정할 수 있다는 걸 사람들이 잘 모르는가 보다[CR-방향 틀어 동의하기].

클라이언트: 네. 저도 이제 알아서 할 수 있거든요—다른 사람들도 돌보고요.

사회복지사: 알아서 어떻게 하는데[OQ-초점 바꾸기]?

클라이언트: 그런대로 잘해요, 뭐. 학교는 좀 아닐지도 모르지만, 그래도 다른 건 잘하는 편이거든요. 엄마가 늦게까지 일하실 때는 나하고 동생이 먹을 것도 만들어 두고요. 내 친구들도 나를 믿을 수 있다는 거, 걱정할 필요 없다는 걸 알죠.

사회복지사: 동생이랑 친구들을 돌보는 것도 네가 잘하는 일이구나[SR].

클라이언트: 네, 그렇죠.

사회복지사: 또 어떤 일들을 잘하니[OQ]?

클라이언트: 잘 모르겠어요. 우리 엄마는 내가 착한 애라고 하실 거예요. 학교 빼먹을 때는 잔소리를 많이 하시지만요.

사회복지사: 너희 엄마한테는 학교가 정말 중요하구나[CR].

클라이언트: 네. 하지만 엄마가 학교에 있어야 하는 당사자는 아니잖아요. 너무 짜증나요. 선생님들은 하루종일 잔소리해 대고, 이걸 해라, 저걸 해라 시키기만 하고.

사회복지사: 그러니까, 때로 학교가 너무 지겹기도 하고, 선생님들이 뭘 많이 요구하니까 괴로울 때가 있다는 거구나[SR]. 그 밖에 또 학교가 싫은 점은 어떤 거니[OQ]?

클라이언트: 글쎄요, 그냥 지루해요. 차라리 집에서 TV를 보거나 비디오 게임을 하는 게 훨씬 좋아요.

사회복지사: 네가 할 수 있는 다른 일들만큼 흥미롭지 않다는 거구나[SR].

클라이언트: 전 늦게까지 잠을 안 자요. 비디오 게임도 하고 컴퓨터도 하고. 그러니 아침에 일어나고 싶겠냐고요? 그리고 '이왕 늦은 거, 그냥 집에 있지 뭐' 이렇게 생각하게 되고요. 선생님 같으면 안 그러시겠어요?

사회복지사: 일단 늦으면 하루가 벌써 다 날아가 버린 것처럼 생각된다는 거구나. 지각하느니 그냥 결석해 버리지 뭐, 이렇게[CR].

클라이언트: 네, 바로 그거죠.

사회복지사: Shawn, 내가 이런 걸 물어도 될지 모르겠지만[MIA-허락 구하기], 너의 미래, 예컨대 올해 말 정도를 생각해 보자. 네가 학교를 더 빼먹게 된다면 어떻게 될까[OQ]?

클라이언트: 모르겠어요.

사회복지사: 무슨 일이 일어날지 모르지. 심지어 짐작하기도 어려울 거야[SR-나란히 가기].

클라이언트: 글쎄, 아마도 10학년을 다시 해야 하지 않을까 싶네요. 그러니까 제 말은, 제가 성적은 아직 괜찮은 편이거든요. 제가 머리가 좋으니까 어쩌면 D를 받고 통과할 수도 있을 거예요. 그러면 다시 다니지 않을 수도 있겠죠. 하지만 다시 해야 한다면, 그냥 학교를 그만둘지도 모르겠어요. 전 열여섯 살이 될 거니까, 일을 할 수도 있겠네요. 돈을 벌면 엄마한테 도움이 될 거예요.

사회복지사: 그러니까 전일제로 일하게 되면 엄마한테 도움이 될 수도 있겠구나. 그런데 다른 한편으로는, 엄마는 학교가 중요하다고 생각하시니까 진짜로 좋아하시지는 않을 수도 있겠다 [CR-양면 반영].

클라이언트: 네. 아마도 화를 내시겠죠. 그치만 제가 말씀드린 것처럼, 여기 있어야 하는 당사자는 엄마가 아니잖아요.

사회복지사: 장래를 생각해 봤을 때, 만약 네가 학교를 그만둔다면, 나쁜 점은 어떤 것이 있을까[OQ-변화대화(이유) 이끌어 내기]?

클라이언트: 모르죠. 아마 취직하기가 힘들겠죠. 그리고 친구들은 다 학교에 있을 테니까 나는 하루종일 혼자서 비디오 게임을 하게 될 수도 있고, 그것도 지루해지겠죠.

사회복지사: 그리고 또[OQ]?

클라이언트: 사람들은 내가 멍청해서 학교를 그만둔 줄로 생각할지 모르죠. 근데 그건 틀린 생각이에요. 전 진짜 똑똑하거든요.

사회복지사: 사람들이 네가 학교를 그만둔 이유를 잘못 알거나 너에 대해서 이런저런 말을 할 수도 있겠구나[CR].

클라이언트: 네.

사회복지사: 그럼, 만약 네가 학교에 계속 다닌다면, 그 대가로 뭘 얻을 수 있을까[OQ-변화대화(이유) 이끌어 내기]?

클라이언트: 친구들과 함께 지낼 수 있다는 거요. 그리고 사람들한테 내가 똑똑하다는 것, 그리고 내 인생에서 뭔가를 이루고 싶어 한다는 것도 알릴 수 있겠죠. 난 정말 좋은 곳에 취직하고 싶어요. 내가 학교를 그만둘 경우 얻게 되는 그런 시시한 직장 말고요. 엄마는 내가 대학에 가길 바라세요. 하지만 어떻게 될지 누가 알겠어요.

사회복지사: 넌 사람들이 너를 존중하고 네가 똑똑하다는 걸 알기를 바라는구나. 난 그게 진실이란 걸 이미 알고 있어, 너의 선생님께서 알려 주셨거든. 그리고 친구들과 함께 지낼 수 있고, 또 고등학교 졸업장이 있으면 좀 더 나은 직업을 가지는데 도움도 되겠지[SR; MIA-인정하기]. Shawn, 지금 이 순간, 네가 학교에 계속 남아야겠다는 동기가 어느 정도 될까? 동기가 없다가 1점, 동기가 높다가 10점이라면 몇 점 정도 되는 것 같아[OQ-변화척도]?

클라이언트: (어깨를 으쓱하며) 한 6점 정도 되는 것 같아요.

사회복지사: 우와, 꽤 높은데[MIA-지지하기]. 왜 6점이지? 예를 들면, 4점 아니고[OQ]?

클라이언트: 학교에 다녀야 한다는 것을 난 알고 있거든요. 길거리에서 할 일 없이 그냥 어울려 다니는 그런 사람들처럼 되고 싶지는 않아요. 그냥 학교가 지루하다는 거죠. 하지만 더 이상 학교를 많이 빼먹고 집에 있을 수만은 없다는 걸 알아요.

사회복지사: 그 이유가 뭘까[OQ]?

클라이언트: 그러니까, 내가 학교를 더 이상 빼먹게 되면, 엄마가 편지를 받게 될 거고, 징계위원회에 가서 해명을 해야 된다는 걸 알거든요.

사회복지사: 그래, 그렇지[GI]. 그래서, 너의 목표는 뭐니? 어떻게 할 계획이니[OQ-핵심 질문]?

클라이언트: 학교에 계속 다닐 거예요.

사회복지사: 아프지 않는 한 더 이상 결석을 안 하겠다는 거구나[CR]. 네가 이런 결심을 잘 실행하려면 어떤 게 도움이 되겠니[OQ]?

클라이언트: 선생님이 다른 선생님들한테 얘기해서 잘 좀 봐 달라고 해 주시면 좋죠. 그리고 가끔씩 제가 와서 선생님하고 얘기를 해도 좋겠죠?

사회복지사: 그래, 난 너하고 얘기하는 건 항상 환영이다. 하지만 내가 네 선생님을 바뀌게 할 수 있을지는 잘 모르겠구나[GI]. 네가 다른 선생님들께 얘기할 때 어떻게 하면 좋을까[OQ]?

클라이언트: 모르겠어요. 최소한 수업시간에 자지 않으려고 노력해 볼 순 있겠죠. 숙제가 좀 시시하다고 생각해도 제출을 한다든가.

사회복지사: 네 쪽에서 먼저 노력하는 모습을 보인다면 선생님들도 네가 진심이라는 것을 잘 알 수 있게 될 거야[CR]. 이런 과정이 좀 더 쉽게 이루어지기 위해서 네가 할 수 있는 일들은 또 어떤 것들이 있을까[OQ]?

클라이언트: 엄마한테 아침에 깨워 달라고 얘기해야겠어요. 엄마는

늦게까지 일하시기 때문에 아침에 늦잠을 주무시는 때가 많거든요. 저는 엄마를 기다리면서 늦게까지 안 자고요. 아침에 우리 둘 다 피곤하죠. 하지만 엄마는 기꺼이 저를 도와주실 거예요.

사회복지사: 또 네가 학교에 다니는 걸 좀 더 쉽게 해 주는 일은 어떤 게 있을까[OQ]?

클라이언트: 글쎄요, 학교 끝나고 동생을 데려와야 하는 일이 없으면, 농구 같은 운동을 할 수도 있을 텐데. 하지만 엄마는 이게 내가 해야 할 일이라고 생각하세요. 이웃에게 부탁해서 몇 시간만 좀 봐 달라고 할 수도 있을 것 같아요. 엄마한테 물어봐야 하겠지만. 난 항상 농구를 하고 싶었거든요, 친구들도 내가 문제없이 팀에 들어갈 수 있을 것 같다고 했고요.

사회복지사: 자, 그럼 네가 매일매일 등교하는 계획을 실천하기 위해서 도움이 될 만한 것들을 내가 다 파악했는지 보자. 어머니께 이야기해서 아침에 제시간에 깨워 달라고 부탁하고, 그러면 늦어서 에라 모르겠다 하는 유혹에 빠지지 않게 되겠지. 숙제를 잘 내도록 노력할 것이고, 최소한 몇몇 선생님을 좋아하는 척이라도 한다고 했지. 그리고 농구팀에 들어가기 위해서 동생을 돌보는 데 도움을 좀 청하기로 했고. 그리고 때때로 여기 와서 나랑 얘기할 수도 있고[SR].

클라이언트: 네, 대충 맞는 것 같아요. 그런 것들은 제가 할 수 있어요.

사회복지사: 네가 동생을 돌보는 것을 보니 넌 책임감이 강한 아이구나. 그리고 뭔가를 하려고 마음을 먹으면, 반드시 해내고

[MIA-인정하기]. 이 모든 일들을 네가 할 수 있다는 것에 대해서 얼마나 자신이 있는지 물어봐도 될까[OQ]?

클라이언트: 아주 자신 있어요. 선생님 말이 맞아요, 전 제가 말한 것은 꼭 지키거든요. 걱정하지 마세요, Martinez 선생님. 전 계속 학교에 올 거예요.

사회복지사: 네가 그렇게 말하니 기쁘구나. 네가 오고 싶을 때 언제든지 찾아오렴.

논 의

이 사례는 시범적 목적으로 사용되었으며 면접의 일부만 제시된 것이다. 이 면접에서는 학교 중도 탈락에 대해 중등도의 위험요인을 가진 학생을 제시하였다. 만약 나이도 더 많고 위험요인이 더 높아서 중퇴 직전에 있는 학생과의 MI이었다면 좀 다른 방향으로 진행되었을 수도 있으며, 청소년이 학교에 다닐 의지가 없었다면 사회복지사는 전략적인 미래 계획의 수립을 원조하는 데 목표를 두었을 것이다.

Martinez는 면접의 시작에서부터 Shawn의 저항과 함께 굴러야 했다. 몇 가지 상이한 전략들을 사용하였는데, 확대 반영, 나란히 가기, 개인 통제력 강조하기 등과 같은 것들이다. 그에 따라 Shawn과 관계형성을 시작할 수 있었고, Shawn 자신이 스스로 학교 결석에 대한 이야기를 꺼내게 되었다. 그는 마음을 열고 학교를 계속 빠지거나 혹은 다니기로 결정했을 때의 미래에 대하여 논의하였다. 사

회복지사는 변화척도를 사용해서 계속적인 학교 출석이 Shawn에게 중요한 이유에 대해 변화대화(이유)를 이끌어 냈다. Shawn의 이야기에 대하여 반영을 한 뒤, Martinez는 "넌 어떻게 할 계획이니?"라는 **핵심 질문**key question을 던졌다. 이는 Shawn으로부터 약속을 다짐받는 방법으로 활용되었다. 클라이언트가 앞으로 나아갈 준비가 되어 있다고 느낄 때(Miller & Rollnick, 2002; Rosengren, 2009), 그리고 변화의 방향으로 대화를 인도하는 방법이라고 생각될 때 실천가들은 핵심 질문을 던진다.

MI 면접의 또 다른 측면인 계획 수립developing a plan에 있어서, Martinez는 Shawn에게 학교 출석의 장애요인들을 기술하게 하고 그러한 장애요인을 극복하기 위한 자신만의 전략을 세우도록 하였다. 그리고 면접의 모든 내용을 취합하여 요약 정리한 다음, 마지막으로 Shawn에게 그 모든 행동을 할 수 있을지에 대한 확신 정도를 물었다. 그것은 그가 계획을 결단하도록(변화대화-결단commitment change talk) Martinez가 요청하는 것이었다.

이 글을 읽는 독자 중 일부는 "잠깐, 이 아이는 우울한 것 같은데, 사회복지사는 그 부분을 물어봤어야 하는 것 아닌가?" 하고 말할 수도 있을 것이다. Shawn은 학교 중도 탈락 위험요인들을 가지고 있었는데, (1) 엄마는 직업상 아이들의 학교에 관심을 집중하기 어려운 상황이고, (2) 동생을 하교부터 잠자리에 들 때까지 돌보아야 했다. 한편, Shawn의 학교 출석을 지원해 줄 수 있는 또래들이 있었다. 또한 자기 친구들이나 다른 성인과 어울리기 위해서가 아니라 집에서 혼자 비디오 게임을 하려고 학교를 결석하는 것이었다. 늦잠을 자서 수업을 빼먹고, 종종 숙제를 내지 않기도 하였다. 우울? 어쩌면 맞을 수도 있다. 그러나 이 면접의 초점은 Shawn의 학교 무단결석이었다. MI를 활용하다 보면 때로 표적행동으로부터 벗어나려는 유혹을 느껴서 방향을 잃기도 한다. 물론 클라이언트가 자살의도에 대해 이야기하거나 신체적 학대를 받아 왔었다면 이러한 과정이 분명 필요하다. 여기 제시된 면접의 경우, 사회복지사는 학교 출석에 초점을 맞추었지만 Shawn의 무단결석 이유에 대해서도 머릿속에 기억해 두었다. 그의 판단에 따라 Shawn의 우울을 점검하기 위한 추가면접을 실시할 수도 있을 것이다.

맺음말

클라이언트, 특히 청소년들은 면접이 이루어지는 상황이나 장소의 특성상 이미 저항적인 상태로 사회복지사를 만나러 올 때가 있다. 변화를 하도록 압박을 하거나 논쟁하는 것은 저항을 더욱 증가시킬 수 있다. 저항과 함께 구르기 전략들은 저항을 감소시키는 동시에 클라이언트로 하여금 자신의 이야기가 경청되고 있음을 알게 해 준다. 우리는 그들이 변화하도록 다그치는 대신, 변화에 대한 양가감정을 해결할 수 있도록 안내하고 원조할 것이다. 저항과 함께 구르기는 클라이언트의 자율성을 북돋아 주는 협력적 분위기를 유지함으로써 우리가 MI 정신을 지킬 수 있도록 해 준다.

Chapter 8

협력관계 구축하기

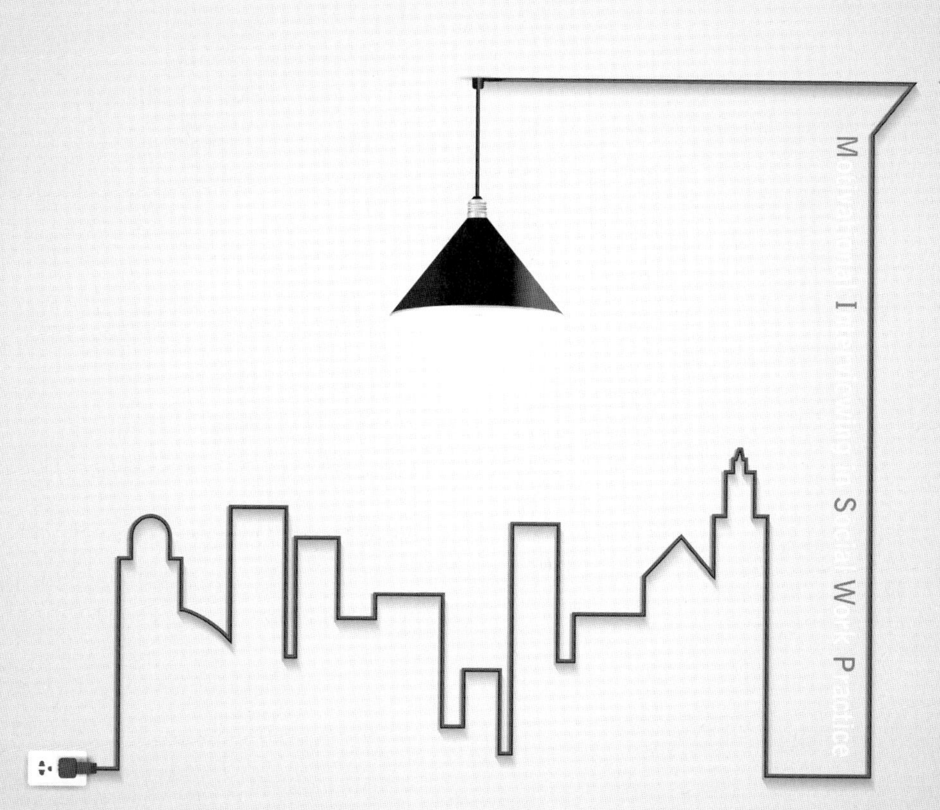

Chapter 8

협력관계 구축하기

-지역사회조직사업과 MI-

Melinda Hohman, Mike Eichler

최근에 사회복지학 석사과정을 마친 28세의 MaryAnn은 늘 지역사회조직에 관심을 가지고 있었다. 얼마 전 어떤 지역사회기관에 지역사회조직사업을 위한 자리가 나서 면접을 보았고, 다행히도 채용되었다. 그 기관에서는 학부모, 지역 내의 청소년, 학교, 청소년 레크리에이션 센터 지도자, 종교지도자, 경찰, 지역사회 유지, 그리고 지역 내의 사업가 등을 규합하여 청소년 음주 예방 연합을 구축하고자 한다. MaryAnn의 첫 번째 목표 중 하나는 이러한 이해당사자들을 개별적으로 만나서 지역사회 내에 청소년 음주에 대한 관심이나 우려가 실제로 있는지, 그리고 있다면 기관이 이 문제를 다루기 위한 자원이 될 수 있을지를 알아보는 것이다. MaryAnn은 사업 지도자 및 지역사회 유지들을 만나는 일을 맡았다. 그녀는 환경적 대응이 예방분야에서 효과적이었다는 기존 연구결과들을 잘 알고 있다. 환경적 대응에는 알코올 판매업소에서의 신분증 확인을 강화하고, 신분증을 요구하지 않거나 미성년자

에게 판매를 하는 사업자들에 대해 법적 제재를 강화하는 방법이 있다. MaryAnn은 대학원에 있을 때 MI를 공부했고, MI의 원칙이나 개인단위 접근기술 중 일부를 적용하여 사람들의 말을 경청하고 참여 동기를 높이고자 한다. 그래서 사람들을 하나의 집단으로 모은 다음 서로 간의 협력을 용이하게 하기 위해 MI를 활용하기로 하였다. 그녀는 자신의 과업이 꽤 쉽다고 생각하였다. 청소년 음주를 감소시키는 일에 관심이 없는 사람은 없을 것이라고 생각했기 때문이다.

거시적 개입은 사회문제를 해결하고자 할 때 통상 환경이나 정책, 혹은 지배적인 규범을 표적으로 삼는다(Kirst-Ashman & Hull, 2009). 지역사회조직(CO) 사업이나 다른 유형의 거시적 개입에 MI를 적용하는 것은 아직까지 새로운 분야이다. 대학 캠퍼스 내의 알코올 예방 프로그램을 개발하기 위한 과정에서 MI를 활용한 연구가 2개 있었지만(Miller, Toscava, Miller, & Sanchez, 2000; Newbery, McCambride, & Strang, 2007), MI가 어떻게 조직화 과정을 촉진시켰는지에 대해서는 연구에서 기술되지 않았다. 거시사회복지실천의 유형과 방법에 대한 자세한 설명은 이 단원의 범위를 벗어나는 것이지만, 지역사회조직사업에 대한 배경을 제공함으로써 이러한 맥락에서 MI가 어떻게 적용되는지를 생각해 보고자 한다.

지역사회조직의 전략들은 영향력을 가진 사람들의 권력에 도전하기 위하여 특정 집단이 대항적인 권력을 조직화하려고 하면서 구축되었다. Saul Alinsky(1971)의 모델에 기반한 과거의 지역사회조직은 어떤 이슈—실업, 열악한 주거환경, 환경문제—를 가진 집단을 중심으로 그들을 조직화하여 그 문제를 해결할 힘을 가진 사람들을 대상으로 피케팅이나 항의, 공개적 무안, 혹은 시위를 하도록 하는 것이었다(Kirst-Ashman & Hull, 2009). 조직가의 업무는 특정 문제에 대해 확고한 견해를 가진 사람들, 통칭 이해당사자들을 규합하고, 이 문제를 그들의 자기이해와 결부시키며, 그들에게 변화를 가져오기 위한 조직화의 방법을 가르쳐 주는 것이었다. 이는 때로 공통적 이해를 성취하기 위해 다양한 지역사회 성원들로 연합을 구성해야 함을 의미하기도 하였다. 위에서 기술한 방법들을 통해 압력을 가함으로써 변화를 강제하는 것이다. 이러한 모델을 갈등조직화conflict organizing라고 부른다.

이 밖에 조금 덜 직면적인 다른 모델도 있다. 예를 들어, Obama 대통령은 시카고 남부지역에서 지역사회조직가로 일했는데, 이때 사용한 방법은 권력을 가진 자들에게 변화를 요구하는 방법이었다(York, 2008). 먼저 개별적 면접을 통해 사람들의 자기이해를 파악하고, 지역사회 성원들과 함께 내부로부터 리더십을 키워 나가고자 하였다. 이 사례에서 조직화사업은 저소득층 주거지역 내에 청소년 고용사무소를 설립하고 주택 내의 석면을 제거하는 성과를 가져왔다(Obama, 2007).

지역사회조직에 MI를 적용하려면 사회복지사나 기관이 어떤 유형의 지역사회조직모델을 활용하고자 하는지를 생각해 보고 그 모델이 MI 정신과 부합되는지를 파악해야 한다. 개별 클라이언트에게 뭔가를 요구하거나 곤혹스럽게 하거나 직면하는 방법은 외부적 힘에 의해서만 이루어지는 일정 정도의 순응으로 귀결되며, 지속적인 변화를 가져오지는 못한다는 것을 우리는 알고 있다. 그리고 심리

적 저항이론에서 배운 바와 같이, 개인은 자신의 자율성을 유지하기 위해서 "밀어내기"를 하거나 변화에 대항하는 반대론을 펴곤 한다. 이는 사회복지사가 지역사회 유지나 주택 행정가, 은행의 중역들과 일할 때에도 마찬가지이다. 그들의 관심을 끌고 그들에게 무엇이 중요한지, 그들이 가치를 두는 것은 무엇인지, 필요로 하는 것은 무엇인지를 배우는 것에서부터 진정한 변화의 창조가 이루어진다. 협력적 입장에서 일을 하는 것이 모든 사람들을 이롭게 하는, 내면적으로 동기화된 변화를 가져올 가능성이 더 높은 것이다(Eichler, 2007).

MI와 합의조직화

MI와 잘 부합되는 지역사회조직의 방법 중 하나는 합의조직화consensus organizing이다(Eichler, 2007). 합의조직화는 Alinsky의 갈등모델과 근본적으로 다른데, 어떤 문제를 해결하고자 지역사회 성원들과 권력구조의 성원들을 한자리에 모으는 데 초점을 두기 때문이다. 또한 Obama 대통령이 활용한 모델과 유사하지만, 합의조직화는 인간중심이론을 기초로 삼는다는 점에서 그보다 한걸음 더 나아가 있다. 합의조직화를 활용하는 지역사회조직가들은 관련된 다양한 이해당사자들로부터 긍정적 지원을 받을 수 있는 잠재가능성을 인지하고 있다. 지역사회복지사CO worker는 빈곤하고 낙후된 지역사회 출신이든 권력을 가진 지도자이든 사람이 가지는 변화 능력에 대해 낙관적이다. 이때 목표와 전략은 지역사회복지사나 기관이 아니라 이해당사자들의 연합체가 결정한다. 여기서 가장 중요한 접근의 원칙은 집단 내의 모든 사람들을 존중하고 가치를 인정하는 것이다(Eichler, 2007).

합의조직화의 과정은, 당면 문제에 대한 개인들의 자기이해와 목표를 이해하면서 개인 수준에서 관계를 구축해 나가는 것으로부터 시작된다. 그러고 나서 이해를 가진 개인들을 함께 모아 그들의 관심사를 분명하게 표현하고 그것을 이루기 위한 방법을 전략화하는 집단을 형성하도록 하는 것이다. 지역사회복지사의 역할은 개인 이해당사자들의 관심을 이끌어 내고, 희망과 낙관적 시각을 제공하며, 서로의 공통점을 찾아내고 변화를 위한 전략을 개발할 수 있도록 집단과정을 원조하는 것이다. 사람들 간의 관계는 존중과 호혜 원칙에 기반한다. 이해당사자 간의 상호연계성이 강조되며, 각 개인은 전체 과정에서 없어서는 안 될 존재로 간주된다(Eichler, 2007).

〈표 8-1〉에서 보는 바와 같이, MI의 기술을 사용하는 것이 합의조직화 모델을 실행하는 데 유용하다. MI의 원칙을 활용하면 이 두 모델을 통합하기 위한 틀이 제공될 수 있다. 초기단계에서 지역사회복지사는 개인 이해당사자들을 만난다. 이 책의 앞부분에서 논의되었듯이, 사회복지사는 MI의 OARS 기술을 활용하여(공감의 표현) 클라이언트의 관심을 이끌어 내고 협력관계를 구축한다. MI의 대화는 항상 호기심을 가지고 시작되며, 사회복지사 혹은 지역사회조직가는 이해당사자들로부터 배우고 싶어 하여 이해당사자들에게 자신의 생각과 아이디어, 가치, 동기요인 등을 물어본다. 그들의 반응을 활용하여 사회복지사/지역사회조직가는 그들의 세계, 문화, 그리고 맥락 속으로 들어가며 당면한 상황에 대한 그들의 시각을 이

해하게 된다. 지역사회조직의 초보자들은 특히 가게주인이나 은행 직원 혹은 사업가들과 면접하는 것이 익숙하지 않기 때문에, 면접 대상자들에게 무엇이 중요한지를 진정으로 파악하기 위해서는 선입견을 보류하는 것이 유용하다(Eichler, 2007).

이해당사자의 자율성을 지지하는 것은 협동정신과 신뢰를 구축하는 또 다른 방법이다. 사회복지사가 자신을 판단하거나 무엇을 하라고 시키고 특정 역할을 강요하지 않으리라는 것을 이해당사자

〈표 8-1〉 합의조직화 전략과 MI 원리 및 기술 비교

합의조직화 전략	MI 원리/기술
개인을 참여시키기	공감 표현; OARS 기술
자기이해/동기요인, 유사한 가치/목적 등 파악하기; 우려	OARS; 불일치감 만들기
무관심은 저항으로 간주	저항과 함께 구르기 전략
모두가 관심을 가진 것은 아님	참여를 거부할 자율성 지지하기
이해당사자들과 함께 하도록 촉구하기	결단 공고히 하기
지역사회/이해당사자들에 의해 문제 정의됨	의제설정; 자율성 지지하기
집단 구성원들의 공통적 우려와 목적 파악하기	OARS; DARN 변화대화
집단으로서 스스로의 전략을 세우기	OARS 기술
전문가들이 아닌 파트너들이 세우기	자율성 지지하기
독특한 기술에 근거한 특정한 역할	자율성 지지하기; 인정하기
결단 공고히 하기	결단 공고히 하기
필요에 따라 새로운 파트너 찾기	협동정신
지지와 격려 제공하기	희망과 낙관주의 표현하기
과정 안에서 개인의 가치 인정하기	인정하기

나 클라이언트가 인식할 수 있기 때문이다. 협동정신이란 그들의 열망(이 상황에서 그들이 무엇을 원하는지)을 이해하는 것도 포함하며, 사회복지사가 클라이언트와 지역사회를 위한 자신의 열망도 전할 수 있다(Miller & Rollnick, 2002). 만약 이해당사자가 지역사회조직가가 이루고자 하는 것과 부합되지 않는 결정을 내린다면, 사회복지사/지역사회조직가는 클라이언트를 바꾸기 위해 설득하거나 논쟁하지 않는다. 사회복지사가 동의하지 않는 것이라 하더라도 이해당사자의 결정을 수용하는 것이 결국에는 향후 협력을 더욱 진전시키는 결과를 가져올 수 있다. 때로 이해당사자들은 제안된 변화가 다른 사람에게 이득이 될 수 있다는 것은 인정하면서도 자기 자신에게는 좋은 것이라고 믿지 않을 때가 있다. 이런 경우, 그들에게 중요한 것, 이득이 될 수 있는 것이 무엇인지를 찾아내는 것이 중요하다. Miller와 Rollnick(2002)이 언급했듯이, 우리는 "클라이언트가 그러한 변화가 자신의 이득을 위해 중요하다고 인식하지 않는 한… MI를 써서 행동변화를 유도할 수 없다"(p. 167).

이해당사자들은 지역사회복지사에게 시간이 없다거나, 관심이 없다거나, 이제 형성 중인 연합체와 함께 일하는 것이 자신들의 목적에 해롭다고 생각한다고 이야기할 수 있다. 합의조직화에서는 이를 저항으로 정의하는데, MI에서는 이를 유지대화로 볼 수 있으며, 이때 지역사회복지사는 반영, 재구조화, 나란히 가기 혹은 선택과 개인 통제력 강조하기 등과 같은 저항과 함께 구르기 전략들(자세한 것은 7장 참조)을 활용할 수 있다. 예를 들면, 양면 반영을 통해 이해당사자가 일어날지 모른다고 예측하는 바와 그의 가치 간의 불일치감을 만들 수 있다. 만약 어떤 이해당사자 개인이 당면 문제에 대

해 아무런 관심이나 양가감정이 없다면, 그때 지역사회복지사는 그의 자율성을 지지하여 논쟁하지 않고 압력을 가하지 않는다. 만약에 그 이해당사자가 관심을 가지고 있다면, 그때 지역사회복지사는 보다 큰 집단모임에 참석하도록 결단을 공고히 한다.

합의조직화: 예시와 대화

MaryAnn은 MI뿐만 아니라 합의조직화에 대해 공부하였고, 첫 번째 단계로 해야 할 일은 문제에 관한 우려를 알아내고 자신이 맡은 이해당사자들이 이 문제와 관련해서 어떤 자기이해를 가지고 있는지를 파악하는 것임을 알고 있다. 종교지도자, 학부모, 경찰 및 학교행정가를 포함한 지역사회 구성원들이 현재까지는 매우 지지적이었고, 그중 일부는 미성년자의 알코올 접근성을 줄이기 위한 지방의 법 개정을 요구하고 있다. 이 모든 움직임은 지난해에 십대 청소년 세 명이 음주운전으로 사망한 뒤부터 시작되었다. 자격요건이나 법적 제재의 강화에 대한 논의를 들으면 지역의 주류판매점과 편의점 주인 및 관리자들이 별로 협조적이지 않을 것이라고 누군가 MaryAnn에게 미리 경고해 주었다. MaryAnn은 그들의 자기이해가 어떤 것인지 궁금해하며 OARS 기술을 활용하여 그들의 상황을 파악함과 동시에 협력적 관계를 만들기 시작한다. 그녀는 한 주류판매점 주인과 만나서 그가 우려하는 것이 있는지 알아보고 만일 있다면 구축 중인 연합에 함께하도록 그를 초대한다. 그녀는 그의 동기요인과 가치들이 무엇인지를 알기 위하여 유심히 경청한다(다음 대화 예시의 밑줄 친 부분 참조).

여기에서도 상호작용을 다음과 같이 코딩하고자 한다.

- 정보 제공: GI giving information
- 단순 반영: SR simple reflection
- 복합 반영: CR complex reflection
- 개방형 질문: OQ open-ended question
- 폐쇄형 질문: CQ closed-ended question
- MI 정신 일치: MIA MI adherent
  - 인정하기 affirming
  - 허락 구하기 asking permission
  - 개인 통제력 강조하기 emphasizing personal control
  - 지지하기 support

사회복지사: Kamdar 씨, 안녕하십니까? 제 이름은 MaryAnn Wheeler이고, '지역사회문제 해결센터'라는 기관에서 일하고 있습니다. 오늘 저를 만나 주셔서 감사합니다. 괜찮으시다면, 십대 청소년 음주예방을 위한 계획안에 관해 우리 지역사회에서 나온 의견들에 대해서 어떻게 생각하시는지 여쭤보고 싶습니다[MIA]. 지역사회 구성원으로서 그리고 가게 영업주로서 선생님은 어떤 시각을 가지고 계신지 정말 알고 싶습니

다[GI].

이해당사자: 네. 다시 일할 때까지 몇 분 정도 시간이 있어요.

사회복지사: 아시다시피, 지난해에 십대 청소년 세 명이 음주운전으로 사망했는데요, 지역사회 내 몇몇 분들이 앞으로는 그런 유사한 사망사건이 일어나지 않도록 뭔가를 변화시켜야 하지 않겠느냐는 의견을 내셨습니다. 저는 지금 다른 지역사회 분들은 어떻게 생각하시는지 알아보고 있는 중이고요. 십대의 음주나 음주운전에 대한 우려를 가지고 계신지 알고 싶습니다. 그리고 우리 기관이 지역사회를 위해서 이 문제에 대해 도움을 줄 수 있을지도 파악하고자 합니다[GI].

이해당사자: 네, 네, 그 자동차 사고는 정말 무서운 일이었어요. 저도 물론 그 얘기를 들었을 때 끔찍하다고 느꼈죠. 하지만 그게 제 잘못은 아니에요. 내가 그 아이들한테 술을 팔았거나 아니면 다른 청소년 애들한테 팔거나 한 건 아니었거든요. 저한테 뭘 원하시는 건가요?

사회복지사: 선생님이 할 수 있는 역할이 무엇이 있을까 의문이 드시는군요. 특히 선생님 가게는 이미 주정부의 규정을 잘 지키고 있는 상황에서 말이죠[CR].

이해당사자: 네, 저는 모든 규정을 잘 따르고 있거든요. 그런데 점원들까지 항상 통제할 수는 없지요. 특히 제가 가게에 없을 때는요. 제가 걱정하는 건 어느 날 경찰이 보낸 끄나풀이 들어왔는데 제가 여기 없을 때 점원이 신분증 요구하는 걸 까먹어서 우리 가게가 걸릴까 봐 그게 걱정이에요. 저는 항상 얘기해요, 30세 미만으로 보이는 사람은 누구든지 신분증을 보

여 달라고 하라고요.

사회복지사: 그러니까 선생님께서는 주정부와 지방의 법을 따르려고 많이 노력하고 있는데, 또 다른 한편으로는 어느 날 경찰의 끄나풀이 들어왔을 때 점원이 실수할까 봐 걱정이 되신다는 거군요[CR-불일치감 만들기].

이해당사자: 그런 끄나풀들은 21세보다 나이 들어 보이기 때문에 실수하기가 너무 쉽거든요! 주류 판매에 대한 법과 규정을 더 강화할 것이라는 이야기도 들은 적 있어요. 경찰이랑 다른 사람들이 떼를 지어 둘러앉아서는 내 사업을 더 힘들게 하는 규제를 자꾸 더 만드는 것 따위 나한테는 필요 없습니다.

사회복지사: 우리 지역사회의 다른 사람들이 선생님한테는 아무런 의견도 묻지 않고 새로운 법을 만들어서 사업에 부정적인 영향을 미칠 수 있다고 생각하시는군요[CR-나란히 가기].

이해당사자: 네, 저도 듣는 말이 있거든요. 제가 뭘 할 수 있겠어요? 저도 십대 청소년들이 술을 마시거나 음주운전을 하는 걸 바라지 않아요. 하지만 다른 사람들이 내가 사업을 하는데 이래라저래라 참견하는 것도 원하지 않아요. 사람들은 애들이 술을 가져오면 그게 다 가게주인 잘못이라고들 생각하죠. 나는 걔네한테 팔지도 않고, 신분증도 검사하고, 그리고 도둑도 지킵니다. 하지만 그래도 때로 일이 벌어지곤 하죠. 많은 애들이 사실은 자기네 집에서 술을 가져온다고요!

사회복지사: 문제에는 여러 가지 원인이 있는 걸 아시는데 가게주인으로서 지목을 당한다고 느끼시는군요[CR]. 저희 기관에서 할 수 있는 일 중 하나는 다양한 사람들이 함께 모여서 공통

의 우려와 공통의 전략들을 찾아낼 수 있게 모임을 조직하는 것입니다. 십대의 음주는 복잡한 문제죠. 십대들이 술을 마시는 이유는 매우 다양하고 그것을 예방하는 방법도 그만큼 많습니다. 그건 단지 한 집단—예컨대, 가게주인들—만의 문제가 아니죠[GI]. 이런 모임이 있다면 여기 참석하는 것은 어떠십니까[OQ]?

이해당사자: 글쎄요, 어쩌면 갈 수도 있겠죠. 그러면 저의 조언 없이 새로운 법을 통과시키는 일이 없도록 할 수 있을 테니까요.

사회복지사: 만약 오시게 된다면, 사업주로서 얻을 수 있는 또 다른 이득은 어떤 게 있을까요[OQ－자율성 지지하기; 변화대화(이유) 이끌어 내기]?

이해당사자: 글쎄요, 난 사람들이 나도 이 지역사회에서 일어나는 일들에 관심을 가지고 있다고 생각하길 바랍니다…. 내 아들은 죽은 애들 중 한 명과 친구였죠. 나도 우리 아들이나 아이 친구들이 알코올과 엮이는 걸 원하지 않아요. 그렇지만 나 같은 사람들을 깎아내리는 그런 모임에 나가고 싶진 않다고요! 돈 벌어먹기도 힘든데, 일이 더 힘들어지는 건 싫죠.

사회복지사: 그러니까 모임에서 선생님께 부정적인 영향을 줄 수 있는 결정을 내릴까 봐 걱정도 되시고, 또 이 지역사회에서 애들한테 무슨 일이 생길까 봐 걱정하시는군요[CR]. 술을 판매하다 보니 어려운 입장에 놓이셨는데, 가족을 위해서 그리고 이웃을 위해서 가장 좋은 방법을 찾고 싶으신 거네요[MIA-불일치감 만들기]. 모임에 함께함으로써 얻을 수 있는 다른 이득에는 어떤 것들이 있을 수 있는지 제가 말씀드려도 괜

찮을까요[MIA]?

이해당사자: 물론이죠. 어떤 게 있나요?

사회복지사: 글쎄요. 일단 조직화된 모임에서는 선생님과 같은 사업주들을 모아서 [운전면허증] 자동인식기를 저렴하게 공동구입하기도 하거든요. 그렇게 되면 바로 카운터 위에 놓아두고 모든 점원들이 이용하게 되겠죠. 또 다른 이득으로는, 참석을 하시게 되면, 수익을 증대할 수 있는 다른 방법들, 예컨대 알코올 이외에 이웃들이 사길 원하는 다른 물품을 판매한다든가 하는 방법을 찾는 데 집단 구성원들이 도움이 될 수도 있습니다. 그 외에도 만약 법 개정에 대한 주장이 있다면, 의사결정과정에 참여하시게 되겠죠[GI]. 이런 점들에 대해서 어떻게 생각하세요[OQ]?

이해당사자: (놀라며) 그 말은, 다른 사업주들도 거기 올 거라는 건가요? 그리고 다른 업종의 사업자들도요? 그러니까 모임의 초점은 법을 강화하는 데에만 있는 게 아니라 모임이 어떻게 하면 나 같은 사람들을 돕고 십대의 음주를 예방할 것인가에 대해서 힘을 모으자는 데 있는 거네요? 오, 그것 참 흥미롭네요. 예, 만약 그런 거라면, 저는 갈 의향이 있습니다, 적어도 가서 한번 보려고요. 모임이 언제지요?

사회복지사: (정보를 제공한다.) 그러면, 다음 주 목요일 7시 30분에 뵐 수 있겠네요[결단 공고히 하기]?

이해당사자: 네, 꼭 갈게요. 그때 뵙지요.

이 사례의 시나리오에서, MaryAnn은 반영적 경청과 개방형 질

문을 활용하여 Kamdar 씨가 가진 자기이해를 파악하였다. 즉, 수익을 보장하고, 더 이상의 문제에 휘말리지 않게 점원들을 통제하고, 지역사회에서 존경받을 만한 사업주로 인정받으며, 알코올 문제로부터 자신의 십대 아들을 지키는 것 등이다. 그녀가 왜 모임에 합류해야 하는가에 대해 논쟁하지 않고 모임/연합체에 합류했을 때 얻을 수 있는 이득에 대한 정보를 제공해 주었다. 그의 우려에 대해 경청하였고 그의 자기이해 혹은 동기요인들을 떠올려 주었다. 나란히 가기와 양면 반영의 활용은 불일치감을 만들어 내는 데 도움이 되었다. Kamdar 씨는 자기 동기요인들에 대해 자신이 이야기하는 것을 듣고 MaryAnn이 그것들을 다시 반영하는 과정에서 자기 스스로를 약간 다른 각도에서 바라보기 시작하였다. 그는 지역사회의 가치 있는 성원이 되고자 하였으며, 그의 사업이 지속적으로 성공하기를 원하였다. 또한 모임에서 고려할 법한 몇 가지 전략 중 그에게 직접적으로 도움이 될 만한 것들에 대한 정보를 MaryAnn이 제공하자 더욱더 관심을 가지게 되었다.

MaryAnn은 그녀가 하나의 목표를 달성했음을 깨달았다. Kamdar 씨가 연합모임에 오기로 결단한 것이다. 그녀의 다음 목표는 모든 연합체 성원들로부터 변화대화와 결단을 이끌어 내고 더욱더 큰 결단을 향해 일할 수 있도록 하는 것이었다. 첫째, 집단은 문제를 규정해야 했으며, 자기들의 목표를 결정해야 했다. 그러한 목표를 달성하기 위한 방법에 대한 논의는 모임/연합체가 문제에 대한 공통적 합의에 이른 후에 이루어질 것이다.

MaryAnn은 다양한 자기이해를 가진 상이한 지역사회 성원들로 이루어진 모임/연합체와 일하는 것이 매우 힘들 수 있겠다는 점을 깨달았다. 과거에 연합체들과 일한 경험이 있는 사람의 조언에 따르면, Kamdar 씨와 같은 가게주인들이 모임에 오기는 하지만 모임이 어떤 부정적인 방향으로 나아가려 한다고 느끼면 모임을 방해하는 경우가 있다고 하였다. 이 사례의 경우, 참석하는 데 관심을 가진 지역사회 성원 중 몇 명이 이미 술집과 주류판매점에 대한 조직 평가를 통해 주정부 법을 잘 따르고 있는지를 확인하자고 논의하고 있는 상태였다. 잘 따르지 않고 있는 가게들을 주정부의 면허위원회에 회부하여 조사를 받도록 하자는 것이었다. MaryAnn은 법과 지역사회의 감시를 더 엄격하게 하는 것이 결국 가게주인들로 하여금 아무런 관여도 하지 않게 만들까 봐 걱정이 되었다. 통합적 계획을 세우기 위해서는 그들의 참여가 반드시 필요했다. 모임과 함께 일함에 있어 그녀의 목표는 MI 기술을 활용하여 모든 성원들의 이야기를 경청하고 그들이 문제를 규정하는 데 초점을 둘 수 있도록 하는 것이었다. 공통적인 문제와 목표가 먼저 합의되어야 그다음에 어떤 전략이나 계획을 수립할 수 있을 것이다. 이를 위해서는 모든 성원들의 시각이 고려될 필요가 있었다. 다음의 대화는 그녀가 모임의 회의에서 발췌한 것이다.

사회복지사: 우리 지역사회에서 십대의 음주—그리고 이와 관련한 음주운전 문제—를 예방할 수 있는 방법을 논의하기 위해서 함께 와 주신 여러분들께 감사를 드립니다. 우리가 이것을 어떻게 풀어 가야 할지에 대해 여러분이 서로 다른 생각들을 가지고 계신 것을 압니다. 그리고 우리는 모두, 우리의 아이들

이며 이웃이고 친구들인 십대 청소년들을 보살피자는 공통된 목적을 가지고 있습니다[GI]. 시작하기 전에, 이 모임에서 여러분은 무엇을 기대하고 계신지에 대해서 얘기를 했으면 좋겠습니다[OQ].

교장선생님: 글쎄요, 저는 개인적으로 여기 있는 모든 분들의 얘기를 들었으면 좋겠습니다. 제가 알기로 각자가 무엇이 문제인지에 대해서 생각들이 다르고, 또 어떻게 그 문제를 풀어 갈지에 대한 아이디어도 있을 것 같습니다. 하지만 우리들만으로 이 문제를 고칠 수는 없고, 이걸 해결하기 위해서는 하나의 집단으로 단합해야 할 필요가 있습니다.

경찰관: 예, 저도 동의합니다. 사람은 모두 다 상이한 관점을 가지고 있는 것이고, 누구도 나쁜 사람은 아닙니다. 논쟁하지 않고 모든 사람의 이야기를 듣는 것이 중요합니다.

청소년: 모든 사람의 의견과 생각이 다 중요하죠.

사회복지사: 집단으로 단합을 하면 혼자서는 생각해 낼 수 없었던 아이디어를 내는 데 도움이 되죠. 특히 모든 사람의 의견을 다 듣는다면요. 먼저 문제를 알아내는 것이 나중에 해결책을 생각하는 데 도움이 될 것 같습니다[CR-초점화하기/의제 설정하기].

부모 1: 음. 제 생각은 이미 말씀드렸습니다. 저는 주정부가 나서서 술집과 가게를 점검하고 아이들에게 술을 절대 팔지 못하도록 해야 한다고 생각합니다. 그리고 만약 팔고 있다면, 벌금을 물게 해야죠! 그들이 아픈 곳을 찌르면, 즉 돈으로 말이죠, 그러면 알코올을 팔지 않을 가능성이 더 높아질 거예요.

부모 2: 네, 가장 주된 문제는 접근성입니다. 십대들이 그런 곳에서 알코올을 구할 수 없다면, 아무런 문제가 없겠죠.

성직자: 다른 한편으로, 십대들이 집에서 술을 찾아서 마시기도 하고, 또 어떤 경우에는 부모들이 허용하는 경우도 있어요. 그저 가게나 술집만의 문제는 아닌 거죠. 가족들, 혹은 손위 형제들이 대신 술을 사 주기도 하고요.

사회복지사: 그러니까, 십대들이 여러 곳에서 알코올을 구한다는 우려가 있는 것이네요. 직접 사거나, 형/누나/언니/오빠를 통해서 사거나, 아니면 집에서 구하기도 한다는 거죠[SR]. 이런 점들에 대해 부모로서 어떻게 생각하시나요?[OQ-변화대화를 이끌어 내기 위한 상세질문; 전략 이전에 관심사 끌어내기에 초점 고정하기]

부모 2: 어렵죠. 저는 청소년 아이가 3명인데 음주를 허락하지 않아요. 그런데 애들이 자기 친구 부모들은 애들한테 알코올을 주는 걸 보게 되는 거죠. 저는 애들한테 파티에 갔는데 술이 나오면 바로 집으로 와야 한다고 말해요. 그 즉시요. 애들은 제 말을 듣긴 하지만 불만이 많죠. 그리고 저는 악역을 맡은 기분이 드는 거예요. 왜 다른 부모들은 나를 이렇게 만드는 걸까요? 모르는 걸까요? 도대체 자기 아이들과 다른 사람 아이들에게 왜 알코올을 주는 걸까요?

청소년지도자: 제가 우려하는 점을 말씀드리죠. 이 동네는 아이들이 할 만한 것이 별로 없어요. 제가 농구대회를 연 적이 있는데, 얼마나 많은 애들이 왔는지 깜짝 놀랐습니다. 애들은 뭔가 할 것이 있다는 것에 기뻐하는 것 같았어요. 그러니까 우

리가 함께 힘을 합쳐서 아이들에게 뭔가 긍정적인 할 거리를 제공해 준다면, 아이들이 지루해하지 않고 어쩌면 술 먹으러 가고 싶은 마음이 들지 않을 수도 있어요. 저는 도움이 되고 싶어요. 저 혼자 모든 것을 할 수 없을 뿐이죠.

부모 1: 저는 제 아이들이 알코올을 살 수 없었으면 좋겠어요. 여기서든, 옆 동네에서든 말이죠. 저는 분명 애들에게 주지도 않고 있고, 애들도 제가 음주하는 것을 절대 허용하지 않는 것을 알고 있습니다. 그게 제가 여기 온 이유예요. 애들이 심심하다고, 혹은 할 게 없다고 늘 불평을 해요. 이 문제를 해결하기 위해서 제가 할 수 있는 일이 있는지 알고 싶어요.

사회복지사: 그러니까 여러분이 우려하시는 바를 간추려 보면, 아이들이 파티에서 다른 부모들을 통해 술을 접할 수 있다는 것, 결과적으로 여러분은 부모로서 너무 엄격한 것처럼 보이게 된다는 것, 그리고 청소년들이 다른 것을 할 게 아무것도 없다고 말하는 것이네요[SR]. 이 외에 또 십대의 음주에 대해 사람들이 걱정하는 것으로는 어떤 것이 있을까요[OQ]?

경찰관: 저는 음주운전 사고가 일어났던 현장에 가장 먼저 도착했던 사람입니다. 그것도 안 좋았지만, 더 힘들었던 건 부모들에게 자녀가 죽었음을 알려야 하는 일이었죠. 난 다시는 그런 일을 또 하고 싶지 않아요, 하지만 해야 할 거라는 것을 알지요. 그리고 미성년 음주자를 체포하는 일은 주말에 많은 시간을 잡아먹어요. 그 시간을 좀 더 중요한 경찰 일들을 처리하는 데 쓸 수 있을 텐데 말입니다. 애들은 음주가 하나의 통과의례라고 생각하지만, 음주의 결과는 결국 애들한테나 저희

부서한테나 문제를 일으킬 뿐이죠. 물론 성인들의 알코올 사용 역시 문제를 일으킬 수 있지만, 십대의 경우에는 훨씬 더 많은 사람들이 관련되는 거죠.

Kamdar 씨: 저는 주류상점을 하고 있습니다. 제가 걱정하는 것은, 여러분이 규제나 법으로 문제가 해결될 거라고 생각해서, 규제나 법이 무더기로 저한테 떨어지게 되는 것입니다. 그렇게 되는 걸 원하지 않아요. 저는 우리 점원들이 30세 이하로 보이는 사람은 누구든지 신분증을 제시하게끔 하도록 신경 쓰고 있습니다. 제가 힘든 것은, 십대들이 우르르 가게 안으로 몰려와서 물건을 훔쳐갈 때예요. 점원이 한 사람만 있거나 나 혼자 일하고 있을 때면, 아이들 무리를 상대하기가 어렵죠. 애들이 알코올을 들고 가게 밖으로 도망가거든요. 그러면 전 돈도 손해를 보고, 이미지도 나빠지는 거죠. 저는 이런 문제에 대처하는 것에 관심이 많습니다. 문제는 알코올에 대한 접근성만의 문제는 아닌 것 같아요.

교장선생님: 저의 경우, 가끔 낮에 교정에서 음주문제가 생기는 경우가 있어서 걱정입니다. 몇몇 학생들이 술에 취한 채 교실에 들어온 적도 있었어요. 그러면 선생님이 모든 것을 멈추고 저를 부르게 되고, 저는 학부형들에게 연락해서 아이들을 데려가게 합니다. 이제 음주에 대한 정책zero tolerance policy이 매우 엄격해졌기 때문에 문제는 더욱더 심각해집니다. 학생들은 정학 처리를 해야 하거든요. 제가 원하는 건 학생들이 학교에 올 수 있게 하는 것입니다. 애들이 와서 배우고, 그것을 지원해 주는 환경이 조성되는 것입니다.

사회복지사: 자, 그럼 여러분들이 각자 이야기한 것을 요약해 봅시다. 여러분은 십대의 음주문제가 많은 영역에서 문제가 된다고 보시는군요. 십대들이 집에서 알코올을 접하거나 형제들이 대신 사 주는 것, 혹은 가게에서 훔치는 문제; 보통 때는 안 마시는 십대들도 친구들이, 특히 부모들의 허락하에 마시는 걸 볼 때 여러분의 부모역할이 손상되는 문제; 청소년들이 심심하다고, 그리고 이 지역사회에서 음주 외에 별로 할 것이 없다고 이야기하는 문제; 어떤 친구들은 학교에서 술을 마시고, 이로 인해 학습과정이 저해되는 문제; 싸움이나 다른 문제에 휘말리게 되어 경찰자원을 잡아먹고 심지어 음주운전으로 인한 사망사고가 일어나기도 하는 문제 등이 있습니다. 여러분은 여러 가지 이유로 여기 이 자리에 계시는 거죠. 이 문제가 여러분 혼자서 해결할 수 없는 문제라는 것을 인식하고 있고, 이 지역사회에서 청소년들을 안전하게 보호하고, 이 지역사회가 가정을 가꾸고 사업을 하는 데 좋은 곳이 되었으면 하는 열망이 있으시군요[CR].

Kamdar 씨: 네, 선생님 말이 맞아요. 우리는 각자의 관점에서 문제를 바라보지만 많은 공통목표를 가지고 있습니다.

이 집단모임에서, MaryAnn은 각 개인들이 무엇을 바라는지를 물어봄으로써 모임의 기초적인 장을 마련하였다. 그녀는 합의조직화모델에 부합되는 말들을 전략적으로 반영하였다. 다시 말해서, 모임이 다양한 이해당사자들의 목소리를 경청하는 자리로 활용되도록 한 것이다. 모임의 초점은 개별 구성원들의 관점과 걱정을 이끌어 내는 것이었고, 물론 모임은 이 대화에서 제시된 것보다 훨씬 오래 지속되었을 것이다. 이후에, 집단으로부터 전략들을 세우기 시작하는 다른 모임들이 생겨날 것이고, 집단은 좀 더 공식화된 연합체를 형성하기로 결정할 수도 있다. 그 시점에서 MaryAnn의 역할은 OARS 기술을 활용하여 집단의 초점을 유지하고 제안된 전략들의 이점과 잠재적 문제점에 대한 논의를 이끌어 내는 것이 될 것이다. 그녀는 또한 근거중심 예방전략에 관한 정보를 제공함으로써 집단이 고려해 볼 수 있도록 하겠지만, 궁극적으로 계획은 집단/연합체에 의해 결정될 것이다. 일단 집단이 계획을 수립하고 다양한 과업들을 구성원에게 부여하며, 그 계획에 대한 결단을 내리게 되면, 그녀의 역할은 인정과 희망, 낙관적 전망을 제공함으로써 자원으로서, 그리고 지지원으로서 활동하는 것이 될 것이다. 그녀는 또한 새로운 동반자들을 구하는 데 자원이 될 수도 있다.

맺음말

지역사회 사업에 MI를 활용하고자 하는 사회복지사들에게는 합의조직화와 같은 클라이언트 중심의 지역사회조직 틀을 활용하는 것이 유용할 것이다. 지역사회복지사들은 이해당사자들과의 토의를 용이하게 하기 위해 MI를 배우는 데 관심을 둘 것이다. 지역사회 연합체들은 십대의 음주나 약물남용을 줄이는 데 매우 효과적인 것으로 알려져 있으며, 특히 다양한 영역에 걸친 기존의 법이나 규범, 관행들을 표적으로 삼는 많은 전략들이 있을 때 더욱 효과적이

다(Griffin & Botvin, 2010; Holder et al., 2000; Perry et al., 1996). 평상시에는 서로 상호작용하지 않을 지역사회 성원들을 한자리에 모으는 것은 어려운 일이 될 수 있다. 그들이 함께 일하도록 "동기화"시키는 것은 특히 MI가 가장 유용함을 증명할 수 있는 지점이 될 것이다.

Chapter 9

MI와 사회복지실천의 통합

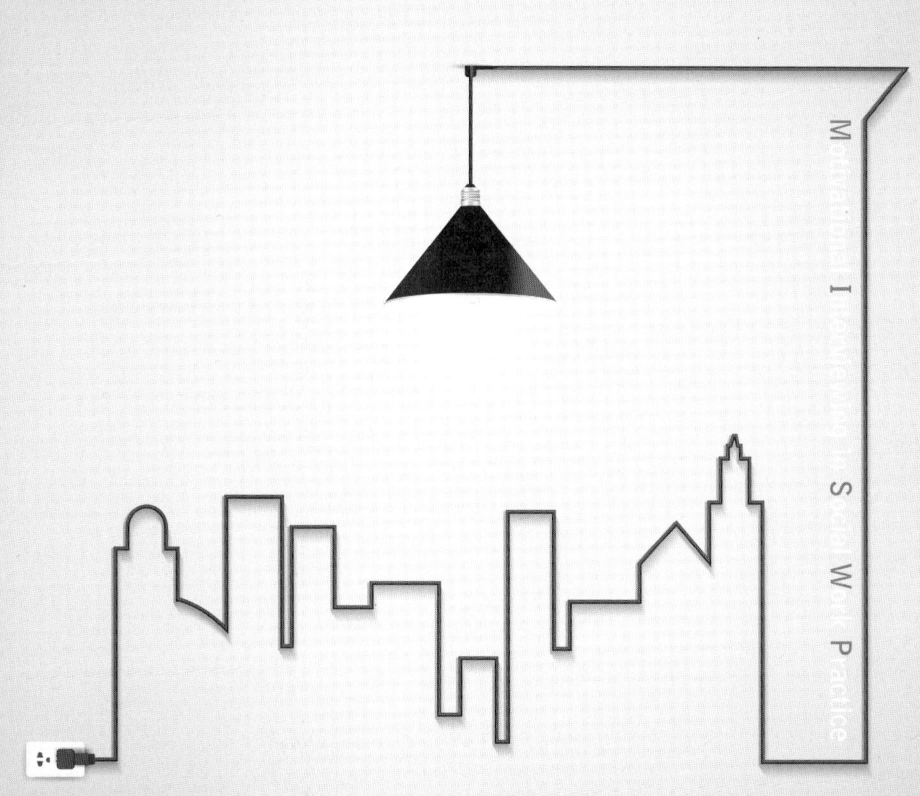

Chapter 9

MI와 사회복지실천의 통합

Melinda Hohman, Rhoda Emlyn-Jones,
Bill James, Cristine Urquhart

MI는 단순하다. 그렇지만 쉽기만 한 것은 아니다. MI의 기술을 학습하고 그 기술을 전략적 방식으로 활용하는 데에는 상당한 연습이 필요하다. 어떤 독자들은 이 책을 통해 MI를 처음 접했을지 모른다. 또 다른 독자들은 MI 초급 혹은 고급 워크숍에 이미 참석하였고 더 배우고 싶어 하는 사람도 있을 것이다. 자신의 MI 기술을 향상시키고 싶다면 어떤 방법이 가장 좋을 것인가? 어떤 사람은 행정가나 중간관리자로서, 실천현장에 맞추어 MI를 기관이나 체계의 차원에서 어떻게 통합할 수 있을 것인가에 대해 고민할지도 모른다. 또 스스로 MI를 학습하고 있다면, 그리고/혹은 기관의 직원들과 함께 집단으로 훈련을 하고 싶다면, MI가 사회복지실천을 어떻게 바꿀 것이라고 예측할 수 있을 것인가?

이러한 질문들에 답하기 위해서 우리는 MI 훈련에 관한 조사연구들을 통해 MI 학습에 대해 알려진 바가 무엇인지를 살펴볼 것이다. 이들 연구 중 상당수가 사회복지사와 관련되어 있다. 저자는 MI 기

술과 정신에 대해 훈련을 실시하고 미시/중시/거시적 현장에 통합시키려고 노력해 온 사회복지실천가들을 초빙하여 자신들의 경험을 이야기하도록 하였다. (이 단원의) 목표는 여러분이 원할 경우 여러분 자신이나 여러분의 직원, 혹은 기관을 위한 개별화된 학습계획을 수립할 수 있도록 하자는 데 있다.

MI의 학습

이 책을 여기까지 읽었으면, MI가 꽤나 상이한 구성요소와 측면들을 가지고 있다는 것이 아마도 명백해졌을 것이다. Miller와 Moyers(2006)에 의하면 MI 학습에서 중요한 8가지 단계가 있다(이 단계들은 꼭 순차적인 것은 아니다).

(1) MI 정신으로 일하기와 클라이언트와 공동으로 일하기
(2) 클라이언트와 관계를 맺기 위해 OARS 기술에 능숙해지기
(3) 클라이언트의 변화대화 인식하고 반응할 줄 알기
(4) 클라이언트로부터 변화대화 이끌어 내고 행동적 목표로 안내할 줄 알기
(5) 클라이언트로부터 나타날 수 있는 저항과 함께 구르기
(6) 계획과정에서 클라이언트 지원하기
(7) 변화에 대한 클라이언트의 결단을 공고히 하도록 돕기
(8) 필요시 MI를 다른 상담방법과 혼용하기

통상적으로 MI 훈련은 강의와 실기연습을 함께 하며, 현재로서는 (1)~(5)의 영역에 보다 초점을 두고 다른 영역들은 상대적으로 덜 강조하는 추세이다(Madson, Loignon, & Lane, 2009). 이러한 경향은 워크숍 개최, 예컨대 MI와 인지행동치료를 혼합(Carter & Koutsenok, 2010)하는 워크숍 등에 대한 관심이 높아지면서 달라질 수 있다. MINT는 현재 훈련가들에게 "자격증"을 제공하지는 않지만 자신들이 후원하는 신규 훈련가 훈련(TNT)에 후보자들을 배치하고 있다. 이 후보자들은 충분한 훈련과 경험, 슈퍼비전을 통해 MI 실천의 숙달도가 달성된 사람들만 지원할 수 있도록 하는 엄격한 지원과정을 거치게 하고 있다. 만약 MI 훈련가를 찾고자 한다면 www.motivationalinterviewing.org에서 지역별 MINT 훈련가들을 볼 수 있다.

MI 훈련에 대한 선행연구

MI 훈련에 대한 연구들은 주로 자발적으로 왔거나 혹은 모집된 훈련생을 대상으로 하였다. 이들은 사회복지사나 정신보건 및 교정과 같은 특정 기관 혹은 지역사회 현장의 훈련생들을 포함하여 다양한 분야에서 활동하는 훈련생들이었다(Madson, Loignon, & Lane, 2009; Schoener, Madeja, Henderson, Ondersma, & Janisse, 2006). 이 연구들에서, MI 기술의 숙달 정도는 실제적인 혹은 가상의 클라이언트(배우)와의 상담 녹취를 통해 주로 측정된다. 녹음테이프는 치료자와 클라이언트의 언어를 모두 코딩하는 MI 기술코드(MISC;

Moyers, Martin, Catley, Harris, & Ahluwalia, 2003) 또는 치료자나 상담가의 언어만을 코딩하는 MI 치료효과 검증도구(MITI; Moyers, Martin, Manuel, Hendrickson, & Miller, 2005)와 같은 객관적 척도를 이용하여 코딩한다.

훈련 전 척도들을 살펴본 연구결과에 따르면 훈련생은 의사소통의 "기본설정" 방법을 활용하는 경향이 있었다. 이런 경우 반영적 경청(정신보건 분야)은 거의 없었으며 공격적, 직면적 방법(아동복지 분야)을 사용하고 있었다(Forrester et al., 2008; Schoener et al., 2006). 2일간의 워크숍 직후에 측정한 훈련 후 척도에서 훈련생들은 기술의 습득을 보였다. 어떤 훈련생의 경우 오래된 습관을 버리고 실천에서 제거하는 것이 어려웠지만, 다른 연구들에 의하면 훈련생들은 MI와 불일치하는 행동을 줄일 수 있었으며 MISC와 MITI에서 제시하는 최소한의 숙달 정도에 도달할 수 있었다(Madson, Bullock, Speed, & Hodges, 2009; Miller & Mount, 2001; Miller et al., 2004; Schoener et al., 2006).

몇몇 연구결과에 의하면 인구학적, 민족적, 학력 혹은 성격적 특성은 지역사회기반 실천가들의 MI 학습에 영향을 주지 않는 것으로 나타났다(Baer et al., 2009; Hartzler, Baer, Dunn, Rosengren, & Wells, 2007; Miller et al., 2004, 2008; Mitcheson, Bhavsar, & McCambridge, 2009). 소년원의 "법원 명령에 의한" 훈련생들을 대상으로 한 연구에 의하면 훈련 초기의 MI 활용에 대한 동기수준은 기술달성에 아무런 차이를 가져오지 않는 것으로 밝혀졌으나, 보다 높은 학력을 가진 여성들이 가장 잘하는 것으로 나타났다(Hohman, Doran, & Koutsenok, 2009).

훈련 후 일정 기간이 지나서 측정했을 때 MI 기술은 유지 혹은 감소하는 것으로 나타났는데, 처음 워크숍만 참석했던 훈련생들의 경우에 그렇게 나타났다. 녹음테이프 결과에 대한 피드백이나 점수를 제공해 주고 몇 달 혹은 일 년에 걸쳐 코칭을 해 주는 것이 기술의 숙달도나 유지에 최선의 결과를 가져오는 경향이 있었다(Miller et al., 2004). 면접의 녹음테이프를 코딩한 것과 비교하면 MI 기술에 대한 자기평가는 과대 혹은 과소평가되는 것으로 나타났다. 이와 같은 자기보고의 변이는 아마 이러한 연구들이 이루어진 실천현장의 맥락적 요구에 의한 것일 수도 있다. 과대평가는 법원 명령에 의한 훈련생들이 자신들에 대한 평가를 빨리 마치고 싶어하는 마음과 관련되었을 수 있으며, 과소평가는 훈련생들이 자신들과 함께 일한 MI 훈련 "전문가"들에게 지나치게 자신만만해 보이고 싶지 않은 마음과 연관될 수 있다(Hartzler et al., 2007; Miller & Mount, 2001). 치료자들과 슈퍼바이저, 그리고 객관적 관찰자들을 비교해 보면 OARS 기술에 대한 세 집단의 녹음테이프 점수에는 일정 정도의 일치가 있었지만, 이끌어 내기나 변화대화에 반응하기와 같은 보다 상급의 MI 기술에 대해서는 슈퍼바이저와 관찰자들 간의 부합도가 상대적으로 떨어졌다. 슈퍼바이저들이 치료자의 점수와 좀 더 일치하는 것으로 나타났는데, 이것은 긍정적 편의positive bias가 작용한 것일 수도 있다(Martino, Ball, Nich, Frankforter, & Carroll, 2009). 훈련생들이 자신들의 기술수준을 잘 판단하지 못하는 반면, 클라이언트들은 자기 상담가의 기술을 평가할 수 있다. 흥미롭게도, 가상의 클라이언트에게 MI 정신을 대표한다고 생각되는 여섯 가지 행동에 대하여 자신의 상담가를 평가하라고 한 결과, 그들의 평가는 객

관적 관찰자의 평가와 유의미한 상관관계가 있는 것으로 나타났다(Bennett, Roberts, et al., 2007).

녹음테이프를 제출해서 코딩하고 피드백과 코칭을 받도록 하는 것이 종종 어려운 일이 되기도 하는데, 훈련생들이 시간적 제약이나 업무부담, 그리고 수행불안 등의 문제로 인하여 테이프를 제출하는 과정까지 완수하지 않기 때문이다. 어떤 훈련생들은 클라이언트로부터 녹음에 동의를 구하기 어렵다고 생각하기도 하는데, 사실 통상적으로 그것이 큰 문제가 되지는 않는다(Baer et al., 2004; Bennett, Moore, et al., 2007; Forrester et al., 2008; Moyers, Manuel, Wilson, et al., 2007).

MI를 배우고 활용하는 것이 훈련생들이 자신의 일을 어떻게 인식하는지에 영향을 미치는가를 살펴본 연구는 별로 없다. Miller와 동료들(2004)은 자신들의 연구에 참여한 훈련생들(그중 몇몇은 사회복지사였다)이 MI를 배운 이후 자신이 근무하는 기관이 너무 권위주의적이며 MI 정신과 위배된다고 보고 기관을 떠났다는 일화를 보고하였다. 다른 연구에 의하면 MI 활용은 소진을 감소시키고 역량강화의 느낌을 증가시키기도 한다(Schoener et al., 2006). 한 질적 연구에서, MI 훈련을 받은 가정폭력 대변자들이 MI를 활용하면서 자신들의 업무에 보다 자신감이 생기게 되었고 저항적 클라이언트와 더 잘 일할 수 있게 되었다고 보고하였는데, 이는 영국의 아동복지 사회복지사들에 대한 Forrester와 동료들(2007)의 연구결과와 유사한 것이다(Owen, 2007).

위에서 제시된 바와 같이, 조직문화는 MI의 정신과 활용을 채택하는 데 지원을 해 줄 수도 있고 저해가 될 수도 있다. 실천가들이 자신들의 의견과 상관없이 결정이 내려진다고 인식하고 있고 MI가 무엇인지에 대한 사전지식이 없다면, MI를 활용하는 것이 업무부담을 증가시킬 것이라고 믿고 이를 활용하는 데 별로 투자를 하지 않을 가능성이 높다. 변화에 대해 개방적이고 직원들이 새로운 수행방법을 시도하는 것을 격려하는 문화를 가진 조직은 MI 기술에서 이득을 얻을 가능성이 더 높다(Baer et al., 2009; Berger, Otto-Salaj, Stoffel, Hernandez-Meier, & Gromoske, 2009).

클라이언트에 대한 MI 활용의 영향에 대해서는, (MI 훈련을 받은 실천가 집단과 훈련받지 않은 실천가 집단을 비교한) 연구결과 MI 훈련 집단에서 상대적으로 변화대화의 증가와 클라이언트 저항의 감소가 보고되었다(Miller et al., 2004; Schoener et al., 2006). 다른 훈련 연구들에서는 훈련 후 검사에서 클라이언트의 변화대화에 차이가 없는 것으로 나타났다(Miller & Mount, 2001). Spiller와 Guelfi(2007)는 법원 명령 프로그램에서 대마초 사용자들과 일하는 이탈리아의 사회복지사들을 훈련하였다. MI 훈련을 받은 사회복지사의 클라이언트가 일상적 치료를 받는 클라이언트와 비교하여 유의미하게 공감을 더 많이 경험하고 상호작용에서 직면을 덜 경험하는 것으로 나타났다. 클라이언트는 또한 자신의 행동에 대해 생각해 보는 데 도움이 되었다고 보고하는 경우가 더 많았으며 변화해야 할 필요에 대한 인식도 높아졌음을 느꼈다. 통상적으로 연구되는 클라이언트 성과는 아니지만, MI 훈련에 대한 한 보고에 의하면 정신병동의 다학제 팀에서 훈련 후에 폭력사고가 한 달에 3.5건에서 2.2 건으로 감소하였다(Levy, Ricketts, & Le Blanc, 2010).

학습 및 통합계획의 수립

이러한 연구결과들에 기초하여, 〈표 9-1〉에서는 MI 학습계획을 개인(미시) 수준, 부서(중시) 수준, 혹은 기관(거시) 수준에서 창출하기 위한 지침을 제공해 준다.

〈표 9-1〉 MI를 사회복지실천과 통합하기: 미시, 중시, 거시

개인 실천(미시)	기관 내 부서단위(중시)	기관 전체(거시)
2~4시간 기초적인 MI 개관	MI 서적/ 논문 읽기	행정적 비전과 지원
MI 서적/ 논문 읽기	입문 워크숍(1~2일간)과 심화 워크숍(2~3일간)	슈퍼바이저, 직원, 클라이언트의 의견수렴
입문 워크숍(1~2일간)과 심화 워크숍(2~3일간) 혹은 한 학기 MI 수업	녹음테이프 코딩, 피드백, 코칭	MI 훈련가들과 일정계획
녹음테이프 코딩, 피드백, 코칭	자문가의 피드백을 받으며 자기분석	교육 커리큘럼 개발
자문의 피드백을 받으며 자기분석	피드백 받으며 즉석 관찰	입문 워크숍(1~2일간)과 심화 워크숍(2~3일간)
클라이언트의 피드백	클라이언트의 피드백	녹음테이프 코딩, 피드백, 코칭
MITI 코딩 워크숍	임상 슈퍼비전과/혹은 동료지지집단; 비디오와 역할극 활용	자문가의 피드백을 받으며 자기분석
	MI 슈퍼비전 워크숍	피드백 받으며 즉석 관찰
	시각적 상기메모; 성공담	클라이언트의 피드백

	재교육 훈련; MI를 잘 아는 신규채용	MI 슈퍼비전 워크숍 MITI 코딩 워크숍 임상 슈퍼비전과/혹은 동료지지집단; 비디오와 역할극 활용 시각적 상기메모; 성공담 재교육 훈련; MI를 잘 아는 신규채용 MI 활용을 지원하는 정책과 절차 새로운 (내부) 훈련가 훈련 실행팀 특정 서비스에 MI 통합 (예: 접수, 사례관리)

개인 학습계획

여러분 자신의 개인 맞춤형 학습계획을 세우기 위해서는, MI에 대한 책을 읽는 것에서 한걸음 더 나아가는 것이 중요하다. 여러 지역사회기반의 훈련에 참여하거나 한 학기 대학교 수업을 받는 것이 기술습득에 도움이 된다. MI 훈련 전문가에게 녹음테이프 코딩과 피드백, 코칭을 받는 것도 훈련에서 습득한 것을 강화하는 데 도움이 될 뿐 아니라 슈퍼비전을 받으면서 지속적으로 실천할 기회를 제공해 줄 것이다. 훈련생들의 이야기에 의하면 MITI 코딩 수업에

참여하면 자신의 인식도 향상되어 클라이언트와의 의사소통에서 세세한 부분까지 주의하게 된다고 한다.

클라이언트와의 회기 후에 자기분석을 하는 것도 유용하다. 그런데 이러한 자기분석은 여러분 스스로의 작업과 객관적인 부호자 혹은 관찰자의 분석을 비교하는 맥락에서 하는 것을 추천한다. MI 면접 실천가 자기평가Practitioner Self-Assessment of MI Interview는 이러한 목적을 위해 만들어졌다([그림 9-1] 참조; Hartzler et al., 2007). 지역사회 약물남용 치료 상담가들에 대한 연구조사(n=23)를 위해 제작되었던 이 척도는 개인이 자기평가를 하고 결과를 제3의 관찰자의 결과와 비교할 수 있는 형식으로 되어 있다. 실천가들은 자신과 클라이언트가 특정 행동들, 예컨대 실천가가 사용한 개방형 질문의 활용 혹은 (클라이언트의) 궤도를 벗어난 대화 등과 같은 행동들이 몇 번이나 나타났는지 응답하게 되어 있다. 다음으로 이러한 추정에 대해서 얼마나 확신이 있는지를 평가하게 되어 있어 이들이 시간이 흐름에 따라 자기 모니터링에 대해 정확도를 높일 수 있도록 한다.

아래의 척도를 활용하여 상담에서 당신의 실행 정도를 평가하시오.

1. 공감	1	2	3	4	5
(클라이언트의 관점을 이해함)	낮음				높음
2. MI 정신	1	2	3	4	5
(협력적 접근, 클라이언트의 자율성 지지하기, 클라이언트의 생각 이끌어 내기)	낮음				높음
3. 방향	1	2	3	4	5
(표적행동에 대한 초점의 유지)	낮음				높음

아래에 제시된 상담가의 행동들이 나타난 빈도를 추정하시오. 어떤 행동의 발생이 없었다면, “0”으로 응답하시오. 다음으로 아래에 제시된 척도를 활용하여 각각의 추정에 대하여 얼마나 확신하는지 평가하시오.

1	2	3	4	5
전혀 확신 없음		보통 정도 확신		매우 확신

상담을 하는 동안 귀하가 다음과 같은 행동을 한 빈도는?

	횟수	확신 정도
1. 클라이언트에게 “폐쇄형” 질문하기 (“예” “아니요”로 응답하게 하는 질문)	____ 회	1 2 3 4 5
2. 클라이언트에게 “개방형” 질문하기 (“예” “아니요”보다 많은 응답을 이끌어 내는 질문)	____ 회	1 2 3 4 5
3. 클라이언트의 말을 반복하거나 바꿔말하기	____ 회	1 2 3 4 5
4. 클라이언트의 말을 요약하거나 의미를 더하기	____ 회	1 2 3 4 5
5. 클라이언트의 생각을 인정하거나 지지하기	____ 회	1 2 3 4 5
6. 조언 제공에 대한 허락 구하기, 혹은 클라이언트의 의사결정에 대한 통제력 강조하기	____ 회	1 2 3 4 5
7. 허락 없이 클라이언트에게 경고 혹은 조언하기	____ 회	1 2 3 4 5
8. 문제에 대해 클라이언트에게 직면하기	____ 회	1 2 3 4 5

아래에 제시된 클라이언트의 행동들이 나타난 빈도를 추정하시오. 어떤 행동의 발생이 없었다면, “0”으로 응답하시오. 다음으로 아래에 제시된 척도를 활용하여 각각의 추정에 대하여 얼마나 확신하는지 평가하시오.

1	2	3	4	5
전혀 확신 없음		보통 정도 확신		매우 확신

상담을 하는 동안 클라이언트가 다음과 같은 행동을 한 빈도는?

	횟수	확신 정도
1. 변화를 위한 바람을 언급함	____회	1 2 3 4 5
2. 변화할 수 있는 능력을 보임	____회	1 2 3 4 5
3. 변화할 이유를 구체화함	____회	1 2 3 4 5
4. 변화의 필요성을 제시함	____회	1 2 3 4 5
5. 변화에 대한 결단을 언급함	____회	1 2 3 4 5
6. 변화에 대한 바람의 결여를 말함	____회	1 2 3 4 5
7. 변화할 능력이 없음을 보임	____회	1 2 3 4 5
8. 변화하지 않을 이유를 구체화함	____회	1 2 3 4 5
9. 변화하지 말아야 할 필요를 제시함	____회	1 2 3 4 5
10. 변화하지 않겠다는 결단을 언급함	____회	1 2 3 4 5
11. 당신의 생각에 도전하거나 적대감을 전함	____회	1 2 3 4 5
12. 당신의 말을 중단시키거나 당신이 말하는 데 끼어듦	____회	1 2 3 4 5
13. 대화를 곁길로 새게 하거나 응답하지 않음	____회	1 2 3 4 5
14. 비난, 변명 또는 문제를 최소화함	____회	1 2 3 4 5

[그림 9-1] 실천가 MI 면접 자기평가(Hartzler et al., 2007)

이 도구는 lib.adai.washington.edu/instruments에서 찾을 수 있으며, 저작권은 워싱턴 대학교의 B. Hartzler와 J. Baer(2010)에게 있음. 저자들은 도구를 변형시키지 않고 출처를 밝히는 것을 전제로 개인적 용도나 연구목적으로 활용하는 것을 허락함. 상업적 목적으로 사용하기 위한 허가에 대해서는 B. Hartzler(hartzb@u.washington.edu) 혹은 J. Baer(jsbaer@u.washington.edu)에게 문의 바람.

이 측정도구는 MITI의 전체 점수 및 행동빈도 항목들과 MISC의 클라이언트 변화대화를 결합한 것이다(Hartzler et al., 2007). 관찰자는 나중에 실천가에게 피드백을 주기 위해 동일한 양식을 사용한다. 이 척도에 대한 Hartzler와 동료들(2007)의 연구에 의하면, 독립적인 평가자/관찰자들 간의 신뢰도가 높은 것으로 나타났다. 훈련, 코칭, 피드백의 9주 전 사전검사에서 훈련생들의 자기평가는 관찰자들의 평가와 낮은 상관관계를 가지고 있었다. 훈련생들은 자신들의 개방형 질문 사용과 클라이언트의 변화대화에 대해서만 일정 정도의 정확도를 가지고 평가할 수 있었다. 그런데 연구가 종료되는 시점 즈음에는 MI 정신이나 폐쇄형 질문, 단순 및 복합 반영, 유지대화, 그리고 MIA 행동들을 훨씬 잘 확인할 수 있게 되었다. 이는 자기평가 기술이 다른 관찰자의 피드백과 함께 쓰여야 한다는 점을 다시 한 번 보여 주는 것이며, 또한 이러한 기술들이 시간이 흐름에 따라 향상될 수 있음을 의미한다.

클라이언트로부터의 피드백 역시 중요한 정보를 제공한다. 클라이언트에게 단순 반영과 복합 반영을 구분하라고 요구하지는 않겠지만, 클라이언트는 자신과 치료자의 상호작용이 전반적으로 어떠했는지에 대해서 분명히 이야기해 줄 수 있다. 피드백 측정도구로 개발된 것이 MI 클라이언트 평가(CE-MI; Madson, Bullock, Speed, & Hodges, 2009)인데, 면접 끝에 클라이언트에게 주어 작성하게끔 할 수 있다. 피드백을 받으면서 하는 상호작용의 현장관찰live observation도 유용하지만, 그래도 자기 자신의 녹음테이프를 코딩하여 녹취한 것을 받는 것만큼 유용하지는 않다. 내(Melinda Hohman)가 대학원에서 MI를 가르칠 때, 학생들은 자신들이 면접

에서 다양한 MI 기술들을 어떻게 활용했는지에 대해 말한다. 그러나 나중에 그들의 테이프를 듣고 코딩된 녹취록을 보면, 기술의 활용이 자신들이 기대했던 수준에 미치지 못함을 보여 준다. MITI의 표기에서 보듯이 일단 MI에 능숙해지고 나서도 재교육에 참석하거나 코치에게 이따금씩 테이프를 제출함으로써 기술이 표류하지 않도록 하는 것이 바람직하다.

집단 혹은 기관의 한 부서단위

여러분이 만약 중간관리자나 슈퍼바이저라면, 그리고 직원들이 MI를 배우고 활용하기를 원한다면, 이상적으로는 다같이 MI 훈련에 참석할 것이다. 항상 예산이 문제이지만, 예산이 허락한다면 MI 슈퍼비전 훈련을 받는 것도 여러분 자신이 코칭이나 직원들과 함께 일할 때 MI를 활용하도록 도움을 줄 것이다. 여러분이 가질 수 있는 수행불안을 극복한 다음에, 동료 슈퍼비전 집단을 꾸리거나 다른 슈퍼비전 집단에서 클라이언트와의 면접을 되돌아보고 또 코딩까지 가능하다면(여러분이 코딩 훈련을 받았다면) 도움이 될 수 있다. 어떤 슈퍼바이저들은 MI 비디오와 역할극을 집단분석, 토의 및 비평에 활용한다고 한다. 직장에서의 MI에 대한 한 연구에서는 (2일간의 훈련을 수료한) 훈련생들에게 복합 반영의 빈도를 측정하는 등 자신들의 면접 테이프를 분석하는 데 사용되었던 12장의 주간평가지를 나누어 줬다. 이 평가지에 이어 관찰자 코딩에 근거한 전화코칭이 후속적으로 이어졌다(Bennett, Moore, et al., 2007).

MIA-STEP(MI 평가-숙련도 향상을 위한 슈퍼비전 도구Motivational

Interviewing Assessment- Supervisory Tools for Enhancing Proficiency)는 미국 약물남용 협회와 물질남용 및 정신건강서비스국에 의해 개발된 또 하나의 모델로서 물질남용 치료기관에게 MI를 훈련, 통합, 지도감독할 수 있는 형식을 제공해 준다. 보다 자세한 정보를 원한다면 www.attcnetwork.org/explore/priorityareas/science/blendinginitiative/miastep에서 알아볼 수 있다. 이 프로그램은 슈퍼바이저 및 직원을 위한 관찰양식과 자기보고 양식도 포함하고 있다. 슈퍼바이저가 당면할 수 있는 주된 어려움은 직원들을 "동기화" 시켜서 집단 슈퍼비전에 녹음테이프를 제출하도록 하는 것이다. 이 때 포스터나 책갈피 등과 같은 시각적 도구를 통해 MI "성공담"을 들려줄 뿐 아니라 직원들로 하여금 다양한 MI 기술들을 활용하도록 상기시킬 수 있다.

기관 혹은 체계 전반

보다 큰 대인서비스 분야의 체계 내로 MI와 다른 증거기반 실천을 통합시키는 것은 어려운 일인데, 이를 연구하는 실행과학[1)]이라는 분야가 생겨나게 되었다(Fixsen, Naoom, Blase, Friedman, & Wallace, 2005). 이 분야 및 다른 모델과 관련된 단계들을 상술하는 것은 이 단원의 범위를 벗어나는 것이지만, 이 분야 연구에서 실천이나 기술발달상의 변화를 실행/통합하는 데 있어서 중요하다고 밝혀진 바는 〈표 9-1〉에 제시된 내용과 대부분 부합된다.

어떤 지점에 이르면 행정가들은 MI 활용을 기관 내 여러 단위부서나 수준에 걸쳐서 통합하려는 결정을 내리게 된다. 그 다음 단계

는 슈퍼바이저와 실천가, 그리고 클라이언트를 모아 이것이 기관의 문화라는 맥락에서 무엇을 의미할지, 그들의 관심사는 무엇인지 등을 논의하고 지지를 얻어 내는 것이다(Berger et al., 2009). MI에 잠시라도 노출된 경험이 있다면 이런 방식의 의사소통에 필요한 것이 무엇인지를 알 수 있을 것이다. 그 다음 단계는 훈련의 절차를 계획하고 이 과정에 MI 훈련가들을 참여시키는 것이 될 것이다. 누가 언제 훈련을 받을 것인지, 자발적인 것으로 할지 혹은 의무적인 것으로 할지 등의 문제들이 모두 고려되어야 한다. 무엇을 훈련할 것인지도 역시 중요하며, 모든 훈련들이 균일하게 이루어질 수 있도록 커리큘럼도 개발할 필요가 있다(Hohman, Doran, & Koutsenok, 2009).

훈련이 이루어지면 슈퍼바이저들은 MI 슈퍼비전과 코칭모델에 따라 훈련받는다. 기관은 클라이언트로부터, 그리고 현장관찰을 통해 피드백을 얻을 수 있다. MI가 고안된 대로 활용되고 있는지를 알아보는 가장 좋은 방법은 충실도fidelity 측정도구를 활용하는 것인데(Fixsen et al., 2005), 이것이 곧 MITI 코딩체계이다. 이상적으로, 직원 혹은 일단의 직원들은 녹음된 면접 테이프를 제출해서 코딩하게 되고 이를 통해 자신들의 기술개발이 지속적으로 이루어지게 된다. 단위부서의 학습계획에서와 마찬가지로, 동료집단 혹은 슈퍼비

1) 역자주: Implementation science란 연구결과와 경험적 증거들을 건강관련 정책 및 실천에 통합하기 위한 다양한 방법들을 연구하는 분야이다. 예컨대, 기존에 정립된 프로그램이 왜 시간(일, 주, 월)이 경과됨에 따라 효과성이 감소하는가, 이미 검증된 프로그램이 때로 새로운 현장에 적용되었을 때 예상치 못한 효과를 나타내는 이유는 무엇인가 등과 같은 문제에 대한 해답을 탐구한다. (출처: http://www.fic.nih.gov/News/Events/implementation-science/Pages/faqs.aspx)

전 집단에서 역할극과 비디오를 활용하여 지속적 학습이 이루어지게 할 수 있다. 이 모든 것은 MI 정신에 기반한 기관의 문화를 촉진하는 것에서부터 업무시간을 동료집단 슈퍼비전에 할애하도록 허용하는 것에 이르기까지 이러한 통합을 지원하는 정책과 절차들에 의하여 지원되어야 한다. 기관 내의 훈련가들이 MI 훈련을 받았으므로, 기술향상을 유지하기 위한 기관 자체의 지속교육이 이루어질 수 있다. 실행팀들은 이러한 많은 변화를 위해 구조를 제공해 줄 수 있을 뿐 아니라 MI를 모든 접수면접의 일부로 포함하는 것과 같이 기관 내에서 MI 기술들이 구체적으로 어떻게 활용될 것인지를 계획할 수 있다. MI 기술의 목록이 적혀 있는 책갈피나 포스터 등을 기관 곳곳에 둠으로써 시각적으로 상기시키도록 할 수도 있다. MI 성공담을 공유하는 것 또한 분명히 실천가들의 자기효능감을 높이는 데 도움이 될 것이다. 정기적인 혹은 단기 재교육이 이루어질 수 있으며, MI의 경험이 있거나 이를 배울 의사가 있는 실천가들을 고용하는 것도 통합의 지속가능성을 제고하는 데 유용할 것이다.

실천현장에서의 경험들

다음은 3명의 사회복지사들이 개인이나 기관 차원의 실천에 MI를 어떻게 접목했는지에 대한 이야기이다.

미시적/중시적 차원:
Bill James(미국 캘리포니아 주 샌디에이고)

나는 아동복지국Child Welfare Services: CWS에서 슈퍼바이저로 일하고 있다. 우리 직원들은 그룹홈이나 치료적 위탁가정 배치[2)]를 필요로 하는 15~18세의 요보호 청소년들과 일하고 있다. 이는 우리 직원들이 여러 가지 위험행동을 일으킬 소지가 있는 청소년들과 오랜 기간 동안 관계를 유지하게 됨을 의미한다. 이 청소년들 대부분이 위탁보호기간 중 지속적인 정신보건 서비스나 교육 서비스를 필요로 한다. 1993년에 아동복지국에서 일하기 시작하면서부터, 나는 클라이언트가 하필 자신의 삶에서 가장 취약한 시기 중 하나에 직면해 있을 때 동료직원들이, 그리고 때로 내 자신이, 다양한 문제들에 대해 그들과 논쟁을 벌이게 되는 것을 보아 왔다. 그리고 수년 동안 이러한 역동을 피하기 위해 나는 클라이언트가 아동복지 서비스 제도 안에서 살아갈 수 있도록 돕는 과정에서 불필요하게 그들의 적대감을 불러일으키지 않도록 노력했다. 2006년에 실천현장에서 일하는 친구의 권유로 나는 MI 개관 및 입문 강좌를 듣게 되었다. 그 훈련을 마치고 나오면서, MI를 개별 사례 실천에 접목시킬 수만 있다면 우리 클라이언트의 삶이나 직원들의 만족도가 훨씬 더 좋아

---

2) 역자주: Treatment-level Foster Family Agency placement. 치료적 위탁보호(Treatment Foster Care)란 기존의 가정위탁보호(foster care)와 치료시설의 장점을 혼합한 보호모델이다. 정서적, 행동적, 의료적 문제가 심각하여 시설에 배치될 수밖에 없었던 아동이나 청소년들에게 치료적인 가족환경 내에서 적극적이고 구조화된 치료를 병행함으로써 개별적이고 집중적인 치료가 가능하도록 하는 모델이다(출처: http://www.ffta.org/whatis.html).

질 수 있을 것이라는 확신이 들었다.

그래서 나는 상사에게 MI 기법들을 직원들에게 가르치고 싶은 마음을 전했고, 그는 기꺼이 승낙해 주었다. 내가 당면한 첫 번째 도전은 MI에 대하여 나 스스로 능력을 제대로 갖추는 것이었다. 마침 우리 지역에 있는 한 대형 정신보건기관에서 전 직원을 대상으로 MI 실천을 훈련하고 있었는데, 고맙게도 몇몇 훈련과정에 내가 참가할 수 있도록 허락해 주었다. 그 기관의 슈퍼바이저 한 명이 "초청강사"를 교환하며 우리의 개별적인 집단 슈퍼비전 회기에 몇 달간 참여해 주었다. 또한 약 6개월의 기간 동안 나의 녹음테이프를 코딩해 주고 피드백과 코칭을 해 줄 MINT 회원 한 명을 구하였다.

그 후 우리 직원들에게 훈련 비디오나 여러 자료들을 사용하여 MI를 설명하고 시범을 보였다. "실제" 상황에서 MI를 적용해 본 것을 녹음하고 같이 코딩도 해 보았다. 처음에는 직원들이 잘 해내지 못하였다. 나는 비디오에 나오는 예제들에 많이 의존했고 과정들을 설명하는 데 무척이나 많은 시간을 할애하였다. 훈련받는 직원들을 개인적으로 따로 만나 그들이 대화를 반영하고 이끄는 능력을 점검해 보기도 하였다. 나는 직원들 스스로 MI를 실천하는 방법들을 이끌어 내도록 훈련과정에서도 MI 기법을 사용할 필요가 있음을 깨달았다. MI 기법을 익히고 성공적인 이야기를 나누며 어려운 사례들을 분류하는 것에 초점을 두고, 매월 정기적인 만남을 통해 큰 성과를 이루어 갔다. 직원들의 MI 실천을 원하고 있는 다른 부서 슈퍼바이저들을 동참시킴으로써 더욱더 지평이 넓어졌는데, 그렇게 되면서 한 번 집단모임이 있을 때면 다른 부서의 슈퍼바이저와 더불어 7~10명의 사회복지사들이 참여하게 되었다. MI 기법을 사용하

여 성공한 이야기들이 점점 더 많아졌고 직원들의 문제해결 능력도 크게 향상되었다.

아마도 우리가 이 과정을 통해 배운 가장 중요한 점은, MI의 한계를 깨달음과 동시에 어느 시점에서 다른 기법이나 전략으로 바꾸어야 할지를 알게 된 것이라 하겠다. 입양 청소년들의 복지는 법원이 책임을 물을 뿐 아니라 개인적으로도 책임감을 느끼는 일이기 때문에 사회복지사들에게 매우 큰 부담으로 다가온다. 이 청소년들의 문제행동을 변화시키는 것을 넘어 그들의 전반적인 삶에서 야기되는 여러 가지 문제들을 처리하고 다루어야 할 책임이 우리 사회복지사들에게 있는 것이다. MI 기법의 사용여부를 떠나서, 우리는 그들과 계속해서 소통해야 하고, 클라이언트가 어디에서 살 것인지, 어느 학교를 갈 것인지, 감독하에 가족들과 만남을 주선할 것인지 아닌지, 만약 도망을 쳤다면 어떻게 찾을 것인지, 학대 받는 상황에서 어떻게 법적 조치를 취할 것인지 등등 여러 가지 문제에 대해서 그 가족들이 내린 결정 또한 알고 있어야 한다. 두 가지 역할을 다 감당해야 하는 현실을 이해하면서도, 우리 직원들은 때로 이 입양 청소년들이 문제행동을 계속하려는 것을 부추기지 않는 한도 내에서 그들과의 상호작용 관계로부터 한 걸음 물러서 "평안을 누리고" 싶은 생각을 하기도 한다. 이와 같은 여러 가지 상황적 문제 때문에 MI 기법만으로는 모든 것을 해결하는 데 충분하지 않을 때가 있다. 이는 특히 어려운 문제였다.

내가 알게 된 중요한 사실은, 우리 직원 개개인의 학습 곡선이 서로 매우 다르다는 것이다. 각 개인 특유의 학습방식이 있고 학습동기의 수준도 상이하며 의사소통의 방법 또한 달랐다. 그것이 아동복지국 직원에게서만 나타나는 특이한 사실은 아니었지만, 성인학습이론에 대해 잘 알게 되는 것이 처음 이 과정을 시작할 때 내가 기대했던 것은 아니다(물론 지금도 내가 온전히 다 알고 있다고 말할 수는 없지만!). MI를 실천함에 있어서 맞게 되는 또 다른 도전은, 기존의 직면/논쟁하는 식의 의사소통 방법이 여전히 효과가 있다는 신념을 떨쳐 버리는 것이다. 지금도 입양보호기관에 있는 아이들 중 반수 이상이 자신의 부모에게로 돌아가고 있기 때문이다. 그리고 MI 기법들을 교육하는 것은 분명 가능하지만, 반영하기, 전략적으로 대화를 이끌어 가기, 즉시 바로잡으려는 것을 유보하기 등은 매일매일 일상의 대화에서 자연스럽게 실천할 수 있는 것이 아니다. 마지막으로, 내가 슈퍼비전을 주고 있는 사회복지사들 중 많은 사람들이 자신을 '임상' 사회복지사라고 여기고 있지 않아서, 미시적인 면접 기술을 연마한다는 것이 그들에게는 낯설게 느껴지는 듯하였다. 우리 기관의 직원들이 가지고 있는 이러한 문화적인 편견이 다른 기관이나 지역에 있는 슈퍼바이저들에게는 더욱더 깊숙이 스며들어 있는 것 같다. 내가 알기로 이는 형사사법조직 내에서 나타나는 반응과 유사한 역동인데, 아동복지국의 인력을 대할 때 고려할 만한 가치가 있다.

이러한 전 과정을 통해 긍정적인 결과도 상당히 있었다. 첫 번째로, 직원들 중 몇몇이 매우 저항적인 클라이언트를 만났을 때 훨씬 덜 긴장하게 된다고 보고하였다. 클라이언트와의 만남을 훨씬 덜 직면적으로 만들어 줄 도구를 가지고 있기 때문이었다. 또한 그들이 클라이언트를 대하는 데 있어서의 역할과 책임에 대해 더 잘 이해할 수 있게 되었다고도 하였다. 정말로, 이런 직원들의 안도의 표

현은 슈퍼비전의 성과로서 내가 자랑스럽게 내걸 수 있는 것이라 하겠다. 두 번째 결과는, 최소한 몇 명의 입양 청소년들이 지난 몇 년에 걸쳐 문제행동을 바꾸려는 생각을 하거나 실제로 바꾸게 되었다는 것이다. 이러한 변화는 우리 직원들의 효과적인 MI 실천이 아니었다면 불가능했을 것이라고 나는 믿는다. 세 번째 결과는, MI 실천이 아동복지국에서 효과적이라는 생각이 동료들과 몇몇 고위 관리자 사이에서 서서히 퍼져 가고 있다는 것이다. 우리 부서장은 어렵사리 따낸 훈련보조비의 일부를 써서 직원들이 외부 MI 훈련 프로그램에 참여하도록 하는 것을 허락하였다. 이는 부서의 모든 직원들이 그 기법을 익힐 수 있도록 하려는 노력의 일환이었다. 마지막으로, 그리고 가장 중요한 결과는, 내가 MI 정신과 OARS 기술을 사용함으로써 더 나은 슈퍼바이저가 되었다는 것이다. 나는 직원들이 가진 강점과 능력에 초점을 맞출 수 있게 되었으며, 이는 다루어야 할 문제가 있거나 이슈가 있을 때에도, 그것이 부서 전체 단위에서건 그들의 업무관행이나 담당 사례업무에 대해서건 가능해졌다.

중시/거시적 차원:
Cristine Urquhart(캐나다 브리티시 컬럼비아 주 밴쿠버)

내가 알코올 중독 개입에 관한 연구를 하고 있던 1996년부터 시작하여 MI와 나와의 관계는 오랜 기간에 걸쳐 발전되어 왔다. 그 후 15년 동안 MI는 나의 교육적, 전문직업적 결정을 하는 데 지대한 영향을 끼쳤다. 나는 MI를 높이 평가하고 실천하는 기관에서 일하고 연구했으며, 사회복지 석사과정에서도 MI를 임상훈련의 중심으로 삼았다. 내가 늘 생각해 왔던 바는, 물질남용 문제가 있는 사람들을 이해하고 그들과 일하는 데 있어 흑백논리로 낙인을 찍거나 창피를 주는 방법 말고 다른 방법이 있어야만 한다는 것이었다. 사람이 철저하게 모든 것을 잃고 바닥을 치는 경험을 한 다음에서야 도움을 받을 수 있다는 주장은 나로서는 이해가 되지 않는 일이었다. MI는 전문적 원조관계에 인간성, 존엄성, 희망을 함께 가지면서 사람들과 일할 수 있는 길을 열어 준다. 이렇게 MI는 나에게 꼭 맞았고, 복합적인 건강이나 사회적인 문제가 있는 사람들을 지지해 줄 수 있는, 내가 찾고 있던 사회복지 실천기술이라고 생각되었다.

때때로 기관 차원의 변화는, 기회들이 딱 맞아떨어지고, 길이 열리면서 비전, 담대함, 생생한 경험들이 한 덩어리로 합쳐짐으로써 일어나게 된다. 이것이 나의 경험이자 캐나다 노바스코샤 주에 있는 Annapolis Valley Health(AVH)[3]의 중독 전문 서비스Addiction Services 부서에서 상담가로 일하고 있는 MI 보조훈련가 Frances Jasiura가 했던 경험이다. AVH의 관리자들은, 물질남용이나 도박중독 클라이언트 중 상당수가 전문적인 중독치료 서비스를 받는 대신 지역의 다른 1차 진료기관들을 이용하고 있는 점에 대해 우려하였다. 기관에서는 클라이언트와 협력하면서 역량을 강화시키는 통합 수준의 서비스로 접근방법을 선회하고자 하였다. 이러한 분위기의 변화는 최근 물질남용 치료에 대한 캐나다 정부의 국가적 지원에 힘입어 더욱 가속화되었다.

3) 역자주: Annapolis Valley 지역의 보건당국. 보다 자세한 내용은 다음의 웹사이트를 찾아볼 것. http://www.avdha.nshealth.ca/

중독서비스의 관할지역 부장은 몇 년 전 Bill Miller가 가르치는 훈련 프로그램에 참여한 이후 MI 정신에 감명을 받고, 자율, 존중 및 환기가 변화하는 치료 분야의 최신 경향에 얼마나 부합되는지를 알게 되었다. 그는 중독서비스 부서의 모든 직원들을 위한 단계별 MI 훈련 프로그램을 열 수 있는 기금을 받기에 이르렀다. 그 결과, 7명의 사회복지사를 포함한 총 37명의 직원을 대상으로 지역사회기반의 구조화된 치료와 금단증상 관리 등에 관한 교육이 이루어졌으며, 정신보건, 공중보건, 보호관찰 서비스를 실천하고 있는 지역의 파트너들을 합류시킴으로써 관계망이 점점 넓어지게 되었다.

다음에 제시된 이야기는 단계별 훈련을 통해 참여를 이끌어 내고, AVH의 중독서비스 부서 안에 MI를 통합시키며, 컴퓨터를 이용한 가상 코칭과 MI 실천모임MI Communities of Practice: CoPs을 통해 역량강화를 이루어 낸 우리의 경험담이다. 통합에 대한 장애요인과 지원요소, 그리고 다른 기관에서 고려해야 할 사항에 대해서도 나누고자 한다.

MI 학습방법에 대한 연구에 기반해서, 우리는 기법의 계발과 지속적 유지를 지원하기 위한 단계별 접근을 권장하였다. 기관에서 표명한 훈련의 목표는 MI 기법의 활용능력을 키우고, 다학제 간 협력을 하며, 비전문 활동가들도 약물사용과 도박에 대한 대화를 시작할 수 있게 자신감을 향상시키는 것이었다. 우리는 MI에 대한 치료 충실도를 높이고 기관의 패러다임 전환을 지지하기 위하여 지속가능한 MI 실천모임(관심사를 공유하는 동료 간의 학습집단)을 만들자고 제안하였다.

훈련은 2010년 6월부터 12월까지 시행되었다. 폭증하는 지역 파트너들의 관심을 수용하기 위해 각 단계의 훈련은 반복 실시되었다. 지금까지 139명의 참가자들이 2일간 실시되는 1단계 입문과정을 마쳤고, 51명이 보다 소규모이며 집중적인 2일간의 2단계 상급과정을 마쳤으며, 46명이 1시간 반씩 3일간 진행되는 후속 코칭 모임에 등록하였다. 현재 70%의 출석률로 한 번의 컴퓨터 가상코칭 모임을 끝마친 상태이다. MI 실천모임 역시 계속되고 있다.

처음 시작부터 체계적인 지원을 구축한 것은 매우 중요한 일이었다. 지역사회 건강과 보호Community Health & Continuing Care의 부처장과 중독서비스 부서의 관할지역 부장은 훈련, 기관의 통합, 그리고 학제 간 협력의 중요성을 강조하면서 프로그램에 대한 적극적 지지를 표명하였다. 이에 관심을 가진 중독서비스 부서 직원 모두가 한 사람도 빠짐없이 1단계 훈련에 참여하였다. 훈련이 진행되어 감에 따라, 몇몇 참가자들은 단지 기관 내부의 변화와 같은 역사적 이유만으로 훈련에 참여해야 하는지 양가감정을 가지고 있음이 드러났다. 이러한 사실이 확인되자, 우리는 저항과 함께 구르기 시작하면서 훈련은 자발적인 것임을 강조하였고(MI의 확산은 강제가 아니라 MI 정신에 의해 이루어진다), 기관행정가들도 이와 같은 입장을 똑같이 직원들에게 전달해 줄 것을 요청하였다.

2단계 상급 훈련과정이 시작되면서, 명확한 의사소통은 필수적인 요소가 되었다. 참가자들과 상급자들, 그리고 지역의 파트너들이 정보에 근거하여 결정을 내리고, 훈련과정의 단계 단계마다 새로운 결단을 할 수 있도록 해야 했기 때문이다. 기관행정가들과의 상의하에, 우리는 상급 훈련과정에 참여하는 사람들을 지원하기 위해 다음과 같은 고려사항들을 서면으로 작성했다. (1) 참가는 자발적

으로 이루어지며, 행정가들의 지원을 받는다. (2) 1단계 훈련을 마친 자이어야 한다. (3) 대화의 녹음과 코딩을 포함한 경험적 학습에 전폭적으로 참여할 의향이 있어야 한다. (4) 훈련 후 과정으로 1시간 반씩 3회에 걸쳐 가상 코칭 모임에 참여한다. (5) MI 실천모임에서 활동할 의사가 있어야 한다. 중독서비스 부서 직원의 약 63% 정도가 2단계 훈련에 참가하였다.

우리는 2단계 훈련에서 MI 충실도의 측정과 코딩을 도입하였다. 참가자들에게 동료와 나눈 MI 대화를 녹음하고 코딩하게 하였다. 이와 같은 일은 많은 경우 불안을 조성하며, 때로는 저항도 일어나게 된다. 그것을 알고 있었기 때문에 우리는 참여를 격려하고 안전한 분위기를 조성하며 장애요인을 제거하는 데 많은 노력을 기울였다. 중독서비스 부서에서는 녹음기를 제공해 주어 이후에 MI 실천모임에서도 활용할 수 있게 해 주었다. 또한 녹음하기 하루 전에 훈련생들이 자신의 파트너를 선택하도록 하였다. 그리고 훈련과정 중에 이 대화를 할 수 있게 시간을 제공하였으며, MI 상담은 간략하게 하도록 하였다. 2단계 훈련생 모두가 이 대화를 마쳤으며, 몇몇 참가자들은 이러한 대화연습이 매우 도움이 되었다고 나중에 보고하기도 했다.

매일매일의 실천과정에서 생겨나는 의문점을 해결하기 위해서, 훈련 후 코칭 모임을 통해 지속적인 지원과 기법의 통합이 이루어지도록 하였다. 또한 소집단으로 나뉘어져서 한 달에 한 번씩 3개월 동안 전화나 컴퓨터상으로 1시간 반 동안 가상 코칭을 실시하였다. 이 시간에는 참가자들이 사전에 합의한 주제를 세 가지 정도 다루게 되는데, 일정 시간을 역할극에 할애하여 "채팅" 기능을 통해 피드백을 제공할 수 있는 기회가 된다. 이 단계의 참여를 격려하기 위해서 2단계 훈련이 끝나기 전에 등록용지를 주어 시간과 날짜를 선택할 수 있도록 하였다. 그 결과, 2단계 훈련생 51명 중 46명이 등록을 하였다. 또한 2단계 훈련을 평가하는 과정 안에 가상 코칭 모임에 참여할 의향을 묻는 척도문항을 포함시켰다. 0에서 10점까지의 척도에서 참가자의 응답은 평균 8.83(n = 42)으로 나타났다. 참여의지를 높이는 데 무엇이 도움이 될지를 물었을 때, 응답자들은 우선 모임이 유용해야 하고, 행정부서에서 시간에 대한 지원을 해 주어야 하며, 연습할 기회가 주어져야 한다고 대답하였다. 첫 번째 가상 코칭 모임은 70%의 참석률을 보였는데, 그중 34%가 중독서비스 부서의 직원들이었다.

좀 더 소규모로 이루어지는 2단계 훈련과정에서는 참가자들 사이에 공동체 의식을 고양시키기는 데 초점을 두고, 짤막한 동영상이나 녹취록을 코딩하거나 파트너와 함께하는 연습, 혹은 팀 자문회의 등과 같이 나중에 MI 실천모임에서도 쉽게 활용할 수 있는 학습 내용들을 선정하였다. 또한 참가자들이 앞으로 자신들의 학습모임으로 한 걸음 더 나아갈 때 어떻게 조직화할 수 있을지 생각해 보는 시간도 마련하였다. 농촌지역의 서비스라는 점을 감안하여 대상 인구집단으로 나누기보다는 지리적 근접성에 기반하여 세 집단으로 나누기로 결정하였다. 프로젝트 책임자의 지원에 힘입어 3개의 실천모임 모두 최소한 한 번은 이미 만남을 가졌다. 한 집단은 일단 격주로 만나기로 했고, 다른 집단들은 월 1회씩 만나고 있다. 모임은 통상적으로 1시간 반 정도 진행되며, MI 실천에서의 성공담이나 어려움을 나누고, 전략을 검토하며, 기법을 익힌다. 훈련가로서 우리는 매 회기마다 상당부분을 연습에 할애하도록 권장하였다. 그

렇지 않으면 모임을 통한 활동이 가지는 유용성이 없어지기 때문이다. 어떤 집단은 연습을 하는 것에 대한 양가감정을 이렇게 이야기했다. "연습을 시작하는 것이 처음에 좀 힘들었는데, 일단 시작하고 나니까 멈추는 것은 그보다 더 어렵더라."

기관들이 실천의 변화를 접목하면서 계속적으로 맞게 되는 도전은, 다른 업무와의 우선순위 및 제한된 시간과 자원 사이에서 어떻게 균형을 유지하면서 실천할 것인가 하는 것이다. 지역사회의 파트너들과 같이 일하는 사람들이 보았을 때, 서비스(부서)마다 MI 실천모임을 통해 지속적으로 관계 맺고 배우는 데 대한 헌신 정도가 다르게 느껴질 수 있으며, 이에 따라 혼재된 반응이 나올 수 있다. 중독서비스 부서 내에서 어떤 직원들은 MI 신봉자가 되어 있기도 하고, 다른 소수의 사람들은 전혀 관여를 하지 않기도 한다. 전반적으로 보았을 때, 프로젝트 책임자는 "이제는 MI 언어와 개념들이 직원회의에서 이루어지는 대화 안에 자리를 잡아가고 있다."고 기술한다. 지역사회 파트너들과의 관계에 관해서는, "모든 관계가 계속 유지되지는 않는다. 계속적인 참여를 하는 데 필요한 상사의 지지를 받지 못하는 사람들은 일회성에 그친 채 사라져 버렸다. 대신 계속 참여하는 사람들은 정말 열심히 참여한다."고 설명한다.

MI를 중독서비스 부서와 지역사회 파트너들 안에 통합시키는 데 성공하기까지 많은 요인들이 영향을 주었다. MI에 대한 열정과 비전을 가지고 "제대로 해 보자."며 지지를 아끼지 않았던 관할지역의 부장 및 행정가들의 지원과, 이를 실현시키기 위한 자원 제공이 없었다면 이 모든 것이 불가능했을 것이다. 프로젝트 책임자의 지지와 확고한 헌신 역시 일의 진행속도를 유지하는 것부터 훈련참여자들과 연계하는 것까지 모든 단계에서 필수 불가결한 요소였다. 또한 지역사회 파트너 기관의 관리자들로 구성된 리더십팀과 2.5시간씩 회의를 했던 것이 좀 더 광범위하고 체계적인 지원을 가능하게 해 주었다. 훈련 및 실천모임을 근무시간에 실시했던 점과 참가자나 행정가들에게 기대요건을 명확하게 제시했던 점도 통합에 기여하였다. 참가자들은 상사에게 제시할 수 있게 문서화되어 있는 것이 정확한 의사소통을 하는 데 많은 도움이 되었다고 하였다. 이 외에도 매 단계마다 참가자들의 선택권을 존중하고 그들의 학습 및 연습 욕구를 충족시킬 수 있는 지속적인 실천모임을 지원한 것 역시 필수적 요인이었다.

아직 시작 단계이지만 전망은 밝다. AVH의 중독서비스 부서는 MI를 기관에, 그리고 지역사회 파트너들과 통합시키기 위해 엄청난 에너지와 열정, 자원들을 쏟아 부었다. 임계량[4]은 이미 구축되고 있으며, 향상된 건강 서비스에 대한 전망과 MI 실천이 제공해 줄 수 있는 것 간에 시너지 효과가 일어나고 있다. MI가 기관 안에 성공적으로 통합되기 위해서는, 그 과정이 참여적이고 협력적이어야 하며, 시간, 자원 및 변화의 유지에 대한 전반적인 헌신 등 체계 전체의 지원이 무엇보다도 중요하다는 점을 명백하게 알 수 있었다. 프로젝트 책임자의 말을 빌자면, "MI를 실행하는 것은, 비전과 시간과 창의적 발상을 통해 MI를 모든 사람들의 머리에 심어 주는 과정이다. 이것을 유지하기 위해 진지한 투자가 이루어지지 않는다면 MI 이

---

4) 역자주: 핵분열을 일으키는 물질이 연쇄반응을 계속할 수 있는 최소의 질량. 여기에서는 바람직한 결과를 얻기에 충분한 수 혹은 요구되는 양을 의미한다.

전의 상태로 되돌아가기 쉽다. 머릿속에 큰 그림을 그려야 한다."

〔Frances Jasiura, Kevin Fraser, Shaughney Aston, 그리고 Katrina Crosby에게 감사의 인사를 전한다.〕

거시적 차원: Rhoda Emlyn-Jones(영국 웨일즈지방 카디프)

1984년 카디프 시 사회서비스 부서에서 사회복지사로 일할 때, 알코올중독 서비스 개발의 직책을 맡았다. 나는 2.5개 팀의 직원들과 시의 센터 내에 있는 몇몇 사무실을 책임지며 도시 전체의 알코올중독 서비스 개발을 해야 했다. 1986년까지 우리는 서비스를 계속 확장시켜 갔다. 이웃 카운티에서 우리에게 비슷한 서비스를 제공해 달라고 요청하였고, 우리는 또 하나의 센터를 열어 보다 넓은 지역을 대상으로 하게 되었다. 우리가 제공하는 서비스의 범위는 점점 커져서 모든 물질남용(합법이거나 불법이거나 모두)을 포괄하게 되었고, 상담서비스, 사회복지 팀 운영, 출소자 재통합 서비스, 형사교정제도 내의 죄수들을 위한 약물개입 프로그램, 노숙자서비스 등 다양한 기능을 수행하게 되었으며, 지난 10년간은 일련의 MI 기반 가족 중심 서비스를 개발하기에 이르렀다.

그 당시 성인 사회서비스 부서는 사정 중심의 접근을 지향하는 분위기였는데, 그래서 자꾸만 높아지는 기준치를 놓고 사례의 심각성을 측정하게 되는 결과를 낳았다. 다시 말하면, 클라이언트 자신이 심각하게 문제가 있다는 것을 입증하지 못하면 서비스를 받을 수가 없었다는 뜻이다. 그에 뒤따르는 치료나 보호계획의 수립도 클라이언트가 무조건 따라야만 하는 계획으로 제시되고는 하였다. 그런 계획들은 클라이언트의 역량을 강화시켜 주기보다는 취약점을 다루는 것을 기본으로 하고 있었다. 마지막 단계인 모니터링은 클라이언트가 변화목표를 얼마나 달성하고 지속하고 있는지를 측정하는 것이었다. 전문가에 의한 사정, 취약점에 초점을 둔 치료계획, 그리고 모니터링—이것은 저항을 증가시키고 서비스 이용자의 자원을 낭비하게 하며 의존성만 키워 주는 처방전이었다.

우리는 클라이언트의 동기를 점검하고, 변화의 이유를 설득하는 것과 같은 것에는 별로 관심이 없었다. 우리의 관심은, 클라이언트의 저항 수준을 낮추고 양가감정을 탐색하면서, 그들로 하여금 삶에 도전하고 변화를 일으키려는 결심과 희망을 가지게 하는 것이었다. 우리의 실천현장에서는 너무나 많은 서비스 이용자들이 현재 당면하고 있는 문제보다 그들이 과거에 일으켰던 문제 때문에 주목을 받는 경향이 있다. 대부분의 클라이언트가 자신이 저질렀던 가장 나쁜 일을 인정하고 직면해야만 하는 상황에 맞닥뜨리게 되는데, 이는 누구에게나 자신을 무력화시키는 경험이 된다. 우리가 재활서비스를 제공하고자 했을 때 이러한 경험은 그들에게 깊은 상처를 남겼다.

많은 사회복지사들이 사정하고 계획하고 모니터링하는 일련의 과정으로 내몰린다고 느끼고 있으며, 클라이언트를 참여시키고 함께 협력하며 성과에 초점을 두기 위해 요구되는 자질을 다 갖추지 못했다고 느낀다. 훈련 중에 그들은 MI 모델과 기법이 없다면 우리는 "너무 다정한" 아니면 "너무 고약한" 사회복지사가 되어 버린다

고 나에게 말하곤 했다. 우리는 개인과 가족의 자기효능감과 자율성을 향상시킬 수 있는 방법을 개발하고 공유할 필요가 있다. 모든 사람들이 변화될 수 있는 것은 아니지만, 적어도 이 방면의 전문가로서 우리는 효과성이 있다고 입증된 과정에 충실해야만 한다. 우리는 직원들이 가진 기술을 지원하고 사람을 활용하며 그들이 지략이 풍부하다고 믿어야만 사람을 문제해결의 일부로 바라볼 수 있다.

내가 제공하는 모든 서비스에는 공통된 기반이 있으며, 이러한 기반은 서비스의 근간을 이루는 원칙과 접근방법에 의해 형성된 것이다. 우리가 제공하는 모든 서비스가 공통적으로 가지는 목적은 개인, 가족, 지역사회에 도움이 되는 변화의 잠재력을 극대화하는 것이다. 우리는 MI 정신과 원칙, 기법들을 서비스 기획과 전달의 가장 중심에 둔다. 나는 처음부터 모든 서비스를 마음껏 개발할 수 있는 재량을 가지고 있었기에, 서비스 문화와 접근구조에 그러한 접근이 깊숙이 뿌리내리게 하기 위해 일관성을 유지하려고 노력했다. 서비스의 모든 요소들은 참여와 협력, 희망, 낙관주의, 헌신을 최대화할 수 있도록 계획되었다. 나는 기관의 상급자에게 MI 실천의 가치에 대한 증거들을 보여 주었고, 상사들은 이 근거중심 접근이 우리의 실천에 뿌리내릴 수 있도록 지지를 아끼지 않았다. 그들은 우리가 보여 준 효과성의 증거로 인해 더욱 큰 확신을 가지게 되었다. 기관의 최고관리자들은 MI야말로 서비스 이용자들로부터 훌륭한 피드백을 받고 좋은 성과를 내는 효과적이고 효율적인 실천방법이라고 보았다. 그리하여 나는 MI의 접근에 기반해서 더 많은 서비스를 계속 개발할 수 있게 되었다.

우리는 새로운 신입사원이 들어오면 그의 역할이나 기능이 무엇이든지 간에 MI 기법을 훈련시켰다. MI 정신과 원칙들이 전체 조직의 원칙으로 널리 받아들여졌으며, 각 팀의 문화 안에서도 이러한 정신을 지지하게 되었다. 또한 우리 기관 외의 다른 전문가와 다양한 조직들에게 MI 훈련을 전해 주기 위하여 훈련 팀을 구성하게 되었다. 시간이 흘러 우리는 전세계 어디에서도 가장 큰 MI 훈련가 팀을 보유하게 되었다. 다른 사람들에게 MI를 훈련하는 전문가specialist의 역할을 창출한 것이다. 또한 지속적인 슈퍼비전과 지원을 통해 학습내용을 견고히 해 나갔다. 이런 것들을 무상으로 제공하기 위해서 우리는 정부지원금을 신청하였고, 훈련과 지원을 받으면 클라이언트의 행동을 변화시키는 데 중요한 역할을 할 것으로 보이는 서비스 조직들에 접근할 수 있었다.

MI에서는 참여, 혹은 개인과 가족이 서비스를 이용하지 못하게 하는 두려움과 깊은 양가감정을 극복하도록 도와주는 방법에 관심을 둔다. 또한 클라이언트가 자신의 삶에 있어서 가장 전문가라고 인정을 받는 파트너십과 협력관계에 관심을 둔다. 자신의 삶에 도전하고 변화시키기 위해 도움이 되는 자신의 역량과 가치를 스스로 탐색하는 것이다. 우리는 계획을 모니터링하는 것보다는 성과에 관심을 두며, '자율'이라는 것이 어떤 것이고 어떻게 하면 그것을 이룰 수 있는지 함께 알아 가는 데 초점을 둔다.

종종 더 넓은 상위 문화와의 마찰이 있기도 했다. 우리 입장을 고수하기 위해서 우리의 공통된 접근방법을 나누고 설득해야 할 필요도 있었다. 우리 직원들은 모두 MI 원칙과 기법을 자신이 기능하는 광범위한 영역에 활용한다. 행정가들의 업무용 편지에서 나타나는

어투, 직원들이 전화를 받거나 기관을 방문하는 손님들을 대하는 방식, 수집되는 자료의 내용이나 수집방법에 있어서도 MI가 적용되며, 보조직원부터 사회복지사, 상담가, 관리자에 이르기까지 숙련된 실천가들이 수행하는 다양한 기능에서도 마찬가지이다. 그런 의미에서 우리는 일치된 모습이었다. 이러한 일치됨이 우리가 접촉하는 모든 사람들에게 최상의 기회를 준다고 확신한다.

가족중심 개입에 있어서 MI는 절대적으로 필요하다. 미국에서는 가족관계나 사회적 관계망이 와해되고 해체되었다. 이에 따라 남성, 여성, 아동 등이 가지는 상이하고 개별적인 이해에 초점을 두고 서비스 제공이 이루어져 왔다. 예컨대, 아동 보호에 있어서도 사회복지사들은 욕구보다 클라이언트의 우려에 대해 주로 의사소통하도록 교육받았기 때문에 그 결과 더 많은 저항이 일어나고 참여가 저조해지면서 역설적으로 아동들은 더 큰 위험에 노출되기도 하였다. 우리 기관에서는 가족서비스를 만들고 직원들에게 MI를 훈련했다. 우리는 참여기술에 초점을 두고 가족기능과 상충되는 가치, 희망, 염원으로 인한 긴장에서 파생되는 자연적인 불편감을 논의할 수 있도록 정중하게 가족들을 지원한다. 이 불편한 느낌들은 소위 '변화의 용기the grit of change'로 변하게 되는데, 이는 진정한 존중과 공감이 있는 관계에서만 가능하다. 효과적인 서비스는 공감과 인지부조화의 탐색에 초점을 두어야 한다. 이 둘은 함께 이루어질 때만 효과가 있다. 이 두 가지를 다 경험해 보게 하는 것이야말로 사람들이 자신의 삶에 도전하고 변화시킬 수 있는 최상의 기회를 제공해 준다. 사람이 변화하는 방법에 대한 이해와 생각을 공유하는 것에서부터 시작하여, 변화를 탐색할 수 있는 최적의 의사소통 기술을 직원들에게 연마시키고, 이 숙련된 직원들을 강력하고 역량강화적인 사회서비스 안에 배치하는 것, 이것이 나의 생각으로는 효과적이고 효율적인 고품질 공공서비스의 미래이다.

맺음말

"MI 챔피언"에 나오는 위의 세 가지 이야기는 MI가 사회서비스의 다양한 수준에서 어떻게 통합되고 있는지를 잘 보여 준다. 체계이론에 따르면 체계는 변화에 대항하며 항상성을 유지하려고 한다(Kirst-Ashman & Hull, 2009). 이것은 사회서비스 분야에서 통상 의사소통 방법의 "기본설정"이었다. 급진적 변화를 이루기 위해서는 많은 노력이 필요하다. 특히 개인이나 집단, 혹은 체계가 전문가에서 협력자로, 충고하기에서 유발하기로 옮겨 오기 위해서는 말이다. 자칫 옛날의 익숙하고 편했던 방법으로 끊임없이 되돌아가려고 하는 경향이 있기 때문이다.

앞에서 보았듯이, 미시적 차원에 있어서 기술과 실천의 진정한 변화를 가져오기 위해서는 MI 충실도가 매우 중요한 시작점이 된다. 개인들이 학습하고 연습하고—특히 또래 학습집단이나 실천 소모임을 활용하기로 선택한 경우—동료들과 이것을 함께함으로써 자신의 취약성을 드러내는 데에는 동기가 필요하다. MI를 기관 내의 한 부서에 통합시키기 위해서는 행정관리부서의 지원이 필요하며, 지속적인 훈련과 연습, 피드백, 코칭의 기회가 제공되어야 한다. 조직 전반에 걸친 MI의 통합은 문화의 변화까지 가져올 수 있으며,

MI를 배우고 활용하고자 조직을 개방하는 것 자체가 이미 치료체계 내에 문화의 전환이 일어난 것이라고 볼 수도 있다. 조직이 MI 실천에 충실하다는 것은 조직의 모든 측면에서 클라이언트에 대한 접근에 MI 정신이 반영되고 있음을 의미하는 것이며 이는 우리의 일상적인 실천이 실행되는 방법에 근본적인 변화를 가져올 수 있다.

MI가 다양한 문제의 해결에 있어 효과적이라고 연구에서 보고되고 있다. 이는 학술연구의 맥락이나 지역사회기반 기관의 맥락에서 모두 검증된 것이다(Lundahl, Kunz, Tollefson, Brownell, & Burke, 2010). 우리는 MI를 사회복지실천에 통합시킴으로써 우리에 대한 클라이언트의 경험이 어떻게 변화하는지, 그것이 우리에게 끼치는 영향, 그리고 기관의 문화에 미치는 영향에 대해서 이제 막 알아가기 시작하는 단계이다. MI를 접목하는 것은 광범위한 영향을 끼칠 것으로 보인다.

Chapter 10

MI 훈련과 교육에서 얻은 교훈

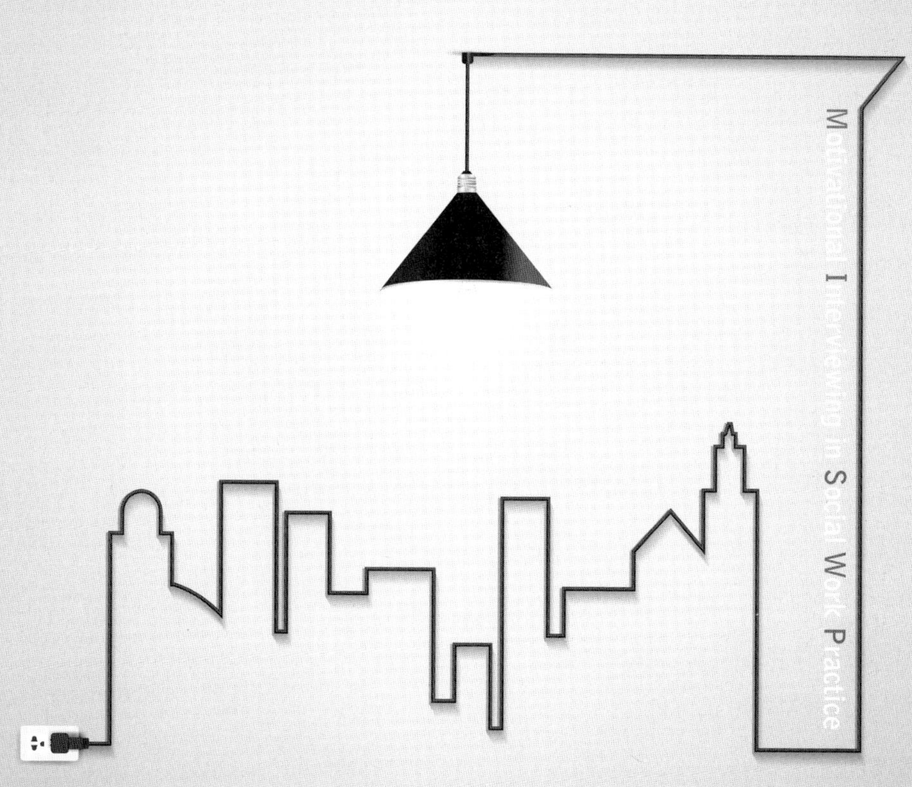

Chapter 10

MI 훈련과 교육에서 얻은 교훈

Melinda Hohman

9장에서 살펴보았듯이, 기존 연구결과들은 훈련의 어떤 측면이 MI 학습에 중요한지를 우리에게 알려 준다(Baer et al., 2009; Madson, Loignon, & Lane, 2009; Miller et al., 2004). 그리고 원격학습과 같은 훈련/교육방법에 관한 다른 연구들도 진행되고 있다(Shafer, Rhode, & Chong, 2004). 내가 하는 일도 MI 학습의 결과로 변화하게 되었다. 이러한 나 자신의 변화를 여기에서 공유하는 이유는 MI 훈련이나 교육에 종사하고 싶은 사람들에게 몇 가지 통찰을 제공하고자 하기 때문이다.

수년 전 치료자로 일하던 시절, 지역 전문대학community college에서 물질남용 상담가가 되기 위해 공부하는 학생들을 야간에 가르칠 기회가 있었다. 그곳에서 계속 강의를 하기 위해 나는 성인교육에 관한 교과목을 들어야 했는데, 이 과목은 나에게 대단히 많은 도움이 되었다. 나중에 사회복지 박사과정에 들어가 보니, 교수법에 대한 필수 교과목이 없다는 것을 알게 되었다. 대다수의 사회복지 교육

자들은 실천과 연구에 기반한 지식을 가지고 능력껏 학생들에게 전달해야만 했다(East & Chambers, 2007). 내가 4년제 대학 수준의 강의를 하기 시작했을 때, 이전에 지역 전문대학에서 강의했던 경험을 가지고 있다는 사실에 감사했다.

몇 년 동안 내가 가르쳤던 과목에는 연구방법론과 인간발달, 그리고 물질남용 치료 등이 있었고, 물질남용 치료 강의에 MI 내용을 접목하기 시작했다. 1999년 1월 초, 사회복지 학부 학생들을 대상으로 실천기술론 수업 2개를 맡았던 학기가 시작되기 직전에, 때마침 공교롭게도 MI TNT[1] 워크숍에 참석하게 되었다. 이 워크숍은 MI 자체에 관해서가 아니라 좋은 MI 훈련가가 되기 위한 기술을 향상시키는 데에 초점이 맞추어져 있다. 즉, MI 기술을 학습하기 위한 훈련을 어떻게 구성해야 하는지 훈련생에게 그 방법을 알려 주고 실습할 수 있도록 해 주는 것이었다. 계획부터 실행까지, 그리고 훈련생들의 수행보고까지 전 과정이 MI 정신에 입각하여 이루어졌다. 이제 나는 무엇을 가르쳐야 할지를 알 뿐만 아니라 그것을 어떻게 가르쳐야 할지도 알게 된 것이다. 이 역시 교수훈련에 통상적으로 포함되지 않는 내용들이다(Gillingham, 2008).

MI를 배우고 또 가르치면서 나의 강의 스타일이 바뀌게 되었다. 일반적으로 학생들은 교수가 파워포인트를 들고 수업에 들어와서 그날 수업시간에 배워야 할 학습내용에 관해 강의해 주기를 기대한다. 사정 중심의 서비스를 받으면서 수동적으로 변하는 클라이언

1) Training for New Trainers의 약자로, MI를 훈련하기 시작하는 신규 훈련가 훈련을 말한다.

트처럼, 학생들은 이러한 수업방식에서는 수동적인 학습자가 된다. 결국 학생들은 시험이나 보고서에 자신이 학습한 내용을 다시 토해 낸다. 그리고 이런 방식을 통해 학생들이 배우는 것도 있다(Abel & Campbell, 2009). 하지만 이는 교수에게나 학생에게나 썩 흥미롭거나 참여적인 과정은 아니다. 내가 MI를 배우기 전의 강의 스타일은, 앞에서 말한 '교수자 중심 모델'과, 무엇을 배우고 싶고 어떻게 배우고 싶은지에 대해 학생들이 모든 책임을 지는 '학생 중심 모델' 사이 어딘가에 위치하고 있었던 것 같다(Abel & Campbell, 2009).

동시에, 나는 그동안 교육받은 방법과 기술을 활용하여 지역사회 MI 워크숍에서 훈련을 진행하기 시작하였다. 또한 강의실에서도, 적어도 MI를 가르칠 때에는, 이런 방법과 기술을 활용하였다. 좋은 MI 훈련가의 특징 중 하나는 스스로 MI 정신과 전문적 기술을 활용하여 상담을 시연할 수 있다는 것이다. 인간중심이론과 자기결정이론이 나의 사고 전반을 지배하게 되고 MI를 시연하는 경험이 축적되면서, 내가 강의에서 사용하는 파워포인트 슬라이드가 점점 줄어드는 것을 알게 되었다. 나는 학생들이—학부의 저학년 학생들조차도—지식과 경험을 가지고 있다고 생각하였고, 학생들이 이미 알고 있거나, 생각했거나, 궁금해했던 것들을 끄집어내는 작업을 통해 강의를 진행하였다. 학습주제가 MI와 전혀 관련이 없는 경우에도 이러한 방식은 유지되었다.

때때로 클라이언트가 MI를 활용하는 사회복지사와 이야기할 때 의아해 하는 것처럼("저에게 무엇을 어떻게 하라고 말해 주세요. 저는 그것을 원합니다."라고 클라이언트가 이야기할 수 있다), 학생이나 지역사회의 사회복지사 훈련생들도 MI 방법에 대해 의외로 여기고 놀

라기도 한다. 그들은 누군가(강사)가 워크숍 주제에 대하여 많은 정보를 제공해 줄 것이라 생각하고 필기 준비를 하며 기대에 차서 앉아 있는 것이 일반적이다. 나는 학생들이나 훈련생, 그리고 나 자신을 위해서 내가 사용하는 방법들에 대한 개념적 틀을 제공하는 MI 교육방법 모델([그림 10-1])을 개발하였다. 여러 가지 성인학습이론을 설명하는 것은 이 책의 범위를 벗어나지만, 나에게는 효과가 있는 것처럼 생각되는 이 개념적 틀을 공유하고자 한다.

이끌어 내기 Elicit:
지식 Knowledge
생각 Ideas
사고 Thoughts
방법/행동 Methods/behaviors
가치/목표 Values/goals
강점 Strengths

제공하기 Provide:
반영 Reflections
요약 Summaries
정보 (듣다) Information (hear)
실연 (보다) Demonstration (see)
실천 기회 (하다) Opportunities for practice (do)
허락받은 피드백 Feedback with permission
허락받은 아이디어 Ideas with permission

이끌어 내기 Elicit:
반응 Reactions
적용 질문 Application questions
다음 단계 Next steps
교육/훈련에 대한 피드백 Feedback on teaching/training

관계형성 Engagement
자기효능감 Self-efficacy
학습 Learning

[그림 10-1] MI 훈련 또는 교육을 위한 모델

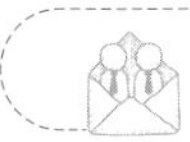

나는 이끌어 내기 – 제공하기 – 이끌어 내기 모델(Rollnick, Miller, & Butler, 2008)을 활용하여 학생/훈련생들이 주제에 대해 이미 알고 있는 것을 이끌어 내면서 강의를 시작한다. 그들의 경험은 어떠했는지? 그들의 관점은 무엇인지? 지금은 클라이언트와 어떤 방식으로 일하고 있는지? 이 주제에서 그들이 중요하다고 생각하는 것은 무엇인지? 사회복지실천과는 어떻게 부합된다고 생각하는지? 학생들의 사고, 가치, 목표, 강점 등등에 대해서 알아 가는 방법은 매우 다양하다. 이러한 시작과정을 통해 수업 또는 워크숍이 협력적 학습 경험이 될 것이라는 분위기가 조성되게 된다. 우리 모두는 서로에게서 배울 수 있다. 나는 위에서와 같은 개방형 질문을 하고, OARS 기술을 활용하여 반응한다. 클라이언트처럼, 학생들은 스스로의 생각을 소리 내어 말하고 듣게 된다. 이는 관계형성을 촉진시킨다. 즉, 여기는 모든 사람의 생각이 존중받는 장이 될 것이고, 학생/훈련생들은 적극적으로 참여하도록 격려 받는다는 느낌을 가지게 될 것이다.

훈련가 또는 교육자로서, 나는 토론의 안내자 역할을 주로 하지만, 때로 약간의 정보를 제공해야만 하는 경우들이 있다. 현재 진행되고 있는 토론 내용 중에 다른 측면이나 관점이 제시될 수 있는 것이다. 사람이 학습을 하는 방법은 모두 서로 다르기 때문에, 정보를 듣고(즉, "무엇이 반영적 경청인가"), 그것이 시연되는 것을 보고, 그 다음에 역할극 또는 즉석 면접(실제 자신의 문제를 다루는 면접)을 통해 직접 연습을 해 보는 것이 유용하다. 이것은 MI 훈련에서 다양한 기술들을 연습하고 학습하는 데 자주 활용되는 매우 대표적인 방법이다. MI 기술 또는 우리가 가르치는 어떤 기술을 학생들이 연습

하는 동안, 우리는 학생들에게 인정, 코칭, 피드백 등등을 제공할 수 있다. 이 모든 것은 학생과 훈련생의 허락을 구한 후 제공되어야 하는데, 이 점이 때때로 학생들을 깜짝 놀라게 하기도 하고, 교수자가 자주 잊어버리기도 하는 점이다. 내가 나의 '교정반사'에 저항해야만 하는 것이다!

나는 코칭을 할 때에도 다음에 제시된 바와 같이 EPE 모델을 활용하는 경향이 있다.

이끌어 내기elicit 학생/훈련생은 MI 기술의 연습에서 무엇을 경험하였나?

- "이 연습을 통해 당신은 무엇은 배웠습니까?"
- "어떻게 그것을 하였습니까?"
- "만약 연습을 다시 하게 된다면, 무엇을 다르게 할까요?"
- "당신의 실천기술을 향상시키기 위해 어떤 노력이 필요할까요?"
- "이 상황에서 클라이언트가 되었던 느낌은 어떠했나요?"
- "사회복지사가 되었던 느낌은 어떠했나요?"
- "클라이언트로서 당신은 어떻게 반응했나요?"

제공하기provide 학생/훈련생이 이야기한 내용의 반영 또는 인정, 정보, 관찰한 것에 대한 피드백 등을 제공하는 것이며, 모든 것은 허락을 구한 다음에 이루어져야 한다. 예를 들어, 나는 다음과 같이 말할 수 있다.

- "파트너와의 눈맞춤이나 비언어적 의사소통이 매우 좋았습니다."

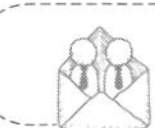

- "괜찮다면, 내가 관찰한 내용을 이야기해 드릴게요. 당신은 말할 때 문장 끝을 올리는 경향이 있는데요, 그 결과 정말 좋은 반영을 했는데도 그것이 질문처럼 들리게 되는군요."
- "[피드백 제공에 대해 허락을 구하고 난 후] 당신은 반영을 한 다음에 폐쇄형 질문을 하셨습니다. 훌륭한 반영을 제공한 후 '제가 말한 이야기가 맞습니까?'라고 말이죠."

이끌어 내기elicit 교재, 연습, 시연, 직접 관찰을 통한 피드백 등 우리가 한 모든 것들에 대한 학생/훈련생의 반응을 이끌어 내는 것이다. 학생들에게 자신이 배운 것을 클라이언트와 함께 일할 때 적용시켜 보라고 하거나 새로운 기술을 어떻게 접목해서 활용할 수 있을지를 생각해 보라고 할 수도 있다. 클라이언트에게 변화에 대한 결단을 촉구하는 것처럼, 나는 훈련생들에게 종종 다음과 같이 질문한다.

- "다음 단계로 무엇을 할 예정입니까?"
- "이제 돌아오는 주에는 무엇에 대해 노력할 계획입니까? 어떻게 그것을 하시겠습니까?"
- "그리고, 그 다음주에는: 어떻게 되었습니까?"

마지막으로, 학생 또는 훈련생으로부터 받는 피드백은 협력적인 분위기를 유지하기 위해, 그리고 훈련가/교수자가 학생의 욕구에 반응하는 데에 매우 중요하다. Gillingham(2008, p. 488)은 Brookfield(1995)의 중요사건 질문지Critical Incident Questionnaire를 활

용하여 학생들에게 매주 서면으로 피드백 받는 모델을 제안하였다. 그 내용은 많은 MI 훈련가들이 각 훈련일의 마지막에 하는 내용과 비슷하다.

- "오늘 교육 중 어떤 부분이 가장 흥미로웠나요?"
- "오늘 교육 중 어떤 부분이 가장 거리감이 느껴졌나요?"
- "가장 확신을 주고 도움이 되었던 것은 무엇인가요?"
- "가장 헷갈리거나 혼란스러웠던 것은 무엇인가요?"
- "당신은 무엇이 가장 놀라웠나요?"

내가 사용하는 방법들은 대부분 사회복지교육에 있어 새로운 것들이 아니다(Abel & Campbell, 2009). 구조화를 잘 하거나 풍부한 지식내용을 갖추는 등 효과적인 교수자가 되기 위해 필요한 다른 기술(East & Chambers, 2007)들도 사용하려고 노력한다. 훈련생들이 일하는 실천현장의 맥락이나 학생들의 실습기관을 알고, 학습내용을 그러한 맥락과 연결시켜 주는 것도 도움이 되며, 적용을 개별화할 수 있게 해 준다. 효과적인 교수자가 되기 위한 다른 측면은 좋은 MI 실천가가 되기 위한 부분과도 일치한다. 즉, 동기를 부여하고, 격려하고, 관계지향적이며, 정중하고, 학생의 속도에 맞추는 것(Edwards & Richards, 2002; Lowman, 1996) 등이다. 나에게는 이러한 것들이 MI 정신과 매우 유사하게 들린다.

제 언

MI를 배우고 활용하는 것은 지속적인 과정이다. 다양한 실천현장(미시체계, 중시체계, 거시체계), 다양한 인구집단, 다른 치료방법들과의 결합 등 MI 적용에 대한 새로운 지식은 지속적으로 생산되고 있다. MI가 어떤 기제를 통해 효과를 나타내는지에 대한 연구와 탐색 또한 진행되고 있다(Miller & Rose, 2009). 우리는 이제 MI 기술과 정신이 실질적인 변화와 직결되는 클라이언트의 변화대화를 유발하는 데 있어 매우 중요한 역할을 한다는 것을 안다(Moyers et al., 2009). 후속 연구에서는 클라이언트의 변화동기를 증진시키는 MI의 핵심적인 요소가 정확하게 무엇인지 확인하고 검토하는 데 초점을 둠으로써 MI에 대한 이해를 더욱 심화시킬 수 있을 것이다. Bill Miller와 Steve Rollnick은 그동안의 연구결과와 새로운 개념을 통합하여 자신들의 저서(2002)를 개정하고 있다.[2] 그리고 MINT는 훈련의 표준을 마련함과 동시에 새로운 MI 훈련가 양성을 위한 최선의 방법을 모색하고 있다.

MI의 개념과 활용은 다년간에 걸쳐 성장하고 변화되어 왔다. 처음에는 알코올중독 치료에 대한 효과적인 개입에서 출발하여 이제는 다양한 건강행위 및 여타 행동문제에 적용되고 있다. 사회복지 실천가들은 사회복지 전문직의 가치와 윤리와 잘 부합되고 의사소통에 대한 근거중심 방법을 제공하는 MI를 적극적으로 받아들였다.

---

2) 역자주: 2012년 본 역서가 번역되고 있는 동안에 출간되었다. Miller, W. R., Rollnick, S. (2012). *Motivational interviewing: Helping People Change* (3rd Edition). New York: The Guilford Press.

MI는 다양한 사회복지실천현장의 여러 측면에 적용될 수 있다.

나는 이 책이 독자들에게 도움이 되었길 바란다. MI를 처음 접하는 독자들에게는 MI에 대해 좀 더 알아보고 싶은 열망이 생기게 되었으면 좋겠고, MI에 친숙한 사람들에게는 우리 사회복지 전문직의 입장에서 MI를 바라보고 다양한 분야에서의 활용방법(아직까지 MI가 생소한 분야도 있을 것이다)을 생각해 볼 수 있는 기회가 되었으면 좋겠다. 아직 시도해 보지 못한 영역에서 MI를 적용하는 새로운 맥락과 흥미로운 활용방법을 발견하게 될 수도 있을 것이다. MI 기술을 실천에 적용하고, MI 실천능력이 성장함에 따라 독자들은 일에 대한 접근방식이 달라짐을 발견하게 될 것이다. MI가 "소진" 또는 "동정심 감퇴"에 어떤 영향을 미치는지에 대한 구체적인 연구는 이루어지지 않았지만, MI 활용이 이러한 영역에 도움이 된다는 주장들이 제기되고 있다(Fahy, 2007). 클라이언트가 긍정적인 선택을 할 수 있고 또 그렇게 할 것을 믿으며, 그들과 동등한 입장에서 함께 문제를 해결하려 하면, 클라이언트의 변화에 대한 책임이 사회복지사에게 달려 있다는 부담감이 줄어들기 때문이다. 우리의 역할은 클라이언트 자신이 스스로 답을 발견하도록 안내하고, 그들의 역량을 강화하는 것이다. MI 훈련가들은 훈련생들로부터 MI를 실천에 접목하게 되면서 클라이언트와의 긍정적 상호작용이 증가하였고 클라이언트와 만나는 것을 즐거운 마음으로 기다리게 되었다는 일화들을 수없이 많이 듣는다. 독자들도 한번 시도해 보고 어떻게 되는지 경험해 보기 바란다.

참고문헌

Abel, E. M., & Campbell, M. (2009). Student-centered learning in an advanced social work practice course: Outcomes of a mixed method investigation. *Social Work Education, 28,* 3-17.

Alinsky, S. D. (1971). *Rules for radicals.* New York: Random House.

Alliance for Excellent Education (2008). *The high cost of high school dropouts: What the nation pays for inadequate high schools.* Washington, DC: Author.

Amrhein, P. C. (2004). How does motivational interviewing work? What client talk reveals. *Journal of Cognitive Psychotherapy: An International Quarterly, 18,* 323-336.

Amrhein, P. C., Miller, W. R., Yahne, C. E., Paler, M., & Fulcher, L. (2003). Client commitment language during motivational interviewing predicts drug use outcomes. *Journal of Consulting and Clinical Psychology, 71,* 862-878.

Anez, L. M., Silva, M. A., Paris, M., & Bedregal, L. E. (2008). Engaging Latinos through the integration of cultural values and motivational interviewing principles. *Professional Psychology, 39,* 153-159.

Apodaca, T. R., & Longabaugh, R. (2009). Mechanisms of change in motivational interviewing: A review and preliminary evaluation of the evidence. *Addiction, 104,* 705-715.

Arkowitz, H., Westra, H. A., Miller, W. R., & Rollnick, S. (2008). *Motivational interviewing in the treatment of psychological problems.* New York: Guilford Press.

Ashton, M. (2005). The motivational hallo. *Drug and Alcohol Findings, 13,* 23-30.

Atkinson, C., & Woods, K. (2003). Motivational interviewing strategies for disaffected secondary school students: A case example. *Educational Psychology in Practice, 19*, 49-64.

Babor, T. F., McRee, B. G., Kassebaum, P. A., Grimaldi, P. L., & Bray, J. (2007). Screening, brief intervention, and referral to treatment (SBIRT): Toward a public health approach to the management of substance abuse. In R. Saitz & M. Galanter (Eds.), *Alcohol/drug screening and brief intervention: Advances in evidence-based practice* (pp. 7-30). Birmingham, NY: Haworth Medical Press.

Baer, J. S., Beadnell, B., Garrett, S. B., Hartzler, B., Wells, E. A., & Peterson, P. L. (2008). Adolescent change language within a brief motivational intervention and substance use outcomes. *Psychology of Addictive Behaviors, 22*, 570-575.

Baer, J. S., Garrett, S. B., Beadnell, B., Wells, E. A., & Peterson, P. (2007). Brief motivational intervention with homeless adolescents: Evaluating effects on substance use and service utilization. *Psychology of Addictive Behaviors, 21*, 582-586.

Baer, J. S., Rosengren, D. B., Dunn, C. W., Wells, E. A., Ogle, R. L., & Hartzler, B. (2004). An evaluation of workshop training in motivational interviewing for addiction and mental health clinicians. *Drug and Alcohol Dependence, 73*, 99-106.

Baer, J. S., Wells, E. A., Rosengren, D. B., Hartzler, B., Beadnell, B., & Dunn, C. (2009). Agency context and tailored training in technology transfer: A pilot evaluationof motivational interviewing training for community counselors. *Journal of Substance Abuse Treatment, 37*, 191-202.

Bandura, A. (1994). Self-efficacy. In V. S. Ramachaudran (Ed.). *Encyclopedia of human behavior* (vol. 4, pp. 71-81). New York: Academic Press.

Bandura, A. (1999). *Self-efficacy: Toward a unifying theory of behavioral change*. New York: Psychological Press.

Barrett-Lennard, G. T. (1981). The empathy cycle: Refinement of a nuclear concept. *Journal of Counseling Psychology, 28*, 91-100.

Befort, C. A., Nollen, N., Ellerbeck, E. F., Sullivan, D. K., Thomas, J. L., & Ahluwalia, J. S. (2008). Motivational interviewing fails to improve outcomes of a behavioral weight loss program for obese African American women: A pilot randomized trail. *Journal of Behavioral Medicine, 31*, 367-377.

Bem, D. J. (1972). Self-perception theory. In L. Berkowitz (Ed.), *Advances in experimental social psychology* (Vol. 6, pp. 1-62). New York: Academic Press.

Bennett, G. A., Moore, J., Vaughan, T., Rouse, L., Gibbins, J. A., Thomas, P., et al. (2007). Strengthening motivational interviewing skills following initial training: A randomized trial of workplace-based reflective practice. *Addictive Behaviors, 32*, 2963-2975.

Bennett, G. A., Roberts, H. A., Vaughan, T. E., Gibbins, J. A., & Rouse, L. (2007).

Evaluating a method of assessing competence in motivational interviewing: A study using simulated patients in the United Kingdom. *Addictive Behaviors, 32*, 69-79.

Berger, L., Otto-Salaj, L. L., Stoffel, V. C., Hernandez-Meier, J., & Gromoske, A. N. (2009). Barriers and facilitators of transferring research to practice: An exploratory case study of motivational interviewing. *Journal of Social Work Practice in the Addictions, 9*, 145-162.

Bernstein, E., Bernstein, J., Feldman, J., Fernandez, W., Hagan, M., Mitchell, P., et al. (2007). The impact if screening, brief intervention, and referral to treatment on emergency department patients' alcohol use. *Annals of Emergency Medicine, 50*(6), 699-710.

Blos, P. (1966). *On adolescence: A psychoanalytic interpretation*. New York: Free Press.

Borrelli, B., McQuaid, E. L., Novak, S. P., Hammond, S. K., & Becker, B. (2010). Motivating Latino caregivers of children with asthma to quit smoking: A randomized trial. *Journal of Consulting and Clinical Psychology, 78*(1), 34-43.

Boust, S. J., Kuhns, M. C., & Studer, L. (2005). Assertive community treatment. In C. E. Stout & R. A. Hayes (Eds.), *The evidence-based practice: Methods, models and tools for mental health professionals* (pp. 31-55). Hoboken, NJ: Wiley.

Boyle, S. W., Hull, G. H., Mather, J. H., Smith, L. L., & Farley, O. W. (2008). *Direct practice in social work* (2nd ed.). Boston: Allyn & Bacon.

Bradshaw, J. (1972). A taxonomy of social need. In G. McLachlan (Ed.), *Problems and progress in medical care: essays on current research* (pp. 71-82). London: Oxford University Press.

Brehm, S. S., & Brehm, J. W. (1981). *Psychological reactance: A theory of freedom and control*. New York: Academic Press.

Britton, P. C., Williams, G. C., & Conner, K. R. (2008). Self-determination theory, Motivational Interviewing, and the treatment of clients with acute suicidal ideation. *Journal of Clinical Psychology, 64*(1), 52-66.

Brody, A. E. (2009). Motivational interviewing with a depressed adolescent. *Journal of Clinical Psychology, 65*, 1168-1179.

Brookfield, S. (1995). *Becoming a critically reflective teacher*. San Francisco: Jossey-Bass.

Brown, L. K., & Lourie, K. J. (2001). Motivational interviewing and the prevention of HIV among adolescents. In P. M. Monti, S. M. Colby, & T. A. O'Leary (Eds.), *Adolescents, alcohol, and abuse: Reaching teens through brief interventions* (pp. 244-274). New York: Guilford Press.

Burke, B. L., Arkowitz, H., & Menchola, M. (2003). The efficacy of motivational

interviewing: A meta-analysis of controlled clinical trials. *Journal of Consulting and Clinical Psychology, 71*, 843-861.

Cain, D. J. (2007). What every therapist should know, be and do: Contributions from humanistic psychotherapies. *Journal of Contemporary Psychotherapy, 37*, 3-10.

California Evidence-Based Clearinghouse for Child Welfare (CEBC). (2006-2009). Retrieved on February 1, 2010, from *www.cachildwelfareclearinghouse.org*.

Campbell Collaboration (C2). (2010). Retrieved February 1, 2010, from *www.campbellcollaboration.org*.

Carey, K. B., Leontieva, L., Dimmock, J., Maisto, S. A., & Batki, S. L. (2007). Adapting motivational interventions for comorbid schizophrenia and alcohol use disorders. *Clinical Psychology: Science and Practice, 14*, 39-57.

Carroll, K. M., Ball, S. A., Nich, C., Martino, S., Frankforter, T. L., et al. (2006). Motivational interviewing to improve treatment engagement and outcome in individuals seeking treatment for substance abuse: A multisite effectiveness study. *Drug and Alcohol Dependence, 81*, 301-312.

Carroll, K. M., Libby, B., Sheehan, J., & Hyland, N. (2001). Motivational interviewing to enhance treatment initiation in substance abusers: An effectiveness study. American *Journal of Addictions, 10*, 335-339.

Carter, J., & Koutsenok, I. (2010). Combining motivational interviewing with cognitive behavioral therapy. Presentation at the 1st MI and Criminal Justice Summit conference, San Diego, CA.

Castro, F. G., Barrera, M., Jr., & Martinez, C. R., Jr. (2004). The cultural adaptation of prevention interventions: Resolving tensions between fidelity and fit. *Prevention Science, 5*, 41-45.

Catley, D., Harris, K. J., Mayo, M. S., Hall, S., Okuyemi, K. S., Boardman, T., et al. (2006). Adherence to principles of motivational interviewing and client within-session behavior. *Behavioural and Cognitive Psychotherapy, 34*, 43-56.

Cavaiolo, A., & Wuth, C. (2002). *Assessment and treatment of the DWI offender*. New York: Haworth Press.

Chaffin, M., Valle, L. A., Funderburk, B., Gurwitch, R., Silovsky, J., Bard, D., et al. (2009). A motivational intervention can improve retention in PCIT for low-motivation child welfare clients. *Child Maltreatment, 14*(4), 356-368.

Clark, A. J. (2010a). Empathy: An integral model in the counseling process. *Journal of Counseling and Development, 88*, 348-356.

Clark, A. J. (2010b). Empathy and sympathy: Therapeutic distinctions in counseling. *Journal of Mental HealthCounseling, 32*, 95-101.

Clark, M. (2006). Entering the business of behavior change: Motivational interviewing for probation staff. *Perspectives: The Journal of the*

American Probation and Parole Association, 30, 38-45.

Cloud, R. N., Besel, K., Bledsoe, L., Golder, S., McKieman, P., Patterson, D., et al. (2006). Adapting motivational interviewing strategies to increase post-treatment 12-step meeting attendance. *Alcoholism Treatment Quarterly, 24*, 31-53.

Cochrane Reviews. (2010). Retrieved February 4, 2010, from *www.cochrane.org/reviews*.

Colby, S. M., Monti, P. M., Barnett, N. P., Rohsenow, D. J., Weissman, K., Spirios, A., et al. (1998). Brief motivational in a hospital setting for adolescent smoking: A preliminary review. *Journal of Consulting and Clinical Psychology, 66*, 574-578.

Colby, S. M., Monti, P. M., Tevyaw, T. O., Barnett, N. P., Spirito, A., Rohsenow, D. J., et al. (2005). Brief motivational intervention for adolescent smokers in medical settings. *Addictive Behaviors 30*(5), 865-874.

Compton, B. R., Galaway, B., & Cournoyer, B. R. (2005). *Social work processes*. Belmont, CA: Brooks/Cole.

Corbett, G. (2009). What the research says about the MI "spirit" and the "competence worldview." *MINT Bulletin, 15*, 3-5.

Corcoran, J. (2005). *Building strenghts and skills: A collaborative approach to working with clients*. New York: Oxford University Press.

Council on Social Work Education. (2001). *Educational policy and accreditation standards*. Alexandria, VA: Author.

Cowley, C. B., Farley, T., & Beamis, K. (2002). "Well, maybe I'll try the Pill for just a few months ...": Brief motivational and narrative-based interventions to encourage contraceptive use among adolescents at high risk for early child bearing. *Families, Systems, and Health, 20*(2), 183-204.

Cummings, S. M., Cooper, R. L., & Cassie, K. M. (2009). Motivational interviewing to affect behavioral change in older adults with chronic and acute illnesses. *Research on Social Work Practice, 19*(2), 195-204.

Daley, D. C., Salloum, I. M., Zuckoff, A., Kirisci, L., & Thase, M. E. (1998). Increasing treatment adherence among outpatients with depression and cocaine dependence: Results of a pilot study. *American Journalof Psychiatry, 155*, 1611-1613.

Dia, D. A., Simmons, C., Oliver, M., & Cooper, R. L. (2009). Motivational interviewing for intimate partner violence. In P. Lehmann & C. A. Simmons (Eds.), *Strengths based batterers intervention: A new paradigm in ending family violence* (pp. 87-112). New York: Springer.

DiStefano, G., & Hohman, M. (2007). The paradigm developmental model of treatment: A framework for treating multiple DUI offenders. *Alcoholism Treatment Quarterly, 25*(3), 133-147.

Dolgoff, R., Loewenberg, F. M., & Harrington, D. (2005). *Ethical decisions for social work practice* (7th ed.). Belmont, CA: Brooks/Cole.

Dubowitz, H. (1999). *Neglected children: Reading, policy, and practice.* Thousand Oaks, CA: Sage.

Dubowitz, H. (2011). Neglect of children's health care. In J. E. B. Myers (Ed.), *The APSAC handbook on child maltreatment* (pp. 145-165). Thousand Oaks, CA: Sage.

Dubowitz, H., Newton, R. R., Litrownik, A. J., Lewis, T., Briggs, E. C., Thompson, R., et al. (2005). Examination of a conceptual model of child neglect. *Child Maltreatment, 10*(2), 173-189.

Dunn, E., Neighbors, C., & Larimer, M. E. (2006). Motivational enhancement therapy and self-help treatment for binge eaters. *Psychology of Addictive Behaviors, 20*(1), 44-52.

East, J., & Chambers, R. (2007). Courage to teach for social work educators. *Social Work Education, 26*, 81-826.

Edwards, J., & Richards, A. (2002). Relational teaching: a view of relational teaching in social work education. *Journal of Teaching in Social Work, 22*, 33-48.

Eichler, M. (2007). *Consensus organizing: Building communities of mutual self-interest.* Thousand Oaks, CA: Sage.

Elliott, D., Bjelajac, P., Fallot, R., Markoff, L., & Reed, B. (2005). Trauma-informed or trauma-denied: Principals and implementation of trauma-informed services for women. *Journal of Community Psychology, 33*(4), 471-477.

Enea, V., & Dafinoiu, I. (2009). Motivational/solution-focused intervention for reducing school truancy among adolescents. *Journal of Cognitive and Behavioral Psychotherapies, 9*, 185-198.

Engle, B., Macgowan, M. J., Wagner, E. R., & Amrhein, P. C. (2010). Markers of marijuana use outcomes within adolescent substance abuse group treatment. *Research on Social Work Practice, 20*, 271-282.

Engle, D. E., & Arkowitz, H. (2006). *Ambivalence in psychotherapy: Facilitating readiness to change.* New York: Guilford Press.

Fahy, A. (2007). The unbearable fatigue of compassion: Notes from a substance abuse counselor who dreams of working at Starbucks. *Clinical Social Work Journal, 35*, 199-205.

Feldstein, S. W., & Forcehimes, A. A. (2007). Motivational interviewing with underage college drinkers: A preliminary look at the role of empathy and alliance. *American Journalof Drug and Alcohol Abuse, 33*, 737-746.

Festinger, L. (1957). *A theory of cognitive dissonance.* Evanston, IL: Row, Peterson.

Fixsen, D. L., Naoom, S. F., Blase, K. A., Friedman, R. M., & Wallace, F. (2005). *Implementation research: A synthesis of the literature* (FMHI Publication No. 231). Tampa, FL: National Implementation Research Network.

Foley, K., Duran, B., Morris, P., Lucero, J., Baxter, B., Harrison,, M., et al. (2005). Using motivational interviewing to promote HIV testing at an American Indian substance abuse treatment facility. *Journal of Psychoactive Drugs, 37*(3), 321-329.

Foote, J., DeLuca, A., Magura, S., Warner, A., Grand, A., Rosenblum, A., et al. (1999). *Journal of Substance Abuse Treatment, 17*, 181-192.

Forrester, D., McCambridge, J., Waissbein, C., Emlyn-Jones, R., & Rollnick, S. (2007). Child risk and parental resistance: Can motivational interviewing improve the practice of child and family social workers in working with parental alcohol misuse? *British Journalof Social Work*, 1-18.

Forrester, D., McCambridge, J., Waissbein, C., & Rollnick, S. (2008). How do child and family social workers talk to parents about child welfare concerns? *Child Abuse Review, 17*(1), 23-35.

Gagne, M., & Deci, E. L. (2005). Self-determination theory and work motivation. *Journal of Organizational Behavior, 26*, 331-362.

Gambrill, E. (2006). Evidence-based practice and policy: Choices ahead. *Research on Social Work Practice, 16*(3), 338-357.

Gaume, J., Bertholet, N., Faouzi, M., Gmel, G., & Daeppen, J. B. (2010). Counselor motivational interviewing skills and young adult change talk articulation during brief motivational interventions. *Journal of Substance Abuse Treatment, 39*, 272-281.

Gill, A. M., Hyde, L. W., Shaw, D. S., Dishion, T. J., & Wilson, M. N. (2008). The family check-up in early childhood: A case study of intervention process and change. *Journal of Clinical Child and Adolescent Psychology, 37*, 893-904.

Gillingham, P. (2008). Designing, implementing and evaluating a social work practice skills course: A case example. *Social Work Education, 27*, 474-488.

Glabbard, G., Beck, J., & Holmes, J. (2005). *Oxford textbook of psychotherapy*. New York: Oxford University Press.

Glynn, L. H., & Moyers, T. B. (2010). Chasing change talk: The clinician's role in evoking client language about change. *Journal of Substance Abuse Treatment, 39*, 65-70.

Goodman, L. A., & Epstein, D. (2008). *Listening to battered women: A survivor centered approach to advocacy, mental health, and justice*. Washington, DC: American Psychological Association.

Grauwiler, P. (2008). Voices of women: Perspectives on decision-making and the management of partner violence. *Children and Youth Services Review, 30*, 311-322.

Grenard, J. L., Ames, S. A. L., Wiers, R. W., Thush, C., Stacy, A. W., & Sussman, S. (2007). Brief intervention for substance use among at-risk adolescents: A pilot

study. *Journal of Adolescent Health, 40,* 188-191.

Griffin, K. W., & Botvin, G. J. (2010). Evidence-based interventions for preventing substance use disorders in adolescents. *Child and Adolescent Psychiatric Clinics of North America, 19,* 505-526.

Hartzler, B., Baer, J. S., Dunn, C., Rosengren, D. B., & Wells, E. (2007). What is seen through the looking glass: The impact of training on practitioner self-rating of motivational interviewing skills. *Behavioural and Cognitive Psychotherapy, 35,* 431-445.

Helstrom, A., Hutchison, K., & Bryan, A. (2007). Motivational enhancement therapy of high risk adolescent smokers. *Addictive Behaviors, 32*(10), 2404-2410.

Hepworth, D. H., Rooney, R. H., Rooney, G. D., & Strom-Gottfried, K. (2010). *Direct social work practice: Theory and skills* (8th ed.). Pacific Grove, CA: Wadsworth Press.

Hettema, J., Steele, J., & Miller, W. R. (2005). Motivational interviewing. *Annual Review of Clinical Psychology, 1,* 91-111.

Hohman, M. M. (1998). Motivational Interviewing: An intervention tool for child welfare workers working with substance abusing parents. *Child Welfare, 77*(3), 275-289.

Hohman, M., Doran, N., & Koutsenok, I. (2009). Motivational Interviewing training in juvenile corrections in California: First year outcomes. *Journal of Offender Rehabilitation, 48*(7), 635-648.

Hohman, M., & Kleinpeter, C. (2009). Bringing up what they don't want to talk about: Use of Motivational Interviewing with adolescents in opportunistic settings. In R. Rooney (Ed.), *Strategies for work with involuntary clients* (2nd ed., pp. 293-305). New York: Columbia University Press.

Hohman, M., Kleinpeter, C., & Loughran, H. (2005). Enhancing motivation, strengths, and skills of parents in the child welfare system. In J. Corcoran (Ed.), *Building strengths and skills* (pp. 268-292). New York: Oxford University Press.

Hohman, M., Roads, L., & Corbett, R. (2010). Initial validation of a subtle trauma screening scale embedded in a needs assessment given to women entering drug treatment. *Journal of Dual Diagnosis, 6,* 2-15.

Hohman, M., & Salsbury, L. (2009). Motivational interviewing and child welfare: What have we learned? *ASPAC Advisor, 21*(2), 2-6.

Holder, H. D., Gruenewald, P. J., Ponicki, W. R., Treno, A. J., Grube, J. W., Saltz, R. F., et al. (2000). Effect of community-based interventions on high-risk drinking and alcohol-related injuries. *Journal of the American Medicine Association, 284,* 2341-2347.

Hong, S., Giannakopoulos, E., Laing, D., & Williams, N. (1994). Psychological reactance: Effects of age and gender. *Journal of Social Psychology, 134*(2), 223-228.

Ingersoll, K. S., Wagner, C. C., & Gharib, S. (2002). *Motivational groups for community substance abuse programs*. Richmond, VA: Mid-Atlantic Addiction Technology Transfer Center, Center for Sbustance Abuse Treatment (Mid-ATTC/CSAT).

Interian, A., Martinez, I., Rios, L. I., Krejci, J., & Guarnaccia, P. J. (2010). Adaptation of a motivational interviewing intervention to improve antidepressant adherence among Lations. *American Psychological Association*.

International Federation of Social Workers (IFSW). (2004). Ethics in social work, statement of principles. Retreived February 1, 2010, from *www.ifsw.org/cm_data/Ethics_in_Social_Work_Statement_of_Principles_-_to_be_publ_205pdf*.

Jasiura, F., Hunt, W., & Urquhart, C. (in press). Integrating motivational interviewing and empowerment groups for women. In C. C. Wagner & K. S. Ingersoll, *Motivational interviewing in groups*. New York: Guilford Press.

Jenny, C., et al. (2007). Recognizing and responding to medical neglect. *Pediatrics, 120*, 1385-1389.

Kaplan, S., Engle, B., Austin, A., & Wagner, E. F. (2011). Applications in schools. In S. Naar-King & M. Suarez (Eds.), *Motivational interviewing with adolescents and young adults* (pp. 158-164). New York: Guilford Press.

Kelly, A. B., & Lapworth, K. (2006). The HYP program—Targeted motivational interviewing for adolescent violations of school tobacco policy. *Preventive Medicine, 43*, 466-471.

Kirschenbaum, H., & Jourdan, A. (2005). The current status of Carl Rogers and the person-centered approach. *Psychotherapy: Theory, Research, Practice, Training, 42*, 37-51.

Kirst-Ashman, K., & Hull, C. (2008). *Understanding generalist practice* (5th ed.). Belmont, CA: Thomson Brooks/Cole.

LaChance, H., Ewing, S. W. F., Bryan, A. D., & Hutchison, K. E. (2009). What makes group MET work?: A randomized controlled trail of college student drinkers in mandated alcohol diversion. *Psychology of Addictive Behaviors, 23*, 598-612.

Lacher, I. (2010, December 26). The Sunday conversation: Deepak Chopra. Los Angeles Times. Retrieved January 4, 2011, from *www.latimes.com/entertainment/news/la-ca-conversation-20101226,0,33558554.story*.

Lapham, S. C., Smith, E., C'de Baca, J., Chang, I., Skipper, B. J., Baum, G., et al. (2001). Prevalence of psychiatric disorders among persons convicted of driving while impaired. *Archives of General Psychiatry, 58*, 943-949.

LeCroy, C. W. (2002). *The call to social work: Life stories*. Thousand Oaks, CA: Sage.

Leffingwell, T. R., Neumann, C. A., Babitzke, A. C., Leedy, M. J., & Walters, S. T.

(2007). Social psychology and motivational interviewing: A review of relevant principles and recommendations for research and practice. *Behavioural and Cognitive Psychotherapy, 35*, 31-45.

Levy, M. D., Ricketts, S., & Le Blanc, W. (2010). Motivational interviewing training at a state psychiatric hospital. *Psychiatric Services, 61*, 204-205.

Lincourt, P., Kuettel, T. J., & Bombardier, C. H. (2002). Motivational interviewing in a group setting with mandated clients: A pilot study. *Addictive Behaviors, 27*, 381-391.

Longabaugh, R., Zweben, A., Locastro, J. S., & Miller, W. R. (2005). Origins, issues, and options in the development of the combined behavioral intervention. *Journal of Studies on Alcohol Supplement, 15*, 179-187.

Longshore, D., & Grills, C. (2000). Motivating illegal drug use recovery: Evidence for a culturally congruent intervention. *Journal of Black Psychology, 26*(3), 288-301.

Loughran, H. (2011). *Understanding crisis therapies: A guide to crisis intervention approaches*. London: Jessica Kingsley.

Lowman, J. (1996). Characteristics of exemplary teachers, in M. D. Svinicki & R. J. Menges (Eds.), *Honoring exemplary teaching: New directions for teaching and learning*. San Francisco: Jossey-Bass.

Lundahl, B., & Burke, B. L. (2010). The effectiveness and applicability of motivational interviewing: A practice-friendly review of four meta-analyses. *Journal of Clinical Psychology: In Session, 65*, 1232-1245.

Lundahl, B., Kunz, C., Tollefson, D., Brownell, C., & Burke, B. L. (2010). Meta-analysis of motivational interviewing: Twenty-five years of research. *Research on Social Work Practice, 20*, 137-160.

Madras, B., Compton, W., Avula, D., Stein, J., Clark, H., & Stegbauer, T. (2009). Screening, brief interventions, referral to treatment (SBIRT) for illicit drug and alcohol use at multiple healthcare sites: Comparison at intake and 6 months later. *Drug and Alcohol Dependence, 99*(1), 280-295.

Madson, M. B., Bullock, E. E., Speed, A. C., & Hodges, S. A. (2009). Development of the client evaluation of motivational interviewing. *Motivational Interviewing Network of Trainers Bulletin, 15*(1), 6-8.

Madson, M. B., Loignon, A. C., & Lane, C. (2009). Training in motivation interviewing: A systematic review. *Journal of Substance Abuse Treatment, 36*, 101-109.

Manthey, T. (2009). Training motivation interviewing in a vocational rehabilitation context. *MINT Bulletin, 15*(1), 9-13.

Manthey, T., Jackson, C., & Evans-Brown, P. (2010). *Motivational interviewing and vocational rehabilitation: A literature review and implementation model for an evidence-based practice*. Manuscript under review.

Markland, D., Ryan, R. M., Tobin, V. J., & Rollnick, S. (2005). Motivational interviewing and self-determination theory. *Journal of Social and Clinical Psychology, 24,* 811-831.

Martin, G., & Copeland, J. (2008). The adolescent cannabis check-up: Randomized trial of a brief intervention for young cannabis users. *Journal of Substance Abuse Treatment, 34*(4), 407-414.

Martino, S. (2007). Contemplating the use of motivation interviewing with patients who have schizophrenia and substance use disorders. *Clinical Psychology: Science and Practice, 14,* 58-63.

Martino, S., Ball, S. A., Gallon, S. L., Hall, D., Garcia, M., Ceperich, S., et al. (2006). *Motivational interviewing assessment: Supervisory tools for enhancing proficiency.* Salem, OR: Northwest Frontier Addiction Technology Transfer Center, Oregon Health and Science University.

Martino, S., Ball, S., Nich, C., Frankforter, T. L., & Carroll, K. M. (2009). Correspondence of motivation enhancement therapy integrity ratings among therapists, supervisors, and observers. *Psychotherapy Research, 19,* 181-193.

Martino, S., Carroll, K., Kostas, D., Perkins, J., & Rounsaville, B. (2002). Dual diagnosis motivation interviewing for substance-abusing patients with psychotic disorders. *Journal of Substance Abuse Treatment, 23,* 297-308.

Martino, S., & Moyers, T. B. (2008). Motivational interviewing with dually diagnosed patients. In H. Arkowitz, H. A. Westra, W. R. Miller, & S. Rollnick (Eds.), *Motivational interviewing in the treatment of psychological problems* (pp. 277-303). New York: Guilford Press.

McCambridge, J., Slym, R., & Strang, J. (2008). Randomized controlled trial of motivation interviewing compared with drug information and advice for early intervention among young cannabis users. *Addiction, 103*(11), 1809-1818.

McDermott, M., & Garofalo, J. (2004). When advocacy for domestic violence backfires: types and sources of victim disempowerment. *Violence against Women, 10,* 1245-1266.

McLeod, A. M., Hays, D. G., & Chang, C. Y. (2010). Female intimate partner violence survivors' experiences with accessing resources. *Journal of Counseling and Development, 88,* 303-311.

McRoy, R. G. (2007). Cultural competence with African Americans. In D. Lum (Ed.), *Culturally competent practice: A framework for understanding diverse groups and justice issues.* Belmont, CA: Thomson.

Miller, E. T., Turner, A. P., & Marlatt, G. A. (2001). The harm reduction approach to the secondary prevention of alcohol problems in adolescents and young adults: Considerations across a developmental spectrum. In P. M. Monti, S. M. Colby, & T. A. O'Leary (Eds.), *Adolescents, alcohol, and substance abuse* (pp. 58-79). New York: Guilford Press.

Miller, W. R. (1983). Motivation interviewing with problem drinkers. *Behavioural Psychotherapy, 11*, 147-172.

Miller, W. R. (1996). Motivation interviewing: Research, practice, and puzzles. *Addictive Behaviors, 21*, 835-842.

Miller, W. R. (Ed.). (2004). *COMBINE monograph series: Vol. 1. Combined behavioral intervention manual: A clinical research guide for therapists treating people with alcohol abuse and dependence* (DHHS Publication No. [NIH] 04-5288). Bethesda, MD: National Institute on Alcohol Abuse and Alcoholism.

Miller, W. R., & Baca, L. M. (1983). Two-year follow-up of bibliotherapy and therapist-directed controlled drinking training for problem drinkers. *Behavior Therapy, 14*, 441-448.

Miller, W. R., Benefield, R. G., & Tonigan, J. S. (1993). Enhancing motivation for change in problem drinking: A controlled comparison of two therapist styles. *Journal of Consulting and Clinical Psychology, 61*, 455-461.

Miller, W. R., & Brown, J. M. (1994). What I want from treatment scale. Retrieved February 12, 2010, from *casa.unm.edu/inst/What%20I%/20Want%20 From%20Treatment.pdf.*

Miller, W. R., C' de Baca, J., Matthews, D. B., & Wilbourne, P. L. (2001). Personal values card sort. Retrieved January 4, 2011, from *casaa.unm.edu/inst/ Personal%20Values%20Card%20Sort.pdf.*

Miller, W. R., Hendrickson, S. M. L., Venner, K., Bisono, A., Daugherty, M., & Yahne, C. (2008). Cross-cultural training in motivational interviewing. *Journal of Teaching in the Addictions, 7*, 4-15.

Miller, W. R., & Mount, K. A. (2001). A small study of training in motivational interviewing: Does one workshop change clinician and client behavior? *Behavioural and Cognitive Psychotherapy, 29*, 457-471.

Miller, W. R., & Moyers, T. B. (2006). Eight stages in learning motivation interviewing. *Journal of Teaching in the Addictions, 5*, 3-17.

Miller, W. R., Moyers, T. B., Amrhein, P., & Rollnick, S. (2006). A consensus statement on defining change talk. *MINT Bulletin, 13*, 6-7.

Miller, W. R., & Rollnick, S. (1991). *Motivational interviewing: Preparing people to change addictive behavior*. New York: Guilford Press.

Miller, W. R., & Rollnick, S. (2002). *Motivational interviewing: Preparing people for change* (2nd ed.). New York: Guilford Press.

Miller, W. R., & Rollnick, S. (2009). Ten things that motivational interviewing is not. *Behavioral and Cognitive Psychotherapy, 37*, 129-140.

Miller, W., & Rose, G. (2009). Toward a theory of motivation interviewing. *American Psychologist, 64*, 527.

Miller, W., & Sovereign, R. (1989). The check-up: A model for early intervention in addictive behaviors. In T. Loeberg, W. R. Miller, P. E. Nathan, & G. A. Marlatt

(Eds.), *Addictive behaviors: Prevention and early intervention* (pp. 219-231). Amsterdam: Swets & Zeitlinger.

Miller, W. R., Toscava, R. T., Miller, J. H., & Sanchez, V. (2000). A theory-based motivational approach for reducing alcohol/drug problems in college. *Health Education and Behavior, 27*, 744-759.

Miller, W. R., Villanueva, M., Tonigan, J. S., & Cuzmar, I. (2007). Are special treatments needed for special populations? *Alcoholism Treatment Quarterly, 25*(4), 63-78.

Miller, W. R., Yahne, C. E., Moyers, T. B., Martinez, J., & Pirritano, M. (2004). A randomized trial of methods to help clinicians learning motivational interviewing. *Journal of Consulting and Clinical Psychology, 72*(8), 1050-1062.

Mitcheson, L., Bhavsar, K., & McCambridge, J. (2009). Randomized trial of training and supervision in motivational interviewing with adolescent drug treatment practitioners. *Journal of Substance Abuse Treatment, 37*, 73-78.

Monti, P. M., Colby, S. M., & O'Leary, T. A. (Eds.). (2001). *Adolescents, alcohol, and substance abuse: Reaching teens through brief interventions.* New York: Guilford Press.

Motivational Interviewing and Intimate Partner Violence Workgroup. (2010). Guiding as practice: Motivational interviewing and trauma informed-work with survivors of intimate partner violence. *Partner Abuse, 1*(1), 92-104.

Moyers, T. B. (2004). History and happenstance: How motivational interviewing got its start. *Journal of Cognitive Psychotherapy: An International Quarterly, 18*, 291-298.

Moyers, T. B., Manuel, J. K., Wilson, P. G., Hendrickson, S. M. L., Talcott, W., & Durand, P. (2007). A randomized trial investigating training in motivational interviewing for behavioral health providers. *Behavioural and Cognitive Psychotherapy, 36*, 149-162.

Moyers, T. B., Martin, T., Houck, J. M., Christopher, P. J., & Tonigan, J. S. (2009). From in-session behaviors to drinking outcomes: A causal chain for motivational interviewing. *Journal of Consulting and Clinical Psychology, 77*, 1113-1124.

Moyers, T. B., Martin, J. K., Catley, D., Harris, K. J., & Ahluwalia, J. S. (2003). Assessing the integrity of motivational interviewing: Reliability of the motivational interviewing skills code. *Behavioural and Cognitive Psychotherapy, 31*, 177-184.

Moyers, T. B., Martin, J. K., Miller, W. R., & Ernst, D. (2010). Revised global scales: Motivational interviewing treatment integrity 3.1.1. Retrieved September 27, 2010, from *casaa.unm.edu/download/miti3_1.pdf on.*

Moyers, T. B., Martin, T., Christopher, P. J., Houck, J. M., Tonigan, J. S., & Amrhein, P. C. (2007). Client language as a mediator of motivation interviewing

efficacy: Where is the evidence? *Alcoholism: Clinical and Experimental Research, 31,* (S3), 40S-47S.

Moyers, T. B., Martin, T., Manuel, J. K., Hendrickson, S. M. L., & Miller, W. R. (2005). Assessing competence in motivational interviewing. *Journal of Substance Abuse Treatment, 28,* 19-26.

Moyers, T. B., Miller, W. R., & Hendrickson, S. M. L. (2005). How does motivational interviewing work?: Therapist interpersonal skill predicts client involvement within motivational interviewing sessions. *Journal of Consulting and Clinical Psychology, 73,* 590-598.

Moyers, T. B., & Rollnick, S. (2002). A motivational interviewing perspective on resistance in psychotherapy. *In Session: Psychotherapy in Practice, 58,* 185-193.

Mullen, E. J., & Bacon, W. (2006). Implementation of practice guidelines and evidence-based treatments: A survey of psychiatrists, psychologists, and social workers. In A. R. Roberts & K. Yeager (Eds.), *Foundations of evidence-based social work practice* (pp. 81-92). New York: Oxford University Press.

Mullins, S. M., Suarez, M., Ondersma, S. J., & Page, M. C. (2004). The impact of motivational interviewing on substance abuse treatment retention: A randomized control trial of women involved with child welfare. *Journal of Substance Abuse Treatment, 27,* 51-58.

Musser, P. H., & Murphy, C. M. (2009). Motivational interviewing with perpetrators of intimate partner abuse. *Journal of Clinical Psychology: In Session, 65,* 1218-1231.

Musser, P. H., Semiatin, J. N., Taft, C. T., & Murphy, C. M. (2008). Motivational interviewing as a pre-group intervention for partner-violent men. *Violence and Victims, 23,* 539-557.

Myers, S. (2000). Empathic listening: Reports on the experience of being heard. *Journal of Humanistic Psychology, 40,* 148-173.

Naar-King, S., & Suarez, M. (2011). *Motivational interviewing with adolescents and young adults.* New York: Guilford Press.

Naar-King, S., Templin, T., Wright, K., Frey, M., Parsons, J. T., & Lam, P. (2006). Psychosocial factors and medication adherence in HIV positive youth. *AIDS Patient Care and STDs, 20,* 44-47.

National Association of Social Workers (NASW). (2008). Code of ethics. Retrieved January 19, 2010, from *www.socialworkers.org/pubs/code/code/asp.*

National Registry of Evidence-Based Programs and Practices (NREPP). (2010). Retrieved February 1, 2010, from *www.nrepp.samhsa.gov.*

Newbery, N., McCambridge, J., & Strang, J. (2007). "Let's talk about drugs" pilot study of a community-level drug prevention intervention based on motivational interviewing principles. *Health Education, 107,* 276-288.

Norcross, J. C. (2001). Purposes, processes and products of the task force on empirically supported therapy relationships. *Psychotherapy, 38*, 345-356.

Northern, H. (1995). *Clinical social work: Knowledge and skills* (2nd ed.). New York: Columbia University Press.

Nowicki, S., Duke, M. P., Sisney, S., Strickler, B., & Tyler, M. A. (2004). Reducing the drop-out rates of at-risk high school students: The effective Learning Program (ELP). *Genetic, Social, and General Psychology Monographs, 130*, 225-239.

Nurius, P. S., & Macy, R. J. (2010). Person-oriented methods in partner violence research: Distinct psychosocial profiles among battered women. *Journal of Interpersonal Violence, 25*, 1064-1093.

Obama, B. (2007). *Dreams form my father: A story of race and inheritance.* New York: Crown.

Ogedegbe, G., Schoenthaler, A., Richardson, T., Lewis, L., Belue, R., Espinosa, E., et al. (2007). An RCT of the effect of motivational interviewing on medication adherence in hypertensive African Americans: Rationale and design. *Contemporary Clinical Trials, 28*(2), 169-181.

Owen, K. (2007). *The use of motivational interviewing with survivors of domestic violence.* Unpublished thesis, San Diego State University.

Payne, M. (2005). *Modern social work theory* (3rd ed.). Chicago: Lyceum Books.

Perry, C. L., Williams, C. L., Veblen-Mortenson, S., Toomey, T. L., Komro, K. A., Anstine, P. S., et al. (1996). Project Northland: Outcomes of a community wide alcohol use prevention program during early adolescence. *American Journal of Public Health, 86*, 956-965.

Peterson, P., Baer, J., Wells, E., Ginzler, J., & Garrett, S. (2006). Short-term effects of a brief motivational intervention to reduce alcohol and drug risk among homeless adolescents. *Psychology of Addictive Behaviors, 20*, 254-264.

Phelan, M., Slade, M., Thornicroft, G., Dunn, G., Holloway, F., Wykes, T., et al. (1995). The Camberwell Assessment of Need: The validity and reliability of an instrument to assess the needs of people with severe mental illness. *British Journal of Psychiatric, 167*, 589-595.

Picciano, J. F., Roffman, R., Kalichman, S. C., & Walke, D. D. (2007). Lowering obstacles to HIV prevention services: Effects of a brief, telephone-based intervention using motivational enhancement therapy. *Annals of Behavioral Medicine, 34*(2), 177-187.

Proctor, E. K. (2006). *Implementing evidence-based practice in social work education: Principles, strategies, and partnerships.* Paper presented at the Symposium on Improving the Teaching of Evidence-Based Practice: University of Texas at Austin School of Social Work.

Reed, M. B., & Aspinwall, L. G. (1998). Self-affirmation reduces biased processing of health-risk information. *Motivation and Emotion, 22*, 99-132.

Resnicow, K., Davis, R. E., Zhang, G., Konkel, J., Strecher, V. J., Shaikah, A. R., et

al. (2008). Tailoring a fruit and vegetable intervention on novel motivational constructs: Results of a randomized study. *Annuals of Behavioral Medicine, 35*, 159-169.

Resnicow, K., DiIorio, C., Soet, J. E., Borrelli, B., Hecht, J., & Ernst, D. (2002). Motivational interviewing in health promotion: It sounds like something is changing. *Health Psychology, 21*, 444-451.

Resnicow, K., Jackson, A., Wang, T., De, A. K., McCarty, F., Dudley, W. N., et al. (2001). A motivational interviewing intervention to increase fruit and vegetable intake through Black churches: Results of the eat for life trial. *American Journal of Public Health, 91*(10), 1686-1693.

Rogers, A. T. (2010). *Human behavior in the social environment* (2nd ed.). New York: Routledge.

Rogers, C. R. (1951). *Client-centered therapy*. Boston: Houghton-Mifflin.

Rogers, C. R. (1957). The necessary and sufficient conditions of psychotherapeutic personality change. *Journal of Consulting Psychology, 2*, 95-103.

Rogers, C. R. (1959). A theory of therapy, personality and interpersonal relationships as developed in the client-centered framework. In S. Koch (Ed.), *Psychology: A study of science: Formulations of the person and social context* (Vol. 3, pp. 184-256). New York: McGraw-Hill.

Rollnick, S., Miller, W. R., & Butler, C. C. (2008). *Motivational interviewing in health care: Helping patients change behavior*. New York: Guilford Press.

Rose, S. D., & Chang, H. S. (2010). Motivating clients in treatment groups. *Social Work with Groups, 33*, 260-277.

Rosengren, D. B. (2009). *Building motivational interviewing skills: A practitioner workbook*. New York: Guilford Press.

Rutledge, S. E. (2007). Single session motivational enhancement counseling to support change toward reduction of HIV transmission by HIV positive persons. *Archives of Sexual Behavior, 36*, 313-319.

Rutschman, R. (2010). Pairing motivational interviewing with adventure-challenge education. Chicago Teachers' Center. Retrieved November 28, 2010, from *www.neiu.edu/~ctc/images/pdfs/policy_brief_drop_out*.

Ryan, R. M., & Deci, E. L. (2002). Overview of self-determination theory: An organismic-dialectical perspective. In E. L. Deci & R. M. Ryan (Eds.), *Handbook of self-determination research* (pp. 3-33). Rochester, NY: University of Rochester Press.

Sakamoto, I., & Pitner, R. O. (2005). Use of critical consciousness in anti-oppressive social work practice: Disentangling power dynamics at personal and structural levels. *British Journal of Social Work, 35*, 435-452.

Saleeby, D. (2006). *The strengths perspective in social work practice* (4th ed.). New York: Longman.

Santa Ana, E. J., Wulfert, E., & Nietert, P. J. (2007). Efficacy of group motivational interviewing (GMI) for psychiatric inpatients with chemical dependence. *Journal of Consulting and Clinical Psychology, 75,* 816-822.

Scheafor, B. W., & Horejsi, C. R. (2007). *Techniques and guidelines for social work practice* (8th ed.). Boston: Pearson Press.

Schoener, E. P., Madeja, C. L., Henderson, M. J., Ondersma, S. J., & Janisse, J. J. (2006). Effects of motivational interviewing training on mental health therapist behavior. *Drug and Alcohol Dependence, 82,* 269-275.

Scott, S., & Dadds, M. R. (2009). Practitioner review: When parent training doesn' t work: Theory-driven clinical strategies. *Journal of Child Psychology and Psychiatry, 50,* 1441-1450.

Shafer, M. S., Rhode, R., & Chong, J. (2004). Using distance education to promote the transfer of motivational interviewing skills among behavioral health professionals. *Journal of Substance Abuse Treatment, 26,* 141-148.

Sherman, D. K., & Cohen, G. L. (2006). The psychology of self-defense: Self-affirmation theory. In M. P. Zanna (Ed.), *Advances in experimental psychology* (Vol. 38, pp. 183-242). San Diego, CA: Academic Press.

Slade, M., Phelan, M., Thornicroft, G., & Parkman, S. (1996). The Camberwell Assessment of Need (CAN): comparison of assessments by staff and patients of the needs of the severely mentally ill. *Social Psychiatry and Psychiatric Epidemiology, 31,* 109-113.

Slade, M., Thornicroft, G., Loftus, L., Phelan, M., & Wykes, T. (1999). *CAN: The Camberwell Assessment of Need. A comprehensive needs assessment tool for people with severe mental illness.* London: Gaskell.

Smith, D. C., Hall, J. A., Jang, M., & Arndt, S. (2009). Therapist adherence to a motivational interviewing intervention improves treatment entry for substance-misusing adolescents with low problem perception. *Journal of Studies on Alcohol and Drugs, 70,* 101-105.

Smith, D. C., Motl, R. W., Elliott, J. R., Dlugonski, D., Leigh, M., & Cleeland, L. (2010). *A randomized proof of concept trial of motivational interviewing to increase exercise adherence among individuals with multiple sclerosis.* Poster session presented at the annual meeting of the MI Network of Trainers, San Diego, CA.

Spiller, V., & Guelfi, G. P. (2007). Motivational interviewing in the criminal justice system. In G. Tober & D. Raistrick (Eds.), *Motivational dialogue: Preparing addiction professionals for motivational interviewing practice* (pp. 151-162). London: Routledge.

Steele, C. M. (1988). The psychology of self-affirmation: Sustaining the integrity of the self. In L. Berkowitz (Ed.), *Advances in experimental and social psychology* (Vol. 21, pp. 261-302). San Diego, CA: Academic Press.

Stephens, R. S., Roffman, R. A., Fearer, S. A., Williams, C., Picciano, J. F., & Burke, R.

S. (2004). The Marijuana Check-up: Reaching users who are ambivalent about change. *Addiction, 99*(10), 1323-1332.

Sue, S. (1998). In search of cultural competence in psychotherapy and counseling. *American Psychologist, 53,* 440-448.

Swan, M., Schwartz, S., Berg, B., Walker, D., Stephens, R., & Roffman, R. (2008). The teen marijuana check-up: An in-school protocol for eliciting voluntary self-assessment of marijuana use. *Journal of Social Work Practice in the Addictions, 8,* 284-302.

Swartz, H. A., Zuckoff, A., Grote, N. K., Spielvogle, H. N., Bledsoe, S. E., Shear, M. K., et al. (2007). Engaging depressed patients in psychotherapy: Integrating techniques from motivational interviewing and ethnographic interviewing to improve treatment participation. *Professional Psychology: Research and Practice, 38,* 430-439.

Tollison, S. J., Lee, C. M., Neighbors, C., Neil, T. A., Olson, N. D., & Larimer, M. E. (2008). Questions and reflections: The use of motivational microskills in a peer-led brief alcohol intervention for college students. *Behavior Therapy, 39,* 183-194.

Trauer, T., Tobias, G., & Slade, M. (2008). Development and evaluation of a patient-rated version of the Camberwell Assessment of Need Short Appraisal Schedule (CANSAS-P). *Community Mental Health Journal, 44,* 113-124.

Tsai, A. G., & Wadden, T. A. (2009). Treatment of obesity in primary care practice in the United States: A systematic review. *Journal of General Internal Medicine, 24,* 1073-1079.

Turnell, A. (2010). Signs of Safety. Retrieved September 27, 2010, from *www.signsofsafety.net/signsofsafety.*

Urquhart, C., & Jasiura, F. (2010). Introductory and advanced motivational interviewing: Supporting change and preventing FASD. Presentation to Healthy Child Manitoba, Winnipeg.

U.S. Department of Health and Human Services, Administration for Children and Families. (2005). *Child treatment.* Washington, DC: U.S. Government Printing Office.

Vader, A. M., Walters, S. T., Prabhu, G. C., Houck, J. M., & Field, C. A. (2010). The language of motivational interviewing and feedback: Counselor language, client language, and client drinking outcomes. *Psychology of Addictive Behaviors, 24,* 190-197.

Vansteenkiste, M., & Sheldon, K. M. (2006). There's nothing more practical than a good theory: Integrating motivational interviewing and self-determination theory. *British Journal of Clinical Psychology, 45,* 63-82.

Vaughan, B., Levy, S., & Knight, J. R. (2003). Adolescent substance use: Prevention and management by primary care clinicians. *Journal of Clinical Outcomes*

Management, 10, 166-174.

Velasquez, M. M., Maurer, G. G., Crouch, C., & DiClemente, C. C. (2001). *Group treatment for substance abuse: A stages-of-change therapy manual.* New York: Guilford Press.

Velasquez, M. M., Stephens, N. S., & Ingersoll, K. (2006). Motivational interviewing in groups. *Journal of Groups in Addiction and Recovery, 1,* 27-50.

Velasquez, M. M., von Sternberg, K., Johnson, D. H., Green, C., Carboni, J. P., & Parsons, J. T. (2009). Reducing sexual risk behaviors and alcohol use among HIV-positive men who have sex with men: A randomized clinical trial. *Journal of Consulting and Clinical Psychology, 77*(4), 657-667.

Venner, K. L., Feldstein, S. W., & Tafoya, N. (2006). Native American motivational interviewing: Weaving Native American and western practices. Albuquerque: Authors. Retrieved March 3, 2010, from *casaa.unm.edu/nami.html.*

Venner, K. L., Feldstein, S. W., & Tafoya, N. (2007). Helping clients feel welcome: Principles of adapting treatment cross-culturally. *Alcoholism Treatment Quarterly, 25,* 11-30.

Villaneuva, M., Tonigan, S. J., & Miller, W. R. (2007). Response of Native American clients to three treatment methods for alcohol dependence. *Journal of Ethnicity in Substance Abuse, 6*(2), 41-48.

Wagner, C. C., & Ingersoll, K. S. (2012). *Motivational interviewing in groups.* New York: Guilford Press.

Wagner, C. C., & Sanchez, F. P. (2002). The role of values in motivational interviewing. In W. R. Miller & S. Rollnick, *Motivational interviewing: Preparing people for change* (2nd ed., pp. 284-298). New York: Guilford Press.

Wahab, S. (2005a). Motivational interviewing holds potential for practice with survivors of domestic violence. *Arete, 29,* 11-22.

Wahab, S. (2005b). Motivational interviewing and social work practice. *Journal of Social Work, 5,* 45-60.

Wahab, S. (2006). Motivational interviewing: A client centered and directive counseling style for work with victims of domestic violence. *Arete, 29*(2), 11-22.

Wahab, S., Menon, U., & Szalacha, L. (2008). Motivational interviewing and colorectal cancer screening: A peak from the inside out. *Patient Education and Counseling, 72,* 210-217.

Walker, D., Roffman, R., Stephens, R., Wakana, K., & Berghuis, J. (2006). Motivational enhancement therapy for adolescent marijuana users: A preliminary randomized controlled trial. *Journal of Consulting and Clinical Psychology, 74,* 628-632.

Walker, R., Logan, T. K., Clark, J. J., & Leukefeld, C. (2005). Informed consent to

undergo treatment for substance abuse: a recommended approach. *Journal of Substance Abuse Treatment, 29,* 241-251.

Wenzel, S. L., D'Amico, E. J., Barnes, D., & Gilbert, M. L. (2009). A pilot of a tripartite prevention program for homeless young women in the transition to adulthood. *Women's Health Issues, 19,* 193-201.

Winters, K. C., & Leitten, W. (2007). Brief intervention for drug-abusing adolescents in a school setting. *Psychology of Addictive Behaviors, 21,* 249-254.

Winters, K. C., Leitten, W., Wagner, E., & Tevyaw, T. O. (2007). Use of brief interventions for drug abusing teenagers within a middle and high school setting. *Journal of School Health, 77,* 196-206.

Woller, K. M., Buboltz, W. C., & Loveland, J. M. (2007). Psychological reaction: Examination across age, ethnicity, and gender. *American Journal of Psychology, 120,* 15-24.

Woodruff, S., Edwards, C., Conway, T., & Elliott, S. (2001). Pilot test of an internet virtual world chat room for rural teen smokers. *Journal of Adolescent Health, 29*(4), 239-243.

York, B. (2008). What did Obama do as a community organizer? Retrieved March 25, 2010, from *article.nationalreview.com/370073/what-did-obama-do-as-a-community-organizer/byron-york.*

Yu, J., Clark, L. P., Chandra, L., Dias, A., & Lai, T. F. L. (2009). Reducing cultural barrier to substance abuse treatment among Asian Americans: A case study in New York City. *Journal of Substance Abuse Treatment, 37,* 398-406.

Zerler, H. (2009). Motivational interviewing in the assessment and management of suicidality. *Journal of Clinical Psychology: In Session, 65,* 1207-1217.

Zweben, A., & Zuckoff, A. (2002). Motivational interviewing and treatment adherence. In W. R. Miller & S. Rollnick, *Motivational interviewing: Preparing people for change* (pp. 299-319). New York: Guilford Press.

찾아보기

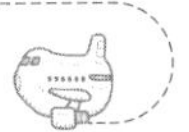

저자 소개

Melinda Hohman, PhD, MSW

- 샌디에이고 주립대학교 사회복지학과 교수(1995년~현재)
- 학부와 대학원 담당 과목: '사회복지실천' '물질남용 치료' 'Motivational Interviewing'
- 관심 분야: 물질남용 평가와 치료, 물질남용 치료와 아동복지서비스
- 저자는 1999년에 MI 훈련가가 되었으며, 사회복지사(지역사회, 아동복지), 보호관찰관, 중독상담가를 대상으로 MI 훈련을 실시하고 있음

도움을 주신 분들

Elizabeth Barnett, MSW

- 서던캘리포니아 대학교 예방의학과 박사과정 학생
- MINT 회원
- MI 연구자
- 관심 분야: 청소년 물질사용, 청소년 사법

Mike Eichler, MSW

- 샌디에이고 주립대학교 사회복지학과 교수
- Consensus Organizing Center (http://consensus.sdsu.edu) 대표
- Consensus Organizing Center는 상호 자기이익에 기반한 관계 구축을 하여 저소득 지역사회를 돕는 것을 학생들에게 훈련시키는 기관임

Rhoda Emlyn-Jones, MA, DipSW.CQSW, OBE

- 영국 남부 웨일스 지역 사회서비스 관리자
- 노숙인과 약물, 알코올 문제를 겪는 사람들을 위한 사회서비스 개발과 관리

Bill James, LCSW

- 미국 샌디에이고 보호서비스 슈퍼바이저
- 1993년부터 아동복지 분야에서 근무하였으며, 2006년부터 아동복지 분야에 MI 적용을 시작
- 관심 분야: 입양 청소년의 정신건강과 입양 가족

Hilda Loughran, PhD

- 더블린 대학교 강사
- 관심 분야: 사회복지교육, 상담과 연구, 알코올과 약물 정책
- 최근 연구: 알코올 사용, 위기 임신, 지역사회 약물 문제, 단기개입

Sally Mathiesen, PhD, LCSW

- 샌디에이고 주립대학교 사회복지학과 조교수, 풀브라이트 학자
- 관심 분야: 생애 전반의 정신건강, 이중장애
- 최근 연구: 이중장애의 근거중심 모델과 근거중심 실천의 수용성 탐색 연구

Audrey M. Shillington, PhD, MSW

- 샌디에이고 주립대학교 사회복지학과 교수, 알코올과 약물 연구센터의 부대표
- 관심 분야: 청소년과 젊은 성인들의 알코올과 약물 예방

Katie Slack, MSW

- MINT 회원
- MI Training Today 대표
  (http://www.mitrainingtoday.com, MI 훈련 회사, 미국 캘리포니아 주 샌디에이고와 테네시 주 내슈빌에 위치)
- 관심 분야: 가정폭력, 아동복지, 건강코칭 분야에 MI 적용

Cristine Urquhart, MSW, RSW

- MINT 회원
- Change Talk Associates(http://changetalk.ca) 설립자
- 캐나다 정부기관과 건강서비스 분야에서 건강증진에 MI를 통합하는 작업을 하고 있음

Stéphanie Wahab, PhD, MSW

- 포틀랜드 주립대학교 사회복지학과 조교수
- 관심 분야: 반억압적 실천, 성매매/매춘, MI, 질적 연구

역자 소개

이채원 (Rhee, Chaie-Won)

- 현) 숭실대학교 사회복지학부 부교수
- Washington University in St. Louis 박사
- 관심 분야: 만성질환과 의료사회복지, 행동과학과 행동변화, 다문화 사회와 사회복지실천

김윤화 (Kim, Yun Wha)

- 현) 숭실대학교 사회복지학과 강사
- 숭실대학교 일반대학원 사회복지학과 박사수료
- 전) 근로복지공단 인천산재병원, 부천시정신건강증진센터 근무
- 자격: 의료사회복지사, 정신보건사회복지사 1급, 사회복지사 1급
- 관심 분야: 의료사회복지, 정신보건사회복지, 연구방법론, 레질리언스

김은령 (Kim, Eun Ryung)

- 현) 숭실대학교 사회복지학과 강사
- 숭실대학교 일반대학원 사회복지학과 박사수료
- 관심 분야: 의료사회복지, 영성과 사회복지

임성철 (Lim, Sung Chul)

- 현) 경희의료원 의료사회복지사
- 숭실대학교 일반대학원 사회복지학과 석사
- 전) 서울대학교병원 통합임상수련 수료
  서울특별시 보라매병원 의료사회복지사
- 자격: 의료사회복지사, 당뇨병교육자, 사회복지사 1급
- 관심 분야: 만성질환과 의료사회복지, 행동변화상담, 심신의학과 스트레스

동기면담과 사회복지실천

MOTIVATIONAL INTERVIEWING IN SOCIAL WORK PRACTICE

2014년 11월 10일 1판 1쇄 인쇄
2014년 11월 20일 1판 1쇄 발행

지은이 • Melinda Hohman
옮긴이 • 이채원 · 김윤화 · 김은령 · 임성철
펴낸이 • 김진환
펴낸곳 • (주) 학지사
121-838 서울특별시 마포구 양화로 15길 20 마인드월드빌딩
대표전화 • 02)330-5114 팩스 • 02)324-2345
등록번호 • 제313-2006-000265호

홈페이지 • http://www.hakjisa.co.kr
커뮤니티 • http://cafe.naver.com/hakjisa

ISBN 978-89-997-0561-8 93330

정가 15,000원

역자와의 협약으로 인지는 생략합니다.
파본은 구입처에서 교환해 드립니다.

이 도서의 국립중앙도서관 출판시도서목록(CIP)은 서지정보유통지원시스템 홈페이지(http://seoji.nl.go.kr)와 국가자료공동목록시스템(http://www.nl.go.kr/kolisnet)에서 이용하실 수 있습니다.
(CIP제어번호: CIP2014032798)